Role des Vers de Terre

1882

1032

DÉPÔT LÉGAL
Jura
N° 30
1882

ROLE
DES VERS DE TERRE

DANS LA FORMATION

DE

LA TERRE VÉGÉTALE

RÔLE
DES
VERS DE TERRE
DANS LA FORMATION
DE LA
TERRE VÉGÉTALE

PAR

CHARLES DARWIN, LLD.; F.R.S.

TRADUIT DE L'ANGLAIS

PAR M. LEVÊQUE

PRÉFACE

DE

M. EDMOND PERRIER

Professeur au Muséum d'Histoire naturelle

Avec 15 gravures sur bois, intercalées dans le texte

PARIS

C. REINWALD, LIBRAIRE-ÉDITEUR

15, rue des Saints-Pères, 15

1882

Tous droits réservés.

TABLE DES CHAPITRES

Préface de M. Edmond Perrier.................. ix à xxviii
Introduction 1

CHAPITRE PREMIER
Habitudes des Vers.

Nature des lieux habités. — Possibilité de vivre longtemps sous l'eau. — Habitudes nocturnes. — Les vers rôdent la nuit. — Ils gisent souvent tout près de l'ouverture de leurs galeries et sont par suite détruits en grand nombre par les oiseaux. — Anatomie des vers. — Ils ne possèdent pas d'yeux, mais peuvent distinguer la lumière de l'obscurité. — Ils se retirent rapidement quand on les éclaire subitement, mais ce n'est point par une action réflexe. Ils sont capables d'attention, — sensibles à la chaleur et au froid, — tout à fait sourds, — sensibles aux vibrations et au toucher; — leur odorat est faible. — Goût. — Qualités mentales. — Nature de leur nourriture. — Ils sont omnivores. — Digestion. — Avant d'être avalées, les feuilles sont humectées d'un liquide de la nature du suc pancréatique. — Digestion extra-stomacale. — Glandes calcifères, leur structure. — Les concrétions calcaires se forment dans la paire de glandes antérieures. — La matière calcaire est en première ligne une excrétion, mais secondairement elle sert à neutraliser les acides produits pendant l'acte de la digestion 7

CHAPITRE II
Habitudes des Vers. (Suite).

Manières dont les vers saisissent les objets. — Leur pouvoir de succion. — Leur instinct les porte à boucher l'ouverture de leurs galeries. — Ils empilent des pierres au-dessus de leurs galeries.

— Quels avantages ils trouvent à cela. — Intelligence que déploient les vers pour boucher leurs galeries. — Différentes espèces de feuilles et autres objets ainsi employés. — Triangles de papier. — Résumé des raisons que l'on a de croire que les vers montrent de l'intelligence. — Moyens par lesquels ils creusent leurs galeries, en repoussant la terre et l'avalant — Cette terre est avalée de la sorte en raison des matières nutritives qu'elle contient. — Profondeur jusqu'à laquelle les vers arrivent en creusant, et construction de leurs galeries. — Les galeries sont garnies de déjections et, à la partie supérieure, de feuilles. — La partie la plus inférieure est pavée de petites pierres ou de graines. — Manière dont les déjections sont déposées. — Affaissement d'anciennes galeries. — Distribution des vers. — Déjections turriformes au Bengale. — Déjections gigantesques dans les monts Nilgiri. — Caractères des remarques. — Les déjections se retrouvent dans tous les pays 45

CHAPITRE III

Quantité de terre fine apportée à la surface par les vers.

Rapidité avec laquelle les divers objets disséminés à la surface d'un sol gazonné sont recouverts par les déjections des vers. — Enfouissement d'un sentier pavé. — Affaissement lent de grosses pierres laissées à la surface du sol. — Nombre des vers vivant dans un espace donné. — Poids de la terre rejetée d'une galerie, et de toutes les galeries dans un espace donné. — Épaisseur de la couche de terre végétale que les déjections sur un espace donné formeraient en un temps donné, si on les disséminait d'une façon uniforme. — Lenteur avec laquelle la terre végétale peut arriver à une grande épaisseur. — Conclusion........ 106

CHAPITRE IV

Rôle joué par les vers dans l'enfouissement de monuments anciens.

L'accumulation de décombres sur l'emplacement des grandes villes est indépendante de l'action des vers. — Enfouissement d'une villa romaine à Abinger. — Le sol et les parois sont traversés par les vers. — Affaissement d'un pavé moderne. — Pavé enfoui à Beaulieu-Abbey (abbaye de Beaulieu). — Villas romaines de Chedwork et de Brading. — Restes de la ville romaine à Silchester. — Nature des débris dont les restes de cette ville sont recouverts. — Pénétration des parquets et des parois en mosaïque par les vers. — Affaissement des parquets. — Epaisseur de la terre végétale. — La vieille ville romaine de Wroxeter. — Epaisseur de la terre végétale. — Profondeur des fondations de quelques-uns des monuments. — Conclusion.......... 144

CHAPITRE V

Rôle joué par les vers dans la dénudation du sol.

Observations sur le degré de dénudation subie par le sol. — Dénudation sous-aérienne. — Dépôt de poussière. — Terre végétale ; sa couleur foncée et sa structure fine sont en grande partie dues à l'action des vers. — Désagrégation des roches par les acides de l'humus. — Acides analogues produits apparemment dans l'intérieur du corps des vers. — L'action de ces acides est facilitée par le mouvement continuel des particules de terre. — Un lit épais de terre végétale arrête la désagrégation du sol, des roches et du sol sous-jacents. — Particules de pierres usées ou triturées dans le gésier des vers. — Les pierres avalées servent comme des meules. — État pulvérulent des déjections. — Fragments de briques dans les déjections au-dessus d'anciennes constructions bien arrondies. — Le pouvoir triturant des vers n'est pas tout à fait sans importance au point de vue géologique. 189

CHAPITRE VI

Dénudation du sol. (Continuation).

La dénudation du sol est accélérée par les déjections récemment déposées qui coulent le long des surfaces en pente couvertes de gazon. — Quantité de terre coulant en bas chaque année. — Effet des pluies tropicales sur les déjections des vers. — Les particules les plus fines de la terre sont complétement enlevées aux déjections par la pluie. — Désagrégation en boulettes des déjections sèches et leur roulement en bas des surfaces en pente. — Formation de petits rebords sur le flanc des collines, dus en grande partie à l'accumulation des déjections désagrégées. — Déjections poussées sous le vent au-dessus d'un sol horizontal par les mouvements de l'air. — Tentative faite pour déterminer la quantité de terre ainsi emportée. — Dégradation de campements anciens et de tumulus. — Préservation des billons et sillons sur un sol anciennement labouré. — Formation de terre végétale au-dessus de la craie et quantité de cette terre ... 213

CHAPITRE VII

Conclusion.

Abrégé du rôle joué par les vers dans l'histoire du globe. — Ils contribuent à la désagrégation des roches; à la dénudation du sol; à la préservation de restes d'anciens bâtiments; à la préparation du sol pour la croissance des plantes. — Facultés mentales des vers. — Conclusion 250

PRÉFACE

L'illustre auteur de ce livre est mort avant d'en avoir vu achever la traduction française. Qu'il nous soit permis de lui payer ici un juste tribut d'admiration et de regrets.

Charles Darwin est l'un des hommes dont l'influence se sera le plus vivement fait sentir non seulement sur toutes les branches des sciences naturelles, mais encore sur la philosophie générale et peut-être même la politique. On lui doit, en effet, d'avoir pour la première fois fait resplendir la lumière de la science dans un domaine qui semblait devoir lui demeurer à jamais fermé, d'avoir montré à l'homme qu'il avait entre les mains, sur sa propre histoire, des documents qu'il n'avait pas su déchiffrer, d'avoir substitué partout à l'idée toute théologique de l'immuabilité des mondes l'idée rationnelle d'évolution, de perfectionnement graduel, d'adaptation, de progrès. Jusque dans ces vingt dernières années, les êtres vivants étaient presque toujours étudiés indépendamment du milieu dans lequel ils vivent, indépendamment des rapports réciproques qu'ils contractent entre eux. Chacun d'eux paraissait être une entité distincte, ne devant rien qu'à elle-même, capable de se soustraire à toute action modificatrice de la part des agents extérieurs, créée une fois pour toutes en vue de certaines conditions d'existence, merveilleusement adaptée à ces conditions, mais ne pouvant s'y soustraire qu'à la condition de périr, en équilibre parfait avec un milieu supposé immuable, mais destinée à disparaître dès que cet équilibre était rompu.

Cette fausse conception de l'être vivant a causé l'échec de tous les essais de philosophie des sciences naturelles qui ont été tentés jusqu'à présent. Les rapports étroits qui existent entre l'animal et le milieu où il doit vivre sont, dans certains cas, trop frappants pour qu'on ait jamais pu les méconnaître. Il est trop évident que toute l'organisation du poisson est en rapport avec son existence aquatique, toute celle de l'oiseau avec son existence aérienne, toute celle du mammifère conçue pour la locomotion terrestre, pour qu'on n'en ait pas été frappé de tout temps. On a puisé dans ces faits les thèmes d'inépuisables dithyrambes en l'honneur de la sagesse de la nature, qui avait si harmonieusement combiné tout ce qui pouvait permettre aux animaux de profiter des conditions d'existence qui leur étaient offertes par leur milieu natal. Mais après avoir peuplé les eaux de poissons, les airs d'oiseaux, la terre de mammifères, après avoir si bien adapté ses ouvrages à ces éléments, comment se fait-il que, changeant de méthode, la nature ait aussi fait quelques poissons aptes à vivre un certain temps dans l'air; beaucoup d'oiseaux à demi aquatiques; plusieurs mammifères incapables de sortir de l'eau; et pourquoi, tandis qu'elle privait d'ailes les manchots, les aptéryx ou les autruches, en donnait-elle aux chauve-souris? Pourquoi après avoir construit un animal pour un milieu, s'être complu à plier son organisation à un milieu nouveau? Ce n'est pas seulement entre les organismes et le milieu général, la terre, l'air ou l'eau, que l'on observe d'étroites adaptations. Il en existe aussi et des plus remarquables d'organisme à organisme. La trompe des abeilles, celle des papillons, leur serait inutile s'il n'existait pas de fleurs. Les dents des mammifères sont construites pour leur permettre de ronger des corps durs, de triturer des végétaux, d'écraser la pulpe des fruits, de broyer la carapace des insectes, de déchirer et de couper la chair; on reconnaît leurs usages à leur forme et cette forme suppose l'existence de végétaux, de fruits, d'insectes, d'animaux divers. La langue du fourmilier, les énormes glandes salivaires de cet animal ne peuvent évidemment servir qu'à prendre des fourmis, des termites ou autres insectes vivant en société. Il est des insectes, certains Staphylins, des Psélaphes, des Clavigères, qui ne sortent jamais des fourmilières ; plusieurs sont aveugles, d'autres ne peuvent manger que la nourriture dont les gorgent les fourmis et disparaîtraient bien vite s'ils n'étaient soignés par elles. Une foule d'insectes sont liés à ce point à la plante qui les nourrit, qu'ils ne pourraient s'accommoder d'une autre ; leurs couleurs, la conformation de leurs appendices s'harmonisent si bien avec la couleur et la conformation de la plante qu'il semble que l'insecte et le végétal ne font qu'un. D'innombrables parasites vivent à la surface du corps ou dans l'épaisseur des organes d'autres animaux ; ce sont tantôt des Vers, tantôt des Crustacés, tantôt des Insectes, tantôt des Mollusques, quelquefois même des Vertébrés ; tous, quel que soit le groupe auquel ils appartiennent, présentent des caractères communs : réduction et parfois disparition presque complète des organes de la vie de la relation ; exagération de développement de l'appareil reproducteur ; tous sont, en même temps, si étroitement adaptés à l'hôte qu'ils habitent qu'ils ne pourraient vivre souvent même sur une espèce voisine.

Dans bien des cas, ces rapports sont si évidents, on est tellement habitué à les avoir constamment sous les yeux, qu'on n'y a prêté aucune attention, qu'on n'a même pas songé à se demander comment ils s'étaient établis ; puis on s'est émerveillé de quelques-uns d'entre eux ; mais on en a conclu simplement que dans l'harmonie de l'Univers, chaque être avait une fin en vue de laquelle il était admirablement construit, sans trop se préoccuper de ce qu'il y avait d'absurde à supposer, par exemple, qu'un parasite ait pu être fait en vue de l'hôte qu'il tourmente, ou que cet hôte, trop souvent un homme, ait pu être fait en vue du parasite. La grande loi de l'adaptation des organismes à leur milieu, de l'adaptation réciproque des êtres obligés de vivre dans le même district, en perpétuel conflit les uns avec les autres, est ainsi demeurée ensevelie jusqu'en 1859 sous les commodes brouillards de la téléologie.

C'est seulement depuis Darwin que l'on s'est sérieusement demandé si toutes ces harmonies ne résultaient pas, en quelque sorte, comme le poli des engrenages d'une machine, du frottement perpétuel de la vie soit contre les éléments naturels, soit contre elle-même. Il fallait, en effet, s'être bien convaincu de la possibilité de la variation des formes vivantes, s'être bien pénétré de l'intimité des rapports qui existent entre elles pour comprendre qu'elles aient pu s'adapter ainsi. Si Buffon, dans le siècle précédent, Lamark et Geoffroy-St-Hilaire dans la première moitié du nôtre ont considéré les espèces comme variables, Darwin est le premier qui ait songé à attribuer non la *production*, mais la *conservation* et le *développement des variations* aux réactions réciproques des êtres vivants, qui ait montré comment l'accroissement perpétuel du nombre des organismes, résultant de la génération, amenait fatalement un *excédant de population*, suivi d'une *concurrence* plus ou moins ardente, d'une lutte incessante entre les individus qui cherchent à obtenir leur part d'aliments, d'air respirable, ou ceux qui aspirent à se reproduire. Dans cette lutte, la victoire appartient à ceux qui sont le plus aptes à profiter des conditions dans lesquelles se livre la bataille ; en conséquence, les organismes qui vivent le plus longtemps, ceux qui sont choisis pour perpétuer l'espèce, qui sont les élus de cette *sélection naturelle,* inconsciente, sont précisément les mieux pourvus pour le genre de vie que leur imposent, soit le milieu dans lequel ils sont nés, soit les êtres vivants avec lesquels ils se trouvent sans cesse en contact. Admettre que les formes animales peuvent varier, c'est donc admettre qu'elles s'harmonisent de plus en plus avec tout ce qui existe autour d'elles, et, comme les individus se multiplient indéfiniment, comme il en résulte pour la vie une puissance d'expansion pour ainsi dire sans limite, c'est admettre qu'il n'y a point de condition où elle soit possible et à laquelle quelque organisme, grand ou petit, simple ou complexe, ne se soit plié. Ainsi s'expliquent d'un seul coup, grâce à l'idée féconde de Darwin, et la multiplicité des formes vivantes et leur mode de succession à la surface du globe et ces rapports merveilleux, presque providentiels, avec tout ce qui les entoure, rapports qui ont fourni les plus puissants arguments à la doctrine des *Causes finales*.

A cette doctrine se substitue désormais une philosophie plus haute, plus large, une conception du monde vivant qui n'étonne plus que par sa majestueuse simplicité. Chaque adaptation d'un être vivant à un mode d'existence déterminé n'est plus seulement une merveille à admirer, c'est un problème à résoudre. Il s'agit de savoir comment elle a été réalisée et c'est le charme de ces livres si remplis de faits sur la *Fécondation des Orchidées*, sur les *Formes des Fleurs*, sur les *Effets de la Fécondation directe ou croisée dans le Règne végétal*, sur les *Plantes carnivores*, les *Habitudes des Plantes grimpantes*, enfin sur la *Faculté motrice dans les Plantes*, que de nous montrer comment les adaptations les plus étonnantes peuvent toujours être ramenées à quelque propriété générale ou à quelque accident fréquent qui a été admirablement utilisé dans certains cas, mais semble, dans un grand nombre d'autres, n'avoir été l'objet que de tâtonnements à demi fructueux de la part de la nature.

L'étude des adaptations devient donc entre les mains

de Darwin pleine d'enseignements. Cette étude, à vrai dire, c'est celle de l'histoire naturelle tout entière ; il n'est peut-être pas un caractère employé dans nos méthodes, si grande ou si faible que soit son importance, qui ne soit la conséquence de quelque adaptation, quand il n'est pas immédiatement commandé par quelque loi de la mécanique. En tête de chaque grande division du Règne animal, on peut presque toujours inscrire une condition d'existence déterminée à laquelle sont soumis actuellement ou ont été soumis, antérieurement à la période actuelle, le plus grand nombre des êtres qui la composent. Les colonies arborescentes ou irrégulières de Polypes, de Bryozoaires, d'Ascidies, tous les animaux rayonnés sont ou ont été, en grande majorité, fixés au sol sous-marin ; les animaux à symétrie bi-latérale, les colonies linéaires, les animaux formés de segments placés bout à bout, sont en majeure partie des animaux libres et rampants. Les Annélides se répartissent en deux grands types, caractérisés par une organisation spéciale et aussi par un mode d'existence particulier ; d'où les noms d'*Annélides errantes* et d'*Annélides sédentaires* ; toutes sont marines et ont pour termes correspondants, dans le sol humide et les eaux douces, les Lombriciens. Les Brachiopodes sont fixés aux rochers sous-marins par un pédoncule. Les Mollusques sont enfermés dans une coquille. Les Crustacés sont presque tous des animaux aquatiques ; les Arachnides, les Myriapodes et les Insectes des animaux terrestres ; les Tuniciers des animaux fixés. Si des grands types organiques nous descendons aux classes, nous retrouvons la même corrélation entre l'étendue des divisions de nos méthodes et le genre de vie. Parmi les Annélides sédentaires, on reconnaît à première vue celles qui habitent des tubes droits et celles qui se logent dans des tubes recourbés en forme d'U. Les classes des Trématodes et des Cestoïdes sont uniquement composées d'animaux parasites et peuvent être considérées comme des Turbellariés adaptés à ce genre de vie ; les Nématoïdes dont les affinités sont bien différentes, mènent aussi ce mode dégradant d'existence ; parmi les Crustacés, les parasites, les fouisseurs, les Pagures, habitants de coquilles volées à des Mollusques, forment autant de groupes zoologiques distincts ; les Arachnides se distinguent des autres Arthropodes terrestres par l'habitude très générale chez elles d'habiter des trous ou tout au moins des tubes de soie ; les Insectes sont tous construits pour voler, et leurs divers ordres sont établis d'après les modifications simultanées de leur appareil buccal et de leur mode d'alimentation. Les classes des Mollusques céphalopodes et ptéropodes sont presque uniquement composées d'animaux nageurs ; les Gastéropodes sont au contraire, à de rares exceptions près, rampants lorsqu'ils deviennent adultes ; les Lamellibranches, fouisseurs ou fixés, et encore ces deux groupes se distinguent-ils aussitôt par des caractères particuliers ; parmi les Lamellibranches fixés, il en est un, l'Anomie, dont l'organisation a longtemps paru fort bizarre : M. de Lacaze-Duthiers a montré, dans un brillant mémoire, que les particularités qui étonnaient les anatomistes tiennent tout simplement à la manière dont se fixe l'animal. Parmi les Vertébrés, ainsi que nous l'avons déjà fait remarquer, tous les Poissons sont aquatiques, presque tous les Batraciens amphibies, la plupart des Reptiles et des Mammifères spécialement construits pour la locomotion terrestre, les Oiseaux pour le vol. On pourrait poursuivre ce parallèle jusque dans le détail des ordres, des familles et, sans aucun doute, des genres et des espèces. Cependant, dans toutes ces divisions, il existe des exceptions au mode général d'existence ; mais ces exceptions sont pour nous instructives, car toutes sont la conséquence de cette puissance d'expansion que possèdent toutes les productions de la vie, quelles qu'elles soient.

Chaque type adapté à des conditions d'existence particulières, fait pour ainsi dire par ces conditions, n'en demeure pas moins variable, plastique dans une certaine mesure, et tend sans cesse, par suite de la multiplication des individus qui le représentent, à se plier à des conditions d'existence nouvelles, auxquelles les adapte bientôt la sélection naturelle ; en vertu de l'hérédité, les individus qui, sous l'empire de ces conditions nouvelles, se modifient, gardent l'empreinte ou, si l'on veut, les traits essentiels du type qu'ils doivent aux conditions d'existence primitives, et ce sont de simples changements dans le détail de leur structure qui leur permettent un nouveau genre de vie. C'est à ces changements dans le détail qu'on réserve le plus ordinairement le nom d'*adaptations*, oubliant trop que les caractères typiques, les caractères hérités qui semblent les plus indépendants des conditions actuelles d'existence, sont dus aussi à une adaptation antérieure dont les effets ont été transmis, d'ancêtres plus ou moins éloignés, à leur descendance. Les animaux allant sans cesse en se diversifiant et en s'adaptant à un genre de vie de plus en plus spécial, les caractères dus aux adaptations les plus anciennes se trouvent être en même temps les plus répandus puisqu'ils sont communs à tous les êtres qui ont les mêmes ancêtres et que ces êtres sont d'autant plus nombreux que les parents communs sont euxmêmes plus éloignés. Or c'est précisément le degré de généralité d'un caractère qui lui donne sa valeur méthodique, les caractères les plus généraux sont ceux des divisions les plus élevées, ceux que Cuvier appelait *dominateurs*. L'ordre de subordination des caractères n'est donc que leur ordre d'ancienneté ; ces caractères se succèdent dans nos méthodes comme se sont succédés dans le temps les adaptations diverses des organismes qu'ils nous servent à classer. Les classifications dont la sécheresse était jadis légendaire, deviennent ainsi toutes palpitantes d'un intérêt historique, car elles nous racontent pour ainsi dire les vicissitudes nombreuses par lesquelles le Règne animal a passé.

Mais cette histoire, chaque individu nous la répète encore en abrégé durant toute la période de son développement embryogénique. Bien des animaux rayonnés sont libres à l'âge adulte ; un grand nombre d'entre eux trahissent cependant leur origine en se fixant au sol durant les premières phases de leur vie ; un grand nombre d'animaux terrestres affirment encore leur origine aquatique en venant pondre dans les eaux où se développent leurs petits ; d'autres, qui sont aquatiques à l'état adulte, viennent au contraire pondre à terre comme le font les Tortues. C'est la conséquence de cette *loi de l'hérédité aux âges correspondants de la vie* si bien mise en lumière par Darwin et qui, jointe à la loi de l'*accélération métagénésique* dont nous avons montré les effets dans notre livre sur les *Colonies animales*, doit être considérée comme la clef de voûte de toutes les théories embryogéniques. L'Embryogénie désormais comprise comme la *répétition abrégée de l'histoire de chaque espèce*, prend, à son tour, une importance énorme pour la détermination des affinités des êtres. Un lien des plus intimes unit l'ordre de succession paléontologique des espèces, à leur mode d'organisation, à leur mode de développement, et ce lien une fois établi, il devient aisé d'assigner aux diverses espèces leur place dans nos méthodes.

Tel est le caractère de la révolution profonde que le transformisme a accomplie dans les sciences naturelles, révolution qui date de la publication de ces deux beaux livres : *L'Origine des espèces* et *la Variation des animaux et des plantes sous l'action de la domestication*.

Aussi quelle activité dans les recherches paléontologiques, quelle marche sûre et précise dans les déterminations des affinités des espèces éteintes ! Cuvier lui-même eût-il pu soupçonner que cinquante ans à peine après sa mort, on aurait déjà trouvé presque tous les chaînons qui unissent les Oiseaux aux Reptiles, relié à un type commun les Pachydermes, les Porcins et les Ruminants, établi des passages entre les Pachydermes eux-mêmes et les Lémuriens, dressé la généalogie du Cheval et montré les liens étroits qui ont existé jadis entre les formes aujourd'hui si différentes de nos Carnassiers ?

Une notion exacte et scientifique de la place de l'Homme dans la nature devait se dégager de ces prémisses. A déterminer cette place, Darwin a consacré deux nouveaux ouvrages : *La Descendance de l'homme* et *l'Expression des émotions chez les animaux*. En publiant ces ouvrages, on pouvait craindre de blesser bien des convictions ; il a fallu que l'autorité acquise par leur auteur fût bien grande pour remettre à l'ordre du jour cette question des origines animales de l'homme ! Comment se résigner à abandonner les légendes qui faisaient de l'homme un dieu ? Comment consentir à faire descendre au rang des mythes ces traditions gracieuses ou terribles, qui nous peignent la naissance de l'homme, ses premiers pas dans la vie ? Quelle épouvantable secousse pour l'édifice des croyances diverses, chères à l'humanité ! L'homme cessant d'être une émanation immédiate du Créateur — Darwin s'incline, en effet, devant l'existence d'une Intelligence suprême — par quoi remplacer cette révélation directe qui, dans tous les pays, civilisés ou non, a donné aux règles de la morale, une autorité que ne semblaient pouvoir posséder les institutions humaines ! Tandis que les uns, se sentant ébranlés, cherchent à consolider leur puissance en proclamant bien haut leur immuabilité ; les autres se montrent soucieux et inquiets de l'avenir.

« Il n'y a pas de spectacle plus triste, écrit Draper, que celui d'une religion qui s'effondre après avoir fait pendant des siècles le bonheur de l'humanité, » et Herbert Spencer motive la publication de sa *Morale évolutionniste* par ces graves paroles :

« Il est peu de désastres plus redoutables que la décadence et la mort d'un système régulateur, devenu insuffisant désormais, alors qu'un autre système plus propre à régler les mœurs n'est pas encore prêt à le remplacer. La plupart de ceux qui rejettent la croyance commune paraissent admettre que l'on peut impunément se passer de l'action directrice qu'elle exerçait et laisser vacant le rôle qu'elle jouait. En même temps, ceux qui défendent la croyance commune soutiennent que, faute de la direction qu'elle donne, il n'y a plus de direction possible : les commandements divins, à leur avis, sont les seules règles que l'on puisse connaître. Ainsi entre les partisans de ces doctrines opposées, il y a une idée commune. Les uns prétendent que le vide laissé par la disparition du code de morale surnaturelle n'a pas besoin d'être comblé par un code de morale naturelle, et les autres prétendent qu'il ne serait pas possible de le combler ainsi. Les uns et les autres reconnaissent le vide ; les uns le désirent, les autres le redoutent. Le changement que promet ou menace parmi vous cet état désiré ou craint, fait de rapides progrès. Ceux qui croient possible ou nécessaire de remplir le vide sont donc appelés à faire quelque chose en conformité avec leur foi. »

Les philosophes avisés redoutent donc que les bases mêmes de notre organisation sociale soient atteintes par les doctrines nouvelles et c'est, sans aucun doute, la plus grande mais aussi la plus soigneusement cachée des raisons qui ont déterminé l'accueil froid ou hostile que beaucoup d'hommes de science ont fait, à un certain moment, au transformisme ; c'est là ce qui a voué aux anathèmes le nom de Darwin. Et cependant le grand penseur qui s'est cru en possession de la vérité avait-il le droit de la cacher ? Peut-on supposer un seul instant qu'il soit mauvais pour l'humanité de savoir exactement d'où elle vient ou même simplement de se croire autorisé à le chercher ?

La vérité une fois trouvée, n'est-il pas évident que la nation qui mettra la première ses mœurs et son organisation sociale en rapport avec les conditions de développement et de progrès, désormais connues, de l'humanité, l'emportera nécessairement sur les autres ? La vérité s'imposant tôt ou tard, le devoir de tout homme politique n'est-il pas de chercher d'où elle vient et, s'il aperçoit les signes d'une révolution inévitable, de chercher à se pénétrer des principes qui doivent désormais présider à l'avenir de son pays ?

Ainsi, sortant du domaine de la spéculation pure, les sciences naturelles, grâce à l'impulsion qu'elles ont reçue de l'illustre savant anglais, s'imposent à l'attention même de l'homme d'Etat. Il serait puéril de les proscrire, comme on l'a un moment tenté ; leur œuvre ne serait pas interrompue pour cela et leurs révélations imprévues n'en seraient que plus dangereuses. Il faut suivre attentivement leurs progrès, mesurer la portée de leurs découvertes, étudier leur influence actuelle ou possible sur les croyances et les idées répandues, et s'efforcer de construire un édifice nouveau d'autant plus vite que les bases de l'ancien paraissent plus sérieusement menacées.

On ne peut dire que la question de l'origine de notre espèce soit, à l'heure actuelle, complètement et définitivement résolue, mais quand une doctrine arrive en peu d'années à se faire une si large place dans les préoccupations des hommes, on ne saurait douter que son auteur n'ait apporté un appoint considérable à notre trésor de vérités. C'est donc avec juste raison que le gouvernement anglais a décerné à Charles Darwin les honneurs, réservés aux grands citoyens, de l'inhumation à Westminster.

Si le philosophe de Beckenham pouvait planer au-dessus des plus vastes horizons, nul ne savait mieux que lui, quand il le fallait, descendre dans le menu détail des phénomènes, démêler leurs rapports et reconnaître souvent, dans de grandioses résultats, les effets de causes qui auraient paru négligeables à des esprits moins pénétrants. Ces facultés maîtresses de l'intelligence de Darwin se trouvent réunies dans le récit de son voyage à bord du *Beagle*; son génie éclate déjà dans son explication si grande et si simple de *la formation des Iles madréporiques*; tandis que ses qualités de précision se manifestent à un haut degré dans ses divers travaux de géologie, dans sa *Monographie des Cirripèdes* et dans ses ouvrages successifs sur les habitudes des plantes et la variation des animaux.

Ce sont aussi les qualités que l'on retrouvera dans le livre consacré par le grand observateur à l'étude du *Rôle des Vers de terre dans la formation de la terre végétale*. Les vers de terre sont extraordinairement nombreux dans les terrains humides et partout où abonde la végétation. N'est-il pas étonnant qu'on ait aussi rarement songé à se préoccuper de l'influence qu'ils peuvent avoir sur les qualités du sol? Deux hommes, habitués l'un et l'autre à mesurer l'importance que peuvent prendre les petites causes, lorsque leur influence a une longue durée ou lorsque leur action se répète souvent, ont, dans ces dernières années, attiré l'attention sur les Lombrics, à des points de vue différents : M. Pasteur a montré qu'ils ramenaient incessamment à la surface les germes des maladies contagieuses contenus dans les cadavres enfouis des animaux morts de ces maladies; Darwin a prouvé qu'ils prenaient une part considérable à la formation et à l'élaboration de la terre végétale, en même temps qu'ils contribuaient à changer l'aspect des contrées qu'ils habitent, en rendant meubles sur les pentes des montagnes des matériaux qui sont ensuite plus facilement entraînés dans les vallées et les cours d'eau par les eaux de pluie. L'étude des vers de terre prend, grâce à ces recherches, un intérêt particulier ; il serait utile de savoir quelles sont les espèces qui se trouvent dans les diverses régions du globe, quelles peuvent être leur degré d'activité, leurs diverses manières de vivre, afin de déterminer si partout ces ouvriers souterrains agissent de la même façon, si leur rôle est partout le même. Mais l'étude des Lombriciens peut avoir une autre importance. Ils sont invariablement liés au sol dans lequel ils s'enfoncent; ils ne peuvent voyager ni à l'air libre, ni à travers les eaux; leurs œufs, assez profondément cachés dans la terre, sont rarement découverts par les oiseaux ; avalés par eux, ils sont digérés et on ne voit pas comment, en dehors de l'action de l'homme, ils pourraient être transportés d'un endroit à un autre ; les vers eux-mêmes sont une proie trop facile pour qu'ils ne soient pas immédiatement déglutis par l'oiseau qui les saisit. Seules les eaux douces dans lesquelles ils peuvent vivre assez longtemps, et l'homme qui les emporte dans la terre entourant les racines des jeunes plantes dont il essaye l'acclimatation en divers points du globe, peuvent contribuer à disséminer leurs espèces. En dehors de ces moyens, chacune d'elles ne peut que se répandre de proche en proche dans le sol où elle creuse ses galeries. Il suit de là que la présence d'une même espèce de Lombrics dans les terres aujourd'hui séparées les unes des autres, doit fournir des renseignements précieux relativement aux liens qui les unissaient autrefois et, dans les cas où le transport de main d'homme peut être démontré, les modifications subies par ces mêmes espèces, liées intimement au sol dans lequel elles vivent, doivent encore fournir des documents précieux pour la détermination de leur degré de variabilité.

Depuis plusieurs années, nous avons fait recueillir pour le Muséum, en diverses régions du globe, tous les vers de terre qui ont pu être rencontrés ; les musées de Cambridge (Massachusetts) et de Stockholm ont bien voulu nous confier ceux qu'ils possédaient et nous pouvons dès maintenant donner, relativement à la distribution géographique de ces animaux, quelques indications qui s'ajoutent à celles contenues dans cet ouvrage.

Les vers de terre présentent tous une grande similitude extérieure ; leur détermination est donc très difficile et repose principalement sur quatre ordres de caractères : 1º la disposition relative des organes extérieurs de la reproduction ; 2º la disposition des soies ; 3º la position des orifices des organes de secrétion, connus sous le nom d'*organes segmentaires*; 4º la forme du lobe céphalique.

Des organes externes de la reproduction, il en est un qui ne paraît manquer à aucun ver de terre, durant la période de l'accouplement et de la ponte, c'est la *ceinture* ou *clitellum*, sorte de renflement de longueur variable, que l'on observe à la partie antérieure du ver, et qui peut s'étendre sur deux anneaux seulement ou sur une dizaine. La ceinture résulte du développement, dans l'épaisseur des téguments, de glandes destinées à secréter une humeur solidifiable qui maintient unis les deux vers pendant l'accouplement, et sert ensuite à former le sac dans lequel l'animal enferme ses œufs.

Tous les vers de terre connus jusqu'ici sont hermaphrodites ; ils possèdent trois sortes d'orifices de la reproduction : 1° ceux des canaux déférents des glandes mâles ; 2° ceux des oviductes ; 3° ceux de poches particulières, les *poches copulatrices*, dans lesquelles est momentanément déposée la liqueur séminale. Les orifices des poches copulatrices qui manquent rarement, sont toujours situés à la partie antérieure du corps ; leur nombre est variable ; il peut être de quatre paires, et n'a d'importance que pour la distinction des espèces. Les orifices des oviductes sont peu apparents et peuvent être situés soit en avant soit en arrière des orifices mâles. La position de ces derniers est particulièrement importante et permet de distinguer dans les Lombriciens terrestres trois grandes familles. Nous avons appelé *Lombriciens antéclitelliens*, ceux qui ont, comme notre Lombric, les orifices génitaux mâles en avant de la ceinture ; *Lombriciens intraclitelliens* ceux qui ont comme les *Eudrilus* et les *Urochæta* du Brésil les orifices génitaux mâles sur la ceinture ; enfin, *Lombriciens postclitelliens* ceux qui ont, comme les *Perichæta* des pays chauds ou les *Pontodrilus* des côtes de la Méditerranée, les orifices génitaux mâles après la ceinture. Des différences remarquables d'organisation interne correspondent à ces caractères extérieurs et justifient cette division.

Les soies locomotrices sont de petits bâtonnets cornés, en forme d'S très allongée, enfoncés dans les téguments, et que des muscles spéciaux peuvent faire plus ou moins saillir à l'extérieur ; il en existe généralement huit par anneau ; elles sont quelquefois isolées, le plus souvent disposées par paires, et forment ainsi deux doubles rangées dorsales et deux doubles rangées ventrales symétriques deux à deux ; quelquefois, chez les *Urochæta*, par exemple, les soies alternent d'un anneau à l'autre et affectent ainsi, sur une plus ou moins grande étendue du corps, une disposition quinconciale. Chez les *Perichæta* se montre une disposition toute particulière : sur chaque anneau, les soies sont fort nombreuses, il peut en exister plus de quarante ; elles sont régulièrement espacées sur un cercle perpendiculaire à l'axe du corps, dans la région moyenne de chaque anneau.

Quelquefois, au voisinage des orifices génitaux mâles, toutes les soies se modifient de manière à venir en aide à l'accouplement.

Les orifices des organes segmentaires sont en rapport étroit avec les soies ; ils se trouvent généralement au bord antérieur de chaque anneau, tantôt sur l'alignement des soies de la rangée ventrale, tantôt sur l'alignement des soies de la rangée dorsale. Chez les *Plutellus*, ils alternent d'un anneau à l'autre, comme le font les soies chez les *Urochæta*. Ce sont là des caractères importants. On observe souvent aussi, entre les anneaux, sur la ligne médiane dorsale, des pores qui font communiquer directement la cavité générale du corps avec l'extérieur et par lesquels certains Lombrics peuvent émettre un liquide nauséabond.

A une époque où l'attention n'avait pas été appelée sur ces caractères, on avait attaché beaucoup d'importance à la forme d'une sorte de bouton, le *lobe céphalique*, qui surmonte la bouche et est enchâssé plus ou moins profondément dans le bord antérieur du premier anneau du corps, celui précisément qui porte l'orifice buccal. On a créé des genres en s'appuyant sur les caractères qu'il fournit. Ces genres n'ont qu'une importance secondaire ; nous dirons seulement que, chez les *Rhinodrilus*, ce lobe s'allonge exceptionnellement comme une sorte de trompe ou de tentacule.

Ces caractères fondamentaux doivent toujours être présents à l'esprit des personnes qui voudraient faire des Lombriciens une étude plus approfondie. Les genres qu'ils ont permis d'établir sont assez nombreux; mais il en est deux que l'on subdivise quelquefois, mais qui dominent de haut tous les autres par le nombre de leurs espèces et par l'étendue de leur aire de répartition : ce sont le genre *Lombricus*, ou Lombric proprement dit, représenté, en France seulement, par au moins huit espèces, et le genre *Perichœta*. Outre la disposition de leurs soies, ces derniers se distinguent de nos Lombrics par leur extrême agilité et par leur robuste apparence. Ils se sont acclimatés à Nice, en pleine terre, et paraissent se retrouver aujourd'hui dans un grand nombre de serres et de jardins botaniques.

L'aire de répartition de ces deux grands genres est assez différente et fort remarquable.

Il existe de vrais Lombrics dans toute l'Europe, en Algérie, en Egypte, en Abyssinie, à Port-Natal, à Sainte-Hélène, aux Açores, aux Canaries, en Australie, dans l'Amérique du Nord, où ils forment la faune dominante des Lombriciens; à Buenos-Ayres et au Chili, ils sont associés à d'autres genres qui paraissent jouer un rôle plus important.

Les *Perichœta* forment presque exclusivement la faune des Lombriciens dans les localités suivantes :

Ile de la Réunion, île Maurice, Indes, Poulo-Condor, Cochinchine, Shang-Haï, Pékin, Java, Sumatra, Bornéo, les Philippines, Tidor, Ternate, la Nouvelle-Guinée, la Nouvelle-Galles du Sud, Taïti, îles Sandwich; ils sont associés à d'autres espèces assez nombreuses au Pérou, au Chili, au Para, au Brésil, à Caracas, dans le Vénézuela.

Ainsi, tandis que les Lombrics proprement dits occupent l'Europe, le nord de l'Afrique, le nord de l'Asie et l'Amérique septentrionale, contrées dont les faunes et les flores ont d'ailleurs de si grands rapports, les Perichæta fouissent le sol des parties chaudes de l'Asie, tout au moins au voisinage de la mer des Indes; ils se retrouvent dans toutes les îles du Pacifique, y compris l'Australie, et ne viennent s'éteindre que sur les côtes occidentales de l'Amérique du Sud, encore les retrouve-t-on au Brésil. Bien entendu, d'une île à l'autre, les espèces sont différentes, quoique souvent séparées par des caractères insignifiants; parfois plusieurs espèces habitent la même île.

Il y a là une étude plus approfondie à faire; mais il est possible, dès maintenant, de faire quelques remarques. De la Réunion, de l'Inde, de la Cochinchine, des îles de la Sonde, des îles Philippines, de la Nouvelle-Guinée, des îles Sandwich, nous ne connaissons pas d'autres Lombriciens que les Perichæta; c'est par conséquent leur véritable aire de répartition. Entre la Nouvelle-Guinée, les Célèbes et les autres îles de la Malaisie, il y a une différence considérable, au point de vue de la faune terrestre; nous ne voyons pas cette différence se manifester pour les Lombriciens; au contraire, le mode de distribution de ces animaux rappelle celui des espèces marines d'Echinodermes et de Mollusques qui présentent, de la Réunion à la côte occidentale d'Amérique, des ressemblances frappantes.

En Australie, dans l'Amérique du Sud, les Perichæta sont associés à d'autres espèces et ont été vraisemblablement importés, comme ils l'ont été à Nice, où des vers de ce genre, recueillis en pleine terre, avaient évidemment trois origines distinctes : la Cochinchine, les îles Philippines et Calcutta.

Madagascar paraît s'isoler, au point de vue de sa faune de Lombriciens, comme au point de vue de sa curieuse faune de mammifères. Les vers qui y ont été recueillis jusqu'ici, notamment par M. Lantz, appartiennent à un type tout particulier ; le seul Lombricien connu de Ceylan appartient aussi à un type spécial : c'est un *Moniligaster*. La Nouvelle-Calédonie a fourni, au lieu de Perichæta, des *Acanthodrilus*, Lombriciens bien différents. Voilà donc quelques points singuliers dont l'étude se recommande d'elle-même.

L'Amérique du Sud présente, au point de vue du groupe des Lombriciens, un très grand intérêt. Aucune autre contrée n'offre une variété aussi considérable dans sa faune de Lombriciens. C'est de là que proviennent presque tous les genres intraclitelliens connus. Ces genres sont : les *Anteus*, *Titanus*, *Urochæta*, *Rhinodrilus*, *Eudrilus*, et comprennent quelques espèces gigantesques, pouvant atteindre 1^m.50 de long, comme le *Titanus Brasiliensis* et l'*Anteus gigas* ; cette taille est aussi celle d'un *Acanthodrilus* de la Nouvelle-Calédonie. Nul doute que des animaux d'aussi grande taille n'aient une influence plus grande, s'ils sont communs, que ceux de nos pays.

Cette esquisse de la distribution géographique des Lombriciens est sans doute encore bien imparfaite ; mais elle suffit déjà à montrer l'intérêt qu'il y aurait à la compléter en recueillant plus soigneusement ces animaux sur tous les points du globe ; l'étude détaillée des espèces ne peut manquer de fournir d'intéressants résultats relativement aux relations qui ont pu exister entre les contrées où elles se trouvent. Nous souhaitons que cette modeste préface au livre de l'éminent penseur que la science vient de perdre, contribue à avancer cette étude.

Edmond PERRIER.

FORMATION
DE LA TERRE VÉGÉTALE

PAR L'ACTION DES VERS

ET OBSERVATIONS

SUR LES HABITUDES DE CES ANIMAUX

INTRODUCTION

La part prise par les vers à la formation de la couche de terre végétale qui recouvre la surface entière du sol dans toute contrée tant soit peu humide, est le sujet du présent ouvrage. Cette terre végétale est généralement d'une couleur noirâtre et d'une épaisseur de quelques pouces. Dans les différentes régions elle ne varie que peu dans son apparence, bien qu'elle repose sur des sous-sols divers. Un de ses principaux traits caractéristiques est la finesse uniforme des particules qui la composent; chose qu'il est aisé d'observer dans la première contrée sablonneuse venue, dans les endroits où immédiatement à côté d'un champ venant d'être labouré se trouve un pâturage resté long-

temps sans être remué, et dans ceux où la terre végétale est à découvert sur les bords d'un fossé ou d'une excavation. Notre sujet ne paraît guère avoir d'importance, mais nous verrons qu'il présente pourtant son intérêt et que la maxime *de minimis lex non curat* ne s'applique pas à la science. Elie de Beaumont même qui, en général, n'estime pas à leur véritable valeur les influences petites et leurs effets accumulés, en fait la remarque [1] : « La couche très mince de la terre végétale
« est, dit-il, un monument d'une haute antiquité, et,
« par le fait de sa permanence, un objet digne d'occu-
« per le géologue, et capable de lui fournir des remar-
« ques intéressantes. » La couche superficielle de terre végétale remonte, sans doute, dans son ensemble à la plus haute antiquité, mais pour ce qui est de sa permanence, nous verrons ci-après qu'il y a au contraire des raisons de croire que ses particules constituantes sont, dans la plupart des cas, renouvelées d'une façon assez rapide et remplacées par d'autres dues à la désagrégation des matériaux sous-jacents.

Amené à conserver pendant de longs mois, dans mon cabinet d'étude, des vers, dans des pots remplis de terre, je me pris d'intérêt pour ces animaux, et je voulus rechercher jusqu'à quel point ils agissaient sciemment, et combien ils déployaient d'intelligence. J'étais d'autant plus désireux d'apprendre quelque chose à cet égard, qu'on possède, à ma connaissance, peu d'observations de ce genre sur des animaux aussi bas dans l'échelle des êtres organisés et aussi pauvrement

[1] *Leçons de géologie pratique*, tom. I, 1845, p. 140.

pourvus d'organes des sens que le sont les vers de terre.

En 1837, je présentais à la Société Géologique de Londres [1] une petite note sur la « Formation de la terre végétale; » j'y montrai que de petits fragments de marne calcinée, des cendres étendues en grande quantité à la surface de plusieurs prairies, se retrouvèrent quelques années plus tard à une épaisseur de plusieurs pouces au-dessous du gazon, mais constituant encore une couche continue. Cet enfouissement apparent de corps situés d'abord à la surface du sol est dû, comme me l'a suggéré le premier M. Wedgwood de Maer Hall en Staffordshire, à la quantité considérable de terre fine que les vers reportent continuellement à la surface sous forme de résidus du canal alimentaire. Ces éjections sont tôt ou tard éparpillées et recouvrent tout objet laissé à la surface. C'est ainsi que je fus amené à conclure que la terre végétale sur toute l'étendue d'un pays a passé bien des fois par le canal intestinal des vers et y passera bien des fois encore. Par suite, le terme de « terre animale » serait à certains égards plus juste que celui communément usité de « terre végétale. »

Dix ans après la publication de ma note, M. d'Archiac, évidemment sous l'influence des doctrines d'Elie de Beaumont, parla de ma « singulière théorie, » et il objecta qu'elle ne s'appliquerait qu'aux « prairies basses et humides, » et que « les terres labourées, les

[1] *Zeitschrift für wissenschaft. Zoologie.* B. XXVIII, 1877, p. 361.

bois, les prairies élevées n'apportent aucune preuve à l'appui de cette manière de voir [1]. » Mais il faut que M. d'Archiac ait tiré ces conclusions non de l'observation, mais d'une conviction intérieure ; car les vers se présentent en abondance extraordinaire dans les jardins potagers, là où le sol est constamment remué ; il est vrai d'ailleurs que, dans un sol présentant aussi peu de consistance, ils déposent généralement leurs éjections dans des cavités ouvertes quelconques, ou à l'intérieur de leurs vieilles galeries, au lieu de les déposer à la surface. Von Hensen estime qu'il y a à peu près deux fois autant de vers dans les jardins que dans les champs de blé [2]. A l'égard des « prairies élevées, » je ne sais ce qu'il en est en France, mais en Angleterre je n'ai jamais vu le sol aussi amplement couvert d'éjections que dans les prairies communales, situées plusieurs centaines de pieds au-dessus du niveau de la mer. D'autre part, dans les bois, si l'on enlève des feuilles détachées en automne, on trouve toute la surface parsemée de matières d'éjection. M. le Dr King, directeur du jardin botanique à Calcutta, à l'obligeance duquel je dois mainte observation sur les vers de terre, me communique qu'il a trouvé en France, près de Nancy, le sol des forêts de l'Etat couvert, sur l'étendue de plusieurs hectares, d'une couche spongieuse, composée de feuilles mortes et d'innombrables éjections. Le même M. King a entendu le professeur d' « Aména-

---

[1] *Histoire des Progrès de la Géologie*, t. I, 1847, p. 224.
[2] *Transactions Geolog. Soc.*, vol. V, p. 505. Lu le 1er novembre 1837.

gement des Forêts » faisant une leçon, signaler à ses élèves ce cas comme un « magnifique exemple de cul-
« ture naturelle du sol; car, plusieurs années de suite,
« les matières rejetées en haut couvrent les feuilles
« mortes, d'où il résulte un riche humus de grande
« épaisseur. »

En 1869, M. Fish [1] rejeta mes conclusions en ce qui concerne le rôle joué par les vers dans la formation de la terre végétale, et cela purement parce qu'ils seraient, suppose-t-il, incapables de fournir un aussi grand travail. Il remarque que « considérant leur fai-
« blesse et leurs dimensions, l'ouvrage qu'on leur
« attribue, serait prodigieux. » Voilà bien un exemple de cette impuissance à évaluer les effets d'une cause se répétant d'une façon continuelle, impuissance qui a souvent retardé le progrès de la science; jadis elle s'opposait à la marche de la géologie et récemment elle a tâché d'entraver celle des principes de l'évolution.

Ces différentes objections me semblaient sans importance; cependant je résolus de faire de nouvelles observations de même nature que celles publiées, et d'attaquer le problème d'un autre côté. Au lieu de déterminer la rapidité avec laquelle les objets laissés à la surface étaient enterrés par les vers, il s'agissait de peser toutes les éjections produites en un temps donné sur un espace mesuré d'avance. Mais nombre de mes observations ont été rendues presque superflues par l'admirable mémoire publié par von Hensen en 1877,

[1] *Gardener's Chronicle,* April 17, 1869, p. 418.

auquel j'ai déjà fait allusion. Avant d'entrer dans le détail de ce qui a trait aux éjections, il sera bon de donner quelque description des habitudes des vers, d'après mes propres observations et celles de quelques autres naturalistes.

CHAPITRE PREMIER

Habitudes des Vers.

Nature des lieux habités. — Possibilité de vivre longtemps sous l'eau. — Habitudes nocturnes. — Les vers rôdent la nuit. — Ils gisent souvent tout près de l'ouverture de leurs galeries et sont par suite détruits en grand nombre par les oiseaux. — Anatomie des vers. — Ils ne possèdent pas d'yeux, mais peuvent distinguer la lumière de l'obscurité. — Ils se retirent rapidement quand on les éclaire subitement, mais ce n'est point par une action réflexe. — Ils sont capables d'attention, — sensibles à la chaleur et au froid, — tout à fait sourds, — sensibles aux vibrations et au toucher; — leur odorat est faible. — Goût. — Qualités mentales. — Nature de leur nourriture. — Ils sont omnivores.— Digestion. — Avant d'être avalées, les feuilles sont humectées d'un liquide de la nature du suc pancréatique. — Digestion extra-stomacale. — Glandes calcifères, leur structure. — Les concrétions calcaires se forment dans la paire de glandes antérieures. — La matière calcaire est en première ligne une excrétion, mais secondairement elle sert à neutraliser les acides produits pendant l'acte de la digestion.

Les vers de terre sont distribués sur toute la surface du globe sous forme de quelques types génériques, d'une grande ressemblance extérieure entre eux. On n'a jamais fait de monographie soigneuse des espèces de lombrics de la Grande-Bretagne; mais on peut juger combien il peut y en avoir, d'après celles qui habitent les contrées avoisinantes. Dans la péninsule scandinave, il y en a huit espèces, d'après Eisen [1]; mais

[1] *Bidrag till Skandinaviens Oligochætfauna.* 1871. (Contribution à la faune des Oligochètes de Scandinavie).

deux d'entre elles ne font que rarement des galeries dans le sol et l'une d'elles habite des lieux très humides ou même vit sous l'eau. Nous n'avons affaire ici qu'aux espèces qui apportent à la surface la terre sous forme d'éjections. Hoffmeister dit qu'on ne connaît pas bien les espèces de l'Allemagne [1], mais il indique le même nombre que Eisen, en y ajoutant quelques variétés à caractères fortement tranchés.

Les vers terrestres abondent en Angleterre dans différentes stations. On peut voir leurs éjections en nombre tellement extraordinaire dans les prairies communales et sur les collines de craie qu'elles arrivent presque à en couvrir toute la surface, là où le sol est pauvre et l'herbe courte et clairsemée. Mais dans quelques-uns des parcs publics de Londres, elles sont presque ou même tout à fait aussi nombreuses, quoique l'herbe y pousse bien et que le sol paraisse être riche. Dans un seul et même champ, les vers sont beaucoup plus communs à certaines places qu'à d'autres, sans qu'il soit possible de remarquer quelque différence dans la nature du sol. Ils se rencontrent en abondance dans les cours pavées tout près des maisons ; je citerai même plus loin un cas dans lequel ils avaient creusé leurs galeries à travers le sol d'une cave très humide. J'ai vu des vers dans la tourbe noire d'un champ marécageux ; mais ils sont extrêmement rares ou même font tout à fait défaut dans la tourbe plus sèche, brune et fibreuse, si esti-

---

[1] *Die bis jetzt bekannten Arten aus der Familie der Regenwürmer.* (Espèces jusqu'ici connues de la famille des vers de terre), 1845.

mée des jardiniers. C'est à peine si l'on peut trouver des vers sur les bandes de terrain sec, sablonneux ou graveleux où ne pousse que la bruyère en compagnie de quelques pieds de genêt, de fougère, d'herbes grossières, de mousse et de lichen. Mais dans beaucoup de parties de l'Angleterre, partout où un sentier traverse une lande, sa surface se recouvre d'une fine pelouse de gazon court. Quant à la question de savoir si ce changement de végétation est dû à ce que les plantes de plus grande taille sont tuées par le piétinement accidentel de l'homme ou des animaux, ou bien à ce que le sol est à l'occasion engraissé par les excréments d'animaux, c'est là ce que je ne saurais décider [1]. Sur ces sentiers gazonnés, on voit souvent des éjections de vers. Dans une lande de Surrey, soumise à un examen minutieux, il n'y avait que quelques éjections sur ces sentiers, là où leur pente était considérable ; mais dans les parties plus horizontales où les eaux avaient amené, des régions plus escarpées, une couche de terre fine, et l'avaient portée à une épaisseur de quelques pouces, les éjections se rencontraient en grand nombre. Ces endroits paraissaient encombrés de vers, au point qu'ils avaient dû se disséminer à une distance de quelques

---

[1] Il y a même quelque raison de croire que cette pression est réellement favorable à la croissance des herbes, car le professeur Buckmann qui a fait beaucoup d'observations sur leur croissance dans les jardins d'expérimentation de l'Ecole Royale d'Agriculture fait la remarque suivante (*Gardener'sChronicle*, 1854, p. 619) : « Un autre point dans la culture des herbes sous la forme séparée ou par petites pièces de terre, c'est qu'il est impossible de les passer au rouleau ou de les bien presser sous les pieds, et sans l'une ou l'autre de ces choses, il n'est point de pâture qui reste bonne. »

pieds des sentiers gazonnés, et là leurs éjections se trouvaient parmi la terre de bruyère ; mais au-delà de cette limite, on ne pouvait pas trouver une seule éjection. Une couche, toute mince qu'elle soit, de terre fine retenant probablement longtemps quelque humidité, est, en tous cas, à mon avis, nécessaire à leur existence ; la simple compression du sol paraît les favoriser jusqu'à un certain point, car ils abondent souvent dans de vieux chemins battus par les piétons et dans les sentiers à travers champs.

Sous les grands arbres, on trouve peu de tas d'éjections pendant certaines saisons de l'année, et cela paraît résulter de ce que l'humidité a été enlevée au sol par l'action absorbante des innombrables racines des arbres ; car, après les fortes pluies d'automne, on peut voir les mêmes endroits couverts de tas d'éjection. Bien que les taillis et les bois nourrissent pour la plupart une foule de vers, on ne put, même pendant l'automne, trouver une seule éjection sur une grande étendue de terrain, dans une forêt de grands et vieux hêtres du Knole Park, où le sol au-dessous des arbres était dépourvu de toute végétation. Et néanmoins les éjections se présentaient en abondance dans quelques clairières couvertes d'herbe et dans des échancrures pénétrant dans cette forêt. Sur les montagnes du nord du pays de Galles, et dans les Alpes, les vers, m'a-t-on dit, sont rares dans la plupart des lieux, ce qui peut bien provenir de la grande proximité des rocs sous-jacents, dans lesquels les vers ne peuvent creuser de galerie pendant l'hiver de manière à échapper à la gelée. M. le

Dr Mac Intosh a pourtant trouvé des éjections de vers à une hauteur de 1,500 pieds sur le Shiehallion en Ecosse. Ils sont communs sur quelques collines près de Turin à une hauteur de 2,000 à 3,000 pieds au-dessus du niveau de la mer, et à une grande altitude sur les monts Nilgiri, dans le sud des Indes et sur l'Himalaya.

Les vers de terre doivent être regardés comme des animaux terrestres, bien qu'ils soient encore dans un certain sens à demi aquatiques, comme les autres membres de la grande classe des annélides à laquelle ils appartiennent. M. Perrier a trouvé que l'exposition à l'air sec d'une chambre pendant une seule nuit leur était fatale. D'autre part, il a conservé vivants pendant près de quatre mois plusieurs grands vers complètement submergés dans l'eau [1]. Pendant l'été, quand le sol est sec, ils pénètrent à une profondeur considérable et cessent de travailler, comme ils le font aussi pendant l'hiver, quand le sol est gelé. Les vers ont des habitudes nocturnes, et la nuit on peut les voir ramper de tous côtés en grand nombre, mais d'ordinaire ils restent encore plongés par leur portion caudale dans leur galerie. L'expansion de cette partie de leur corps et les soies courtes, légèrement recourbées dont il est armé, leur permettent de s'accrocher si ferme qu'il est rare qu'on réussisse à les tirer hors de terre sans les met-

---

[1] J'aurai souvent l'occasion de renvoyer à l'admirable mémoire de M. Perrier sur l' « Organisation des Lombriciens terrestres », qui a paru dans les *Archives de Zoolog. expér.*, t. III, 1874, p. 372. C. F. Morren (*De Lumbrici terrestri*, 1829, p. 14) a trouvé que des vers supportaient l'immersion en été de quinze à vingt jours, mais qu'en hiver ils mouraient dès qu'on les y soumettait.

tre en pièces [1]. Pendant le jour ils restent dans leur galerie, excepté à l'époque de l'accouplement; alors ceux qui habitent des galeries adjacentes mettent à découvert la plus grande partie de leur corps pendant une heure ou deux, de bon matin. Il faut aussi excepter de cette règle les malades, dans lesquels vit généralement en parasite une larve de diptère; les individus se trouvant dans ce cas errent de côté et d'autre pendant le jour et meurent à la surface du sol. Lorsque de fortes pluies font suite à la sécheresse, on voit parfois gisant sur le sol un nombre étonnant de vers morts. M. Galton me communique qu'en un cas de ce genre (mars 1881), les vers morts se trouvaient dans la proportion d'un par deux pas et demi en long, quatre pas en large, dans une promenade faite au Hyde Park. Il compta jusqu'à 45 vers morts dans une seule place sur une longueur de seize pas. A juger d'après les faits qui précèdent, il n'est pas probable que ces vers aient été noyés; s'ils l'avaient été, ils auraient péri dans leurs galeries. Je crois qu'ils étaient déjà malades, et que leur mort a été simplement hâtée par l'inondation du sol.

On a souvent dit que, dans les circonstances ordinaires, il est rare ou il n'arrive jamais que les vers bien portants quittent tout à fait leur galerie la nuit; mais c'est là une erreur, comme White de Selborne le savait il y a longtemps déjà. Le matin, lorsqu'il y a eu une forte pluie, la pellicule de boue ou de sable très fin recouvrant les allées sablées montre souvent leurs vestiges d'une façon bien nette. C'est ce que j'ai observé

---

[1] Morren, *De Lumbrici terrestri*, etc. 1829, p. 67.

depuis le mois d'août jusqu'en mai, ces deux mois y compris, et il est probable que la même chose arrive pendant les deux autres mois de l'année, quand ils sont humides. Dans ces cas, on voit très peu de vers morts en général. Le 31 janvier 1881, après un froid exceptionnellement rigoureux et qui avait persisté pendant longtemps, dès que le dégel commença, les allées furent sillonnées d'innombrables vestiges de vers. Dans un cas, j'ai compté jusqu'à cinq pistes traversant un espace d'un pouce carré seulement. On pouvait parfois les poursuivre dans les allées sablées à des distances de deux à trois et jusqu'à quinze toises à partir de l'ouverture de la galerie ou jusqu'à cette ouverture. Jamais je n'ai vu deux pistes menant à la même galerie; et il n'est pas non plus probable, d'après ce que nous allons bientôt voir des organes des sens du vers, il n'est pas probable, dis-je, qu'un ver puisse retrouver son chemin pour retourner à sa galerie, une fois qu'il l'a abandonnée. Il semble que les vers quittent leurs galeries pour faire un voyage de découvertes, et c'est ainsi qu'ils trouvent de nouveaux emplacements à habiter.

Morren dit [1] que les vers gisent souvent des heures entières presque sans mouvement, immédiatement au-dessous de l'ouverture de leur galerie. J'ai eu moi-même occasion d'observer le fait sur des vers tenus dans des pots à la maison ; en plongeant le regard dans la galerie, on pouvait justement voir leur tête. Bien souvent, en enlevant soudainement de dessus la galerie la terre ou les détritus rejetés, on voyait se retirer rapi-

[1] *De Lumbrici terrestri*, etc., p. 14.

dement l'extrémité du corps du ver. Cette habitude de se tenir à la surface amène la destruction d'une immense quantité d'entre eux. Chaque matin, pendant certaines saisons de l'année, dans toutes les prairies du pays, les grives et les merles arrachent de leurs trous une quantité surprenante de vers, et cela ne pourrait pas être, si les vers n'étaient pas tout près de la surface. Il n'est guère probable que ce soit pour respirer l'air frais que les vers se comportent de la sorte, car nous avons vu qu'ils peuvent vivre longtemps sous l'eau. Je crois qu'ils restent près de la surface à cause de la chaleur, surtout dans la matinée; et nous verrons plus loin que souvent ils revêtent de feuilles l'ouverture de leurs galeries, pour empêcher, ce semble, leurs corps de venir en contact immédiat avec la terre froide et humide. On prétend qu'ils ferment hermétiquement leurs galeries pendant l'hiver.

Anatomie. — Il faut faire quelques remarques au sujet de l'anatomie. Le corps d'un ver de grande taille consiste en cent à deux cents anneaux ou segments presque cylindriques, chacun de ces anneaux est muni de soies fines. Le système musculaire est bien développé. Les vers peuvent ramper en avant aussi bien qu'à reculons, et, en fixant leur queue, ils peuvent se retirer dans leurs galeries avec une rapidité extraordinaire. La bouche est située à l'extrémité antérieure du corps, et elle est pourvue d'une petite saillie (lobe ou lèvre, ainsi qu'elle a été appelée par les différents auteurs) employée pour la préhension. A l'intérieur, derrière la bouche, il y a un pharynx puissant, que montre le diagramme ci-joint (Fig. 1) ; il est poussé en avant quand l'animal mange, et cette partie correspond, d'après Perrier, à la trompe extensible des autres annélides. Le pharynx conduit dans l'œsophage, de chaque côté duquel il y a à la partie inférieure trois paires de grosses glandes qui sécrètent une quantité surprenante de carbonate de chaux. Ces glandes calcifères sont fort remarquables, car on ne connaît rien d'analogue dans un animal quelconque. Leur fonction sera discutée, quand nous traiterons de l'acte de la digestion. Dans la plupart des espèces, l'œsophage s'élargit en jabot à la hauteur du gésier. Ce dernier est revêtu d'une membrane chitineuse lisse et épaisse, et il est entouré par des muscles longitudinaux faibles, mais les muscles transverses sont puissants. Perrier a vu ces muscles en action énergique ; comme il l'observe, la trituration de la nourriture doit être effectuée principalement par cet organe, les vers ne possédant ni mâchoires ni dents d'aucune espèce. On trouve généralement dans le gésier et les intestins des grains de sable et de petites pierres, depuis 1/20 jusqu'à un peu plus d'1/10 de pouce

Fig. 1.
Diagramme du canal alimentaire d'un lombric, d'après Ray Lankester in « *Quart. Journal of Microscop. soc.* Vol. xv. N. S. pl. vii.

Bouche.
Pharynx.
OEsophage.
Glandes calcifères
OEsophage.
Jabot.
Gésier.
Partie supérieure de l'intestin.

de diamètre. Il est certain que les vers avalent beaucoup de petites pierres, indépendamment de celles avalées pendant qu'ils creusent leurs galeries, et il est probable qu'elles servent, comme des meules, à triturer leur nourriture. Le gésier débouche dans l'intestin, qui se dirige vers l'anus à l'extrémité postérieure du corps. L'intestin présente une disposition remarquable, le typhlosolis, ou comme les anciens anatomistes l'appelaient, un intestin à l'intérieur d'un intestin; Claparède[1] a montré que le typhlosolis est le résultat d'une involution longitudinale profonde des parois de l'intestin, au moyen de laquelle s'obtient une large surface d'absorption.

Le système circulatoire est bien développé. Les vers respirent par la peau; ils ne possèdent pas d'organes respiratoires spéciaux. Les deux sexes sont réunis sur le même individu, mais deux individus s'accouplent ensemble. Le système nerveux est passablement bien développé; et les deux ganglions cérébraux presque confluents sont situés très près de l'extrémité antérieure du corps.

Sens. — Les vers sont dépourvus d'yeux, et tout d'abord je pensais qu'ils étaient complètement insensibles à la lumière; car ceux tenus renfermés ayant été observés à l'aide d'une chandelle, et ceux restés en dehors de la maison l'ayant été à l'aide d'une lanterne, les uns et les autres se montrèrent rarement alarmés,

---

[1] *Histolog. Untersuchungen über die Regenwürmer.* (Recherches histologiques sur les lombrics). *Zeitschrift für wissenschaft. Zoologie.* Bd. XIX, 1869, p. 611.

bien que ce soient des animaux extrêmement timides. D'autres personnes n'ont pas trouvé de difficulté à observer les vers la nuit par le même moyen [1].

Hoffmeister cependant dit [2] qu'à l'exception de quelques individus, les vers sont extrêmement sensibles à la lumière ; mais il admet que, dans la plupart des cas, il faut à la lumière un certain temps pour agir. Ces indications m'amenèrent à observer un grand nombre de nuits de suite des vers tenus dans des pots; ceux-ci étaient protégés contre les courants d'air par des plaques de verre. On approchait des pots très doucement, pour ne pas causer de vibrations dans le sol. En faisant, dans ces conditions, tomber sur les animaux la lumière d'une lanterne à coulisses de verre rouge foncé et bleu, les coulisses interceptant la lumière au point qu'on avait quelque peine à voir les animaux, ceux-ci ne furent nullement affectés par cette quantité de lumière, quelque prolongée que fût leur exposition à cet agent. La lumière était, autant que je pouvais en juger, plus vive que celle de la pleine lune. La couleur ne semble apporter aucune différence dans le résultat. Eclairait-on les vers avec une chandelle, ou même à la lumière claire d'une lampe à pétrole, ils n'en étaient pas d'ordinaire affectés tout d'abord. Ils ne l'étaient pas davantage quand on laissait passer et interceptait alternativement la lumière. Quelquefois ce-

---

[1] M. Bridgmann et M. Newmann (*The Zoologist*, v. VII, 1849, p. 2576) par exemple, et quelques amis qui ont observé les vers pour moi.

[2] *Familie der Regenwürmer*, 1845, p. 18. (Famille des lombrics).

pendant ils se comportaient fort différemment, car aussitôt que la lumière tombait sur eux, ils se retiraient dans leurs galeries avec une rapidité presque instantanée. Cela arriva peut-être une fois sur douze. Quand ils ne se retiraient pas tout de suite, il leur arrivait souvent de soulever du sol l'extrémité antérieure, effilée, de leur corps, comme si leur attention était excitée et comme s'ils éprouvaient de la surprise ; ou bien ils remuaient leur corps de côté et d'autre comme s'ils cherchaient à toucher quelque chose. Ils semblaient souffrir de la lumière, mais je doute que cette souffrance fût réelle ; car, dans deux cas, après s'être retirés lentement, ils restèrent longtemps l'extrémité antérieure saillant un peu de l'ouverture de leur galerie, et dans cette position ils étaient toujours prêts à se retirer instantanément et tout à fait.

Quand, au moyen d'une large lentille, on concentrait sur leur extrémité antérieure la lumière d'une bougie, en général ils se retiraient tout de suite ; mais cette lumière concentrée manqua d'agir peut-être une fois sur six. Une fois, la lumière fut concentrée sur un ver gisant dans une soucoupe sous l'eau et il se retira immédiatement dans sa galerie. Dans tous les cas, la durée d'action de la lumière, à moins que celle-ci ne fût extrêmement faible, n'apportait pas grande différence dans le résultat ; car des vers laissés exposés à une lampe à pétrole ou à une chandelle se retiraient régulièrement dans leur galerie dans un intervalle de cinq à quinze minutes ; et si le soir on éclairait les pots, avant que les vers ne fussent sortis de leurs galeries, ils se gardaient d'apparaître au dehors.

Des faits précédents, il résulte à l'évidence que la lumière affecte les vers par son intensité et par sa durée. C'est seulement l'extrémité antérieure du corps, où sont les ganglions cérébraux, qui est affectée par la lumière, comme l'assure Hoffmeister, et comme je l'ai observé moi-même en beaucoup de cas. Si cette partie est dans l'obscurité, on peut éclairer en plein d'autres parties du corps, aucun effet ne sera produit. Ces animaux n'ayant pas d'yeux, nous devons admettre que la lumière traverse leur peau et excite d'une certaine manière leurs ganglions cérébraux. Il semblait au premier abord probable que la manière différente dont les vers étaient affectés en différents cas pût s'expliquer, soit par le degré d'extension de leur peau et par le degré de transparence en résultant, ou par l'incidence particulière de la lumière ; mais je n'ai pu découvrir aucun rapport de ce genre. Ce qui était manifeste, c'est que quand les vers étaient occupés à traîner des feuilles dans leur galerie ou à les manger, et même pendant les courts intervalles de temps durant lesquels ils se reposaient de leur ouvrage, ou bien ils ne percevaient pas la lumière, ou ils n'y faisaient pas attention; et cela arrivait même quand on concentrait sur eux la lumière par une large lentille. De même aussi, pendant qu'ils sont accouplés, ils restent de une à deux heures hors de leurs galeries, exposés en plein au soleil du matin ; mais, d'après ce que dit Hoffmeister, il semble que la lumière fait en certains cas se séparer des individus accouplés.

Quand un ver subitement éclairé se précipite comme un lapin dans son trou, pour me servir de l'expression employée par un de mes amis, nous sommes tout d'abord amenés à considérer cela comme une action réflexe. L'irritation des ganglions cérébraux paraît faire contracter d'une manière inévitable certains muscles, sans que l'animal le veuille ou en ait conscience, comme si c'était un automate. Mais ce qui s'oppose à ce qu'on regarde la retraite subite comme une simple action réflexe, c'est la différence d'effet produite par une même lumière en différents cas et tout spécialement c'est ce fait qu'un ver occupé d'une façon quelconque et dans les intervalles de cette occupation, quels que soient les muscles ou les ganglions mis en jeu par lui, ne fait souvent pas attention à la lumière. Chez les animaux supérieurs, quand l'attention se concentre sur quelque objet jusqu'à faire négliger les impressions que d'autres objets doivent produire sur eux, nous attribuons cela à ce que leur attention est absorbée, et l'attention implique la présence d'une âme. Tous les chasseurs savent que, pendant que le gibier pait, se bat ou est empressé auprès de l'autre sexe, il est beaucoup plus aisé de s'en approcher. L'état du système nerveux des animaux supérieurs diffère donc beaucoup en des temps différents; un cheval, par exemple, est beaucoup plus disposé à s'effrayer à un moment qu'à un autre. La comparaison que ceci implique entre les actions d'un animal supérieur et d'un autre placé aussi bas que le ver de terre dans l'échelle des êtres organisés, pourra paraître forcée; car nous attribuons par là au ver de l'attention et quelque faculté mentale, mais néanmoins je ne vois pas de raison de douter de la justesse de cette comparaison.

Si l'on ne peut pas dire que les vers soient doués de la faculté de la vision, leur sensibilité à la lumière leur permet pourtant de distinguer le jour de la nuit; et c'est ainsi qu'ils échappent au danger incessant que leur fait courir l'avidité de la foule des animaux diurnes qui leur font la chasse. Leur retraite dans leurs galeries pendant le jour paraît cependant être devenue une action d'habitude; car en tenant des vers dans des pots couverts de plaques de verre sur lesquelles on avait étendu des feuilles de papier noir et les exposant à une fenêtre située au nord-est, les animaux restèrent le jour dans leurs galeries et sortirent tous les soirs; et ils continuèrent à le faire pendant une semaine. Sans doute une petite quantité de lumière a pu entrer entre les plaques de verre et le papier noirci : mais les expériences faites avec les verres de couleur nous avaient appris que ces animaux sont insensibles à une faible quantité de lumière.

Les vers semblent moins sensibles à une chaleur rayonnante modérée qu'à une lumière vive. J'en juge ainsi pour avoir tenu à plusieurs reprises un tison échauffé au rouge pâle près des vers, à une distance qui me donnait sur la main une sensation bien nette de chaleur. L'un des vers n'y prit point garde; un autre se retira dans sa galerie, mais pas vite; le troisième et le quatrième le firent beaucoup plus vite et le cinquième aussi vite que possible. La lumière d'une chandelle, concentrée par une lentille et traversant une plaque de verre d'épaisseur suffisante pour intercepter la plupart des rayons calorifiques, causait en général une retraite beaucoup plus rapide que ne le faisait le tison rougi. Les vers sont sensibles à une température très basse, comme on peut le conclure du fait qu'ils ne sortent pas de leurs galeries pendant qu'il gèle.

Les vers sont dépourvus du sens de l'ouïe. Ils ne remarquaient pas du tout les sons perçants d'un sifflet de métal lancés à plusieurs reprises près d'eux, pas plus que les sons les plus graves et les plus forts d'un basson. Ils étaient insensibles aux cris, pourvu qu'on eût soin que l'haleine ne les touchât pas. Placés sur une table tout près des cordes d'un piano dont on jouait aussi fort que possible, ils restaient parfaitement tranquilles.

Bien qu'insensibles aux ondulations de l'air qui sont perceptibles pour nous, ils sont extrêmement sensibles aux vibrations d'un corps solide quelconque. Deux vers contenus dans des pots étaient restés tout à fait insensibles au son d'un piano; on plaça les pots sur l'instrument, et dès qu'on toucha la note C de la clef de basse, tous deux se retirèrent à l'instant dans leur galerie. Quelque temps après, ils sortirent, et quand le G au-dessus de la ligne dans la clef de sol résonna, ils se retirèrent de nouveau. Dans des circonstances semblables, l'un des vers se sauva vite dans sa galerie une autre nuit, au son d'une seule note très élevée, et l'autre ver quand on toucha le C de la clef de sol. En ces occasions, les vers ne touchaient pas aux parois des pots, ceux-ci reposaient sur des soucoupes ; de sorte qu'avant d'atteindre leur corps, les vibrations avaient à passer de la table de résonnance du piano à travers la soucoupe, le fond du pot et la terre humide pas très compacte sur laquelle ils reposaient, l'extrémité caudale logée dans leur galerie. Souvent on pouvait voir combien ils sont impressionnables, quand le pot dans lequel ils étaient ou la table sur laquelle le pot se trouvait, arrivait à être légèrement heurté ; mais ils semblaient moins sensibles à des bruits de cette sorte qu'aux vibrations du piano ; et leur sensibilité aux bruits variait beaucoup à différentes époques. On a souvent dit qu'en battant le sol ou le faisant trembler d'autre façon, les vers pensent être poursuivis par une taupe et quittent leurs galeries. Je battis le sol en beaucoup d'endroits où il y avait des vers en grand nombre, mais pas un ne se montra au dehors. Quand cependant on creuse le sol avec une fourche et que la terre est remuée violemment au-dessous d'un ver, il arrive souvent qu'il sorte vite de sa galerie.

Toutes les parties du corps sont, chez le ver, sensibles au contact. Un léger souffle lancé par la bouche les fait se retirer immédiatement. Les plaques de verre placées par-dessus les pots ne fermaient pas hermétiquement, il suffisait souvent de souffler par les fentes très étroites ainsi laissées pour amener une retraite rapide. Quelquefois ils sentaient les tourbillons causés dans l'air par l'enlèvement rapide des plaques de verre. Quand un ver sort tout d'abord de sa galerie, généralement il meut de part et d'autre dans toutes les directions l'extrémité antérieure de son corps fortement étendue : elle paraît être pour lui un organe de toucher ; comme nous le verrons dans le chapitre prochain, on a lieu de croire qu'ils peuvent ainsi se faire une idée générale de la forme d'un objet. De tous leurs sens, celui du toucher, en comprenant dans ce terme la perception des vibrations, semble être le plus développé.

Chez les vers, le sens de l'odorat paraît réduit à la perception de certaines odeurs, et il est faible. Ils étaient tout à fait insensibles à mon haleine, tant que je la leur envoyai très doucement. J'avais fait cette expérience, parce qu'il semblait possible qu'ils fussent ainsi avertis de l'approche d'un ennemi. Ils se montrèrent également insensibles à mon haleine, quand je mâchai du tabac, et quand une boulette de coton de laine imprégnée de quelques gouttes d'essence de millefleurs ou d'acide acétique était dans ma bouche. Des boulettes de coton de laine imprégnées de jus de tabac et d'essence de mille-fleurs et de paraffine, furent tenues avec des pincettes et promenées de long en large à une distance de deux à trois pouces de plusieurs vers, sans qu'ils s'en aperçussent. Dans deux ou trois cas cependant, où de l'acide acétique avait été placé sur les boulettes, les vers parurent un peu agités, ce qui provenait probablement de l'irritation de leur peau. La perception d'odeurs aussi peu naturelles ne servirait pas aux vers, et comme il est presque certain que des créatures aussi timides donneraient des signes de quelque impression nouvelle, nous sommes autorisés à conclure qu'ils n'avaient pas perçu ces odeurs.

Le résultat fut tout différent, quand on prit des feuilles de chou et des morceaux d'oignon, que les vers dévorent tous deux avec grand plaisir. Dans neuf cas j'enterrai de petits morceaux carrés de feuilles de chou fraîches et d'autres à demi gâtées et de bulbe d'oignon dans les pots, sous environ 1/4 de pouce de terre de jardin ordinaire; et toujours les vers les découvrirent. Un morceau de chou fut découvert et enlevé dans l'espace de deux heures; trois autres avaient été enlevés le lendemain matin, c'est-à-dire après une seule nuit; deux autres, après deux nuits; et le septième morceau après trois nuits. Deux pièces d'oignon furent découvertes et enlevées après trois nuits. Des morceaux de viande crue fraîche, mets dont les vers sont très friands, avaient été enfouis; ils ne furent pas découverts dans l'espace de quarante-huit heures, et ils n'étaient pas encore en putréfaction alors. La terre au-dessus des différents objets enfouis ne fut en général pressée que légèrement, pour ne pas empêcher l'émission d'odeurs. Dans deux cas cependant, la surface fut bien arrosée, et rendue ainsi un peu compacte. Après que les morceaux de chou et d'oignon eurent été enlevés, je regardai au-dessous d'eux pour voir si par hasard les vers étaient venus par en bas, mais il n'y avait pas trace de galerie; et deux fois les objets enfouis furent placés sur des pièces de feuille d'étain, et elles ne furent pas déplacées le moins du monde. Naturellement il est bien possible que les vers se promenant à la surface du sol, et leur queue restant fixée à l'intérieur de leur galerie, ils aient fureté avec la tête dans les endroits où étaient enfouis les objets indiqués plus haut; mais je n'ai jamais vu de vers agissant de la sorte. Deux fois j'enfouis des pièces de feuille de chou et d'oignon sous du sable ferrugineux très fin, je le tassai légèrement et l'arrosai bien jusqu'à le rendre fort compacte et ces pièces ne furent jamais découvertes. Dans un troisième cas, la même sorte de sable ne fut ni tassée ni arrosée, et les pièces de chou étaient déjà découvertes et enlevées après la seconde nuit. Ces différents faits montrent que les vers sont doués d'un certain odorat, et que par ce moyen ils découvrent des aliments odoriférants et fort recherchés d'eux.

Il est permis de supposer que tous les animaux qui se nourrissent de substances variées possèdent le sens du goût, et c'est certainement le cas pour les vers. Ils aiment beaucoup les feuilles de chou, et ils semblent pouvoir faire une distinction entre différentes variétés; mais cela provient peut-être de différences dans la texture de ces feuilles. Dans onze cas, on donna aux vers des pièces de feuilles fraîches d'une variété verte commune et d'autres de la variété rouge employée pour les conserves au vinaigre; ils préférèrent les vertes, les rouges restant ou tout à fait négligées ou bien moins attaquées. Dans deux cas cependant, ils parurent préférer les rouges. Des feuilles à demi gâtées de la variété rouge et des feuilles fraîches de la verte furent entamées d'une façon à peu près égale. Quand on leur donna tout ensemble des feuilles de chou, de raifort (une de leurs nourritures favorites) et d'oignon, ils préférèrent toujours ces dernières et cela d'une façon manifeste. On leur donna aussi tout à la fois des feuilles de chou, de tilleul, d'ampelopis, de panais (Pastinaca) et de céleri (Apium), et ils mangèrent tout d'abord celles de céleri. Mais quand on leur donna ensemble des feuilles de chou, de navet, de betterave, de céleri, de cerisier sauvage et de carotte, ils préférèrent les deux dernières espèces, et tout spécialement celles de carotte, à toutes les autres, y compris celles du céleri. Après de nombreux essais il était donc manifeste que les feuilles de cerisier sauvage étaient de beaucoup préférées à celles de tilleul et de coudrier (Corylus). D'après M. Bridgman, les vers ont une préférence particulière pour les feuilles à demi gâtées du *Phlox verna* [1].

Des morceaux de feuilles de chou, de navet, de raifort et d'oignon furent laissés sur les pots pendant 22 jours, et toutes furent entamées et durent être renouvelées ; mais pendant tout ce laps de temps, des feuilles d'une espèce d'armoise et d'autres de la sauge culinaire, de thym et de menthe, mêlées aux feuilles précédentes, restèrent absolument négligées, sauf celles de la menthe qui furent à l'occasion grignotées, mais très faiblement. Ces quatre dernières espèces de feuilles ne diffèrent pas dans leur texture de manière à pouvoir devenir désagréables aux vers ; elles ont toutes un goût bien accentué, mais c'est ce qu'ont aussi les quatre espèces de feuilles mentionnées d'abord ; et la grande différence des résultats doit nécessairement être rapportée à une préférence que les vers ont pour le goût de l'une plutôt que pour celui de l'autre.

[1] *The Zoologist*, vol. VII, 1849, p. 2576.

Facultés mentales. — Il y a peu de chose à dire sur ce point. Les vers, nous l'avons vu, sont timides. Il est permis de douter que lorsqu'on les blesse, ils souffrent autant qu'ils paraissent l'exprimer par leurs contorsions. A en juger par leur avidité pour certaines sortes de nourriture, ils doivent ressentir du plaisir à manger. Le penchant sexuel est chez eux assez fort pour surmonter pendant quelque temps leur crainte de la lumière. Peut-être ont-ils une trace de penchant social, car cela ne les dérange pas de ramper l'un sur l'autre et quelquefois ils gisent au contact l'un de l'autre. D'après Hoffmeister, ils passent l'hiver ou isolés, ou roulés en pelote avec d'autres au fond de leur galerie [1]. Bien que les vers soient si imparfaits sous le rapport des différents organes des sens, cela ne prouve pas qu'ils soient nécessairement dépourvus d'intelligence ; nous l'avons appris par des observations comme celles de Laura Bridgman, et nous avons vu que, leur attention une fois occupée, ils négligent des impressions dont ils auraient sans cela tenu compte ; or, l'attention implique l'existence d'un pouvoir mental de quelque espèce. Ils sont aussi plus faciles à exciter à certaines époques qu'à d'autres. Ils accomplissent instinctivement quelques actions, c'est-à-dire que tous les individus, y compris les jeunes, accomplissent ces actions à peu près de la même manière. C'est ce que montre la façon dont les espèces de Perichæta disposent les matières qu'ils rejettent, de manière à construire des tours ; c'est en-

---

[1] *Familie de Regenwürmer.* (Famille des vers de terre), p. 18.

core ce que prouvent les galeries du ver de terre ordinaire tapissées d'une couche bien unie de terre fine et souvent de petites pierres, ainsi que les ouvertures de leurs galeries revêtues d'un lit de feuilles. Un de leurs instincts les plus puissants est celui qui les porte à tamponner d'objets divers l'ouverture de leurs galeries; des vers encore tout jeunes agissent déjà de la sorte. Mais, comme nous le verrons dans le prochain chapitre, on voit percer, dans ce travail, un certain degré d'intelligence, chose qui m'a surpris plus que tout le reste de ce qui a trait aux vers.

Nourriture et digestion. — Les vers sont omnivores. Ils avalent une énorme quantité de terre, et en extraient toutes les matières digestibles qui peuvent y être contenues, mais c'est là un sujet sur lequel il me faudra revenir. Ils consomment aussi un grand nombre de feuilles à demi gâtées de toute espèce, excepté quelques-unes qui ont un goût désagréable ou bien sont trop dures pour eux; par exemple les pétioles, les pédoncules et les fleurs fanées. Mais ils consomment aussi des feuilles fraîches, comme me l'ont montré des expériences répétées. D'après Morren [1], ils mangent des parcelles de sucre et de réglisse; les vers que je tenais en observation traînèrent un grand nombre de morceaux d'amidon sec dans leurs galeries, et un gros morceau eut ses angles bien arrondis par le liquide déversé par la bouche des animaux. Mais comme ils entraînent souvent dans leurs galeries des parcelles de pierre tendre, de chaux par exemple, j'ai quelque doute

[1] *De lumbrici terrestri*, p. 19.

que cette chaux soit employée comme nourriture. Des pièces de viande crue et d'autres rôties furent plusieurs fois fixées par de longues aiguilles à la surface du sol dans mes pots, et toutes les nuits on pouvait voir les vers les tirailler; ils suçaient les bords des pièces et en consommèrent ainsi une bonne portion. La graisse crue semble être préférée par eux même à la viande crue et à toutes les autres substances qui leur furent données, et ils en consommèrent beaucoup. Ils sont cannibales, car les deux moitiés d'un ver mort ayant été placées dans deux des pots, elles furent traînées à l'intérieur des galeries et grignotées; mais, autant que je pouvais en juger, ils préfèrent la viande fraîche à celle en putréfaction, et à cet égard je ne suis pas d'accord avec Hoffmeister.

Léon Frédéricq déclare [1] que le fluide digestif des vers est de la même nature que la sécrétion du pancréas des animaux supérieurs; cette conclusion est parfaitement en accord avec les sortes de nourriture que consomment les vers. Le suc pancréatique produit l'émulsion de la graisse et nous venons de voir avec quelle voracité les vers dévorent la graisse; il dissout la fibrine, et les vers mangent de la viande crue; il convertit l'amidon en sucre de raisin avec une rapidité merveilleuse, et nous allons montrer tout à l'heure que le fluide digestif des vers agit sur l'amidon [2]. Mais ils

---

[1] *Archives de zoologie expérimentale*, tome VII, 1878, p. 394.
[2] Au sujet de l'action du ferment pancréatique, consulter : *A Text-Book of Physiology*, par Michael Foster. 2me édit., pp. 198-203, 1878.

vivent principalement de feuilles à demi gâtées ; et celles-ci ne pourraient pas les nourrir s'ils ne pouvaient digérer la cellulose qui forme les parois des cellules ; car c'est un fait bien connu que, peu de temps avant la chûte des feuilles, presque toutes les autres substances nutritives ont presque complétement disparu de leur intérieur. On a du reste acquis aujourd'hui la certitude que la cellulose qui n'est point modifiée du tout ou ne l'est que très peu par le suc gastrique des animaux supérieurs, est attaquée par la sécrétion du pancréas [1].

Les feuilles à demi gâtées ou fraîches que les vers se proposent de dévorer, sont traînées par eux à l'intérieur de leurs galeries jusqu'à une profondeur de un à trois pouces, et elles sont alors humectées d'un liquide qu'ils sécrètent. On avait supposé que ce fluide servait à hâter leur décomposition; mais un grand nombre de feuilles furent à deux reprises retirées des galeries des vers et tenues pendant de longues semaines dans un atmosphère très humide, sous une cloche de verre dans mon cabinet d'étude, et les parties qui avaient été humectées par les vers ne se décomposèrent pas notablement plus vite que les autres parties. Quand on donnait le soir des feuilles fraîches aux vers tenus renfermés et qu'on examinait celles-ci le matin suivant, par conséquent peu d'heures après qu'elles avaient été traînées dans les galeries, le fluide dont les feuilles étaient humectées montrait une réac-

[1] Schmulewitsch, *Action des sucs digestifs sur la cellulose*. Bull. de l'Acad. imp. de St-Pétersbourg, t. XXV, p. 549, 1879.

tion alcaline au papier neutre de tournesol. C'est ce qui se répéta plusieurs fois pour les feuilles de céleri, de chou et de navet. Des parties de ces mêmes feuilles qui n'avaient pas été humectées par les vers, furent pilées avec quelques gouttes d'eau distillée, et le jus ainsi extrait n'était pas alcalin. Quelques feuilles cependant qui avaient été traînées dans l'intérieur des galeries, mais pas dans la maison, et à une période antérieure inconnue, furent examinées, et, bien qu'humides encore, elles ne montrèrent que rarement même une trace de réaction alcaline.

Le liquide, par lequel les feuilles sont humectées, agit sur elles pendant qu'elles sont fraîches ou presque fraîches, d'une manière remarquable ; car il les fane et les décolore rapidement. C'est ainsi que les extrémités d'une feuille fraîche de carotte qui avait été traînée dans l'intérieur d'une galerie, furent retrouvées d'une teinte brun foncé douze heures après. Des feuilles de céleri, de navet, d'érable, d'orme, de tilleul, des feuilles minces de lierre et à l'occasion celles du chou, subirent une action semblable. L'extrémité d'une feuille de *Triticum repens* encore attachée à une plante en voie de croissance, avait été tirée à l'intérieur d'une galerie et cette partie était brun foncé et morte, tandis que le reste de la feuille était frais et vert. Plusieurs feuilles de tilleul et d'orme retirées de galeries se trouvèrent affectées à des degrés différents. Le premier changement paraît être que les nervures deviennent d'une teinte pâle de rouge-orange. Les cellules à chlorophylle adjacentes perdent plus ou moins complétement leur couleur verte, et leur contenu finit par devenir brun. Les parties ainsi affectées paraissent presque noires à la lumière réfléchie; mais regardées par transparence sous le microscope, de petites marques lumineuses étaient aperçues, ce qui n'arrivait pas avec les parties non affectées des mêmes feuilles. Ces effets ne montrent d'ailleurs qu'une chose, c'est que le fluide sécrété est nuisible aux feuilles à un haut degré ou même est vénéneux pour elles; car presque les mêmes effets furent produits dans un espace de un à deux jours sur différentes espèces de feuilles jeunes, et cela non-seulement par le suc pancréatique artificiel préparé avec ou sans thymol, mais aussi et rapidement par une solution de thymol à elle seule. Dans un cas, des feuilles de Corylus furent fort décolorées par un séjour de dix-huit heures dans le suc pancréatique, sans aucun thymol. Avec des feuilles jeunes et tendres, l'immersion dans la salive humaine par un temps un peu chaud, agit de la même manière que le suc pancréatique, mais pas aussi vite. Dans tous ces cas, les feuilles s'infiltraient souvent de ce suc.

Des larges feuilles d'un pied de lierre croissant à un mur étaient si dures que les vers ne pouvaient pas les entamer, mais au bout de quatre jours elles furent attaquées d'une manière toute particulière par la sécrétion déversée par leur bouche. La surface supérieure des feuilles, sur laquelle les vers avaient rampé, comme le montrait l'ordure qu'ils y avaient laissée, était alors marquée de lignes sinueuses formées par une chaîne continue ou interrompue de taches blanchâtres et souvent d'apparence étoilée, de 2 mm. environ de diamètre. L'apparence ainsi produite ressemblait d'une façon singulière à celle d'une plante dans laquelle la larve de quelque insecte de petite taille aurait creusé une galerie. Mais après en avoir fait des coupes et les avoir examinées, mon fils Francis ne put trouver nulle part que les cellules eussent été rompues ou que l'épiderme eût été perforé. Quand la section passait par les taches blanchâtres, on voyait que les grains de chlorophylle étaient plus ou moins décolorés, et quelques-unes des cellules en palissade et de celles du mésophylle ne contenaient rien que de la matière granuleuse écrasée. Ces effets doivent être attribués à la transsudation de la sécrétion à travers l'épiderme jusque dans les cellules.

La sécrétion dont les vers humectent les feuilles agit de la même façon sur les granules d'amidon à l'intérieur des cellules. Mon fils examina beaucoup de feuilles de tilleul et quelques-unes de frêne, qui étaient tombées de l'arbre et avaient été en partie traînées par les vers à l'intérieur de leurs galeries. On sait que dans les feuilles tombées les grains d'amidon sont conservés dans les cellules-gardes des stomates. Or, en plusieurs cas, l'amidon avait disparu partiellement ou en totalité de ces cellules, dans les parties qui avaient été humectées par la sécrétion ; tandis que ces cellules étaient encore bien conservées dans les autres parties des mêmes feuilles. Quelquefois l'amidon était dissous seulement dans l'une des deux cellules-gardes. Le nucléus avait dans l'un des cas disparu en même temps que les granules d'amidon. Le simple enfouissement de feuilles de tilleul dans de la terre humide pendant neuf jours n'amena pas la destruction des granules d'amidon. D'un autre côté, l'immersion de feuilles fraîches de tilleul et de cerisier pendant dix-huit heures dans du suc pancréatique artificiel, eut pour résultat la dissolution des granules d'amidon dans les cellules-gardes aussi bien que dans les autres cellules.

Du fait que la sécrétion dont les feuilles sont humectées est alcaline, et de ce qu'elle agit aussi bien sur les granules d'amidon que sur le contenu protoplasmique des cellules, nous sommes en droit de conclure qu'elle ressemble non à la salive [1], mais à la sécrétion du pancréas; et Frédéricq nous a appris qu'une sécrétion de cette sorte se trouve dans les intestins des vers. Les feuilles traînées jusque dans les galeries étant souvent sèches et recroquevillées, il est indispensable pour leur désagrégation par la bouche nue des vers qu'elles soient d'abord humectées et amollies; et les feuilles fraîches, quelque molles et tendres qu'elles soient, sont traitées de la même manière, probablement par suite de l'habitude. Il en résulte qu'elles sont en partie digérées avant de passer dans le canal alimentaire. Je ne sache pas qu'on ait rapporté quelque autre cas de digestion extra-stomacale. Le boa constricteur baigne de salive sa proie, mais c'est uniquement pour la lubréfier. Peut-être le cas le plus analogue se retrouve-t-il dans des plantes telles que le

[1] Claparède doute que les vers sécrètent de la salive; voir: *Zeitschrift für wissenschaftl. Zoologie*, vol. XIX, 1869, p. 601.

Drosera et le *Dionœa* ; car là c'est à la surface des feuilles et non à l'intérieur d'un estomac que la matière animale est digérée et convertie en peptone.

Glandes calcifères. — Ces glandes (voir fig. 1), à en juger par leur volume et la grande quantité de vaisseaux sanguins qui s'y rendent, doivent être de toute importance pour l'animal. Mais il y a eu presque autant de théories émises sur leur usage qu'il y a eu de naturalistes à les observer. Ces glandes sont au nombre de trois paires, qui, chez le lombric commun, débouchent dans le canal alimentaire en avant du gésier, mais chez l'Urochæta et dans quelques autres genres, elles débouchent en arrière de lui [1]. Les deux paires postérieures sont formées de lamelles qui, selon Claparède, sont des diverticules de l'œsophage [2]. Ces lamelles sont à l'intérieur revêtues d'une couche de cellules pulpeuses, les cellules extérieures se trouvant libres en nombre infini. Si l'on fait la ponction d'une de ces glandes et qu'on la comprime, il en sort une masse de matière pulpeuse blanche, consistant en cellules libres. Elles sont très petites et leur diamètre varie de 2 à 6 mm. Elles contiennent au centre une substance granuleuse excessivement fine ; mais elles ressemblent tant à des globules d'huile que Claparède et d'autres aussi les ont d'abord traitées par l'éther. Il ne produit aucun effet ; mais ils se dissolvent rapidement avec effervescence dans l'acide acétique, et si l'on

[1] Perrier, *Archives de Zoolog. expérim.* Juillet. 1874, pp. 416-419.
[2] *Zeitschrift für wissenschaftl. Zoologie.* Vol. XIX, 1869, pp. 603-606.

ajoute à la solution de l'oxalate d'ammoniaque, il se précipite une matière blanche. Nous avons donc le droit de conclure qu'ils contiennent du carbonate de chaux. Si l'on plonge les cellules dans une très petite quantité d'acide, elles deviennent plus transparentes, prennent un aspect nuageux et on les perd bientôt de vue; mais si l'on ajoute beaucoup d'acide, elles disparaissent à l'instant. Quand on en a dissous un très grand nombre, il reste un résidu floconneux qui paraît formé des fines parois cellulaires rompues. Dans les deux paires de glandes postérieures, le carbonate de chaux contenu dans les cellules s'amasse en petits cristaux rhomboïdaux ou en concrétions qui se déposent entre les lamelles; mais je n'en ai vu qu'un seul cas et Claparède en a observé seulement un très petit nombre.

Les deux glandes antérieures diffèrent un peu dans leur forme, des quatre postérieures, en ce qu'elles sont plus ovales. Elles en diffèrent aussi d'une façon frappante en ce qu'elles contiennent en général plusieurs petites concrétions de carbonate de chaux, ou deux ou trois plus grandes, ou une seule très grosse jusqu'à 1 $^1/_2$ mm. de diamètre. Quand une glande ne contient qu'un petit nombre de concrétions très petites, ou qu'elle n'en contient pas du tout, comme cela arrive parfois, elle passe facilement inaperçue. Les grosses concrétions sont rondes ou ovales, et presque lisses à l'extérieur. Il s'en trouva une qui remplissait non-seulement toute la glande, ce qui est souvent le cas, mais aussi son col; de sorte que sa forme ressemblait à celle d'une bouteille à huile d'olive. Quand on brise ces concrétions, on voit que leur structure est plus ou moins cristalline. On ignore comment elles s'échappent de la glande; mais un fait certain est qu'elles s'en échappent, car on les trouve souvent dans le gésier, les intestins et les matières rejetées par les vers, aussi bien chez ceux de ces animaux qu'on tient renfermés que chez ceux qui vivent à l'état de nature.

Claparède ne dit que très peu de chose sur la structure des deux glandes antérieures, et il suppose que la matière calcaire dont sont formées les concrétions provient des quatre glandes postérieures. Mais si l'on place dans l'acide acétique une glande antérieure qui ne contient que de petites concrétions, et qu'on fasse ensuite la dissection de cette glande, ou bien si l'on fait des sections d'une glande de ce genre sans la traiter d'abord par l'acide acétique, on y verra distinctement des lamelles semblables à celles qu'on trouve dans les glandes postérieures, et revêtues de matière cellulaire, en même temps qu'une multitude de cellules calcifères libres, parfaitement solubles dans l'acide acétique. Quand une glande est complétement remplie d'une seule grande concrétion, il n'y a pas de cellules libres, celles-ci ayant été toutes absorbées dans la formation de la concrétion. Mais si l'on dissout dans l'acide une de ces grosses concrétions, ou seulement une de grosseur modérée, il reste beaucoup de matière membraneuse et celle-ci paraît consister des restes des lamelles autrefois actives. Après la formation et l'expulsion d'une grande concrétion, il faut bien qu'il se développe d'une manière quelconque de nouvelles lamelles. Dans une coupe faite par mon fils, il semblait que la chose eût déjà commencé, bien que la glande contînt deux concrétions un peu grosses, car près des parois il y avait plusieurs tubes cylindriques et ovales d'intersectés qui étaient doublés de matière cellulaire et étaient tout à fait remplis de cellules calcifères libres. Si plusieurs tubes ovales s'élargissaient dans une direction, cela donnerait les lamelles.

Outre les cellules calcifères libres dans lesquelles il n'y avait pas de noyau visible, d'autres cellules libres, mais un peu plus grandes, furent observées à trois reprises différentes, et celles-ci contenaient distinctement un noyau et un nucléole. L'acide acétique n'agissait sur elles que pour rendre le nucléole plus distinct. L'acide fit disparaître de l'interstice de deux lamelles une concrétion très petite dans une glande antérieure.

Cette concrétion était incrustée dans une matière cellulaire pulpeuse, avec beaucoup de cellules calcifères libres, en même temps qu'une multitude de cellules plus grandes, libres, à noyau, et ces dernières restaient insensibles à l'action de l'acide acétique, tandis qu'il dissolvait les autres. Cette observation et plusieurs autres du même genre m'ont amené à supposer que les cellules calcifères se développent aux dépens de cellules plus grandes à noyau; mais comment cela s'opère-t-il, c'est ce que je n'ai pas pu déterminer encore avec certitude.

Quand une glande antérieure contient plusieurs petites concrétions, quelques-unes d'entre elles ont généralement un profil angulaire ou cristallin, tandis que le plus grand nombre est arrondi, avec une surface irrégulière semblable à celle d'un fruit de mûrier (arbre). En beaucoup de points, ces masses à apparence framboisée étaient adhérentes aux cellules calcifères et on pouvait suivre leur disparition graduelle pendant qu'elles y restaient encore attachées. Il était donc évident par là que les concrétions se forment au moyen de la chaux contenue à l'intérieur de cellules calcifères libres. A mesure que les concrétions plus petites augmentent de grandeur, elles arrivent à se toucher et s'unissent, englobant ainsi les lamelles désormais sans usage ; et ainsi, pas à pas, il était possible de suivre la formation des concrétions les plus grandes. Pourquoi cette formation a-t-elle toujours lieu dans les deux glandes antérieures, et n'a-t-elle lieu que rarement dans les quatre glandes postérieures, c'est ce qu'on ignore complétement. Morren dit que ces glandes disparaissent pendant l'hiver, et j'en ai vu quelques exemples ; dans d'autres cas, ou bien les glandes antérieures, ou les postérieures étaient si ratatinées et si vides à cette saison, qu'on avait beaucoup de difficulté à les distinguer.

Quant à la fonction des glandes calcifères, il est probable qu'en première ligne elles servent d'organes d'excrétion, et que secondairement elles aident la digestion. Les vers consomment beaucoup de feuilles tombées ; et on sait que la chaux continue à s'accumuler dans les feuilles jusqu'à ce qu'elles se détachent de la plante-mère, au lieu d'être réabsorbée par la tige et les racines, ainsi que le sont diverses autres substances organiques et inorganiques [1]. On a trouvé que les cendres d'une feuille d'acacia contiennent jusqu'à 72 pour cent de chaux. Les vers seraient par suite exposés à se saturer de cette base terreuse, s'ils n'avaient pas quelque moyen d'excrétion spécial, et les glandes calcifères sont bien propres à cet usage. Les vers qui vivent dans la terre végétale immédiatement au-dessus de la chaux, ont souvent les intestins remplis de cette substance, et leurs déjections sont presque blanches. Ici il est évident que le calcaire est fourni en quantité surabondante. Néanmoins, chez plusieurs vers recueillis en un tel lieu, les glandes calcifères contenaient tout autant de cellules calcifères libres, et les concrétions dans ces glandes étaient absolument aussi nombreuses et aussi grosses que dans celles de vers qui vivaient là où il y avait peu ou pas de chaux; ce qui indique que la chaux est une excrétion, et non une sécrétion déversée dans le canal alimentaire dans quelque but spécial.

D'un autre côté, les considérations qui vont suivre rendent fort probable que le carbonate de chaux excrété par les glandes aide le travail de la digestion dans les circonstances ordinaires. Les feuilles engendrent dans le cours de leur décomposition une foule d'acides de différentes espèces, et on les a groupés ensemble sous le terme d'acides de l'humus. Nous aurons à revenir sur ce sujet dans le chapitre cinq, et je me bornerai à

---

[1] De Vries, *Landwirthl. Jahrbücher*, 1881, p. 77.

dire ici que ces acides ont une action énergique sur le carbonate de chaux. Les feuilles à demi décomposées qui sont avalées en si grande quantité par les vers, pourraient donc, après avoir été humectées et triturées dans le canal alimentaire, produire de ces acides. Chez plusieurs vers, on a trouvé le contenu du canal alimentaire nettement acide, ainsi que le montra le papier de tournesol. Cette acidité ne peut être attribuée à la nature du suc digestif, car le suc pancréatique est alcalin ; et nous avons vu que la sécrétion déversée par la bouche des vers pour préparer les feuilles à être consommées, est aussi alcaline. Il n'est guère possible non plus que l'acidité soit due à de l'acique urique, car le contenu de la partie supérieure de l'intestin était souvent acide. Dans un cas, le contenu du gésier était légèrement acide, tandis que celui de la partie supérieure de l'intestin était plus nettement acide. Dans un autre cas, le contenu du pharynx n'était pas acide, celui du gésier l'était d'une façon douteuse, mais celui de l'intestin était distinctement acide à une distance de 5 cm. au-dessous du gésier. Même chez les animaux herbivores et omnivores, le contenu du gros intestin est acide. « Cela n'est cependant pas causé par quel-
« que sécrétion acide de la membrane muqueuse ; la
« réaction des parois intestinales, aussi bien dans le
« gros intestin que dans l'intestin grêle, est alcaline.
« Il faut donc que cela vienne de fermentations acides
« en cours dans le contenu lui-même... Chez les carni-
« vores, le contenu du cœcum est, dit-on, alcalin, et
« naturellement le montant de la fermentation dé-

« pendra en grande partie de la nature de la nourri-
« ture [1]. »

Chez les vers, non-seulement le contenu de l'intestin est acide, mais les excréments le sont aussi. Trente déjections venant de lieux différents furent examinées, et à l'exception de trois ou quatre, on les trouva toutes acides; et les exceptions sont peut-être dues à ce que ces déjections n'étaient pas fraîchement déposées; car quelques-unes qui tout d'abord étaient acides, ne l'étaient plus le matin suivant, après avoir été séchées et humectées de nouveau; et probablement cela résultait de ce que les acides de l'humus se décomposent facilement, comme on le sait. Cinq déjections fraîches provenant de vers qui vivaient dans de la terre végétale reposant immédiatement sur la chaux, étaient d'une couleur blanche et abondaient en matière calcaire, et elles n'étaient pas acides le moins du monde. Cela montre avec quel succès le carbonate de chaux neutralise les acides intestinaux. En tenant des vers dans des pots remplis de sable fin ferrugineux, il se montra d'une façon manifeste que l'oxyde de fer, dont les grains de silex étaient revêtus, avaient été dissous et rejetés par les vers dans leurs déjections.

Le suc digestif des vers ressemble, comme nous l'avons déjà dit, par son action, à la sécrétion du pancréas des animaux supérieurs; et chez ces derniers, « la digestion pancréatique est essentiellement alcaline; elle ne s'opère qu'en présence d'un alcali quelconque; et

---

[1] M. Foster, *A Text-Book of Physiology*, 2me édition, 1878, p. 243.

l'absence d'un suc alcalin est arrêtée par l'acidification et entravée par la neutralisation [1]. » Il semble dès lors fort probable que les innombrables cellules calcifères déversées par les quatre glandes postérieures dans le canal alimentaire des vers, servent à neutraliser plus ou moins complétement les acides qui y sont développés par les feuilles en voie de décomposition. Ces cellules sont, nous l'avons vu, dissoutes d'une façon instantanée par une petite quantité d'acide acétique, et comme elles ne suffisent pas toujours à neutraliser même le contenu de la portion supérieure du canal alimentaire, la chaux est peut-être agglomérée en concrétions dans la paire de glandes antérieures pour que quelques-unes de ces concrétions soient transportées jusque dans les portions postérieures de l'intestin, où elles seront roulées de part et d'autre au milieu du contenu acide. Les concrétions trouvées dans les intestins et dans les éjections ont souvent l'air d'avoir été altérées, mais quant à savoir si cela est dû à un certain degré d'attrition ou à une corrosion par un agent chimique, c'est ce qu'on ne saurait dire. Claparède pense qu'elles sont formées pour agir comme des pierres de meules et aider ainsi à la trituration des aliments. Il se peut qu'elles jouent accessoirement ce rôle; mais je suis parfaitement d'accord avec Perrier pour dire que ce rôle doit être d'importance tout à fait secondaire, ce but étant déjà atteint par les pierres qui, en général, se trouvent dans le gésier et les intestins des vers.

[1] M. Foster. Ibid. p. 200.

CHAPITRE II

Habitudes des Vers. (Suite).

Manière dont les vers saisissent les objets. — Leur pouvoir de succion. — Leur instinct les porte à boucher l'ouverture de leurs galeries. — Ils empilent des pierres au-dessus de leurs galeries. — Quels avantages ils trouvent à cela. — Intelligence que déploient les vers pour boucher leurs galeries. — Différentes espèces de feuilles et autres objets ainsi employés. — Triangles de papier. — Résumé des raisons que l'on a de croire que les vers montrent de l'intelligence. — Moyens par lesquels ils creusent leurs galeries, en repoussant la terre et l'avalant. — Cette terre est avalée de la sorte en raison des matières nutritives qu'elle contient. — Profondeur jusqu'à laquelle les vers arrivent en creusant, et construction de leurs galeries. — Les galeries sont garnies de déjections et, à la partie supérieure, de feuilles. — La partie la plus inférieure est pavée de petites pierres ou de graines. — Manière dont les déjections sont déposées. — Affaissement d'anciennes galeries. — Distribution des vers. — Déjections turriformes au Bengale. — Déjections gigantesques dans les monts Nilgiri. — Caractères des remarques. — Les déjections se retrouvent dans tous les pays.

Dans des pots dans lesquels étaient tenus des vers, on attacha des feuilles au sol au moyen d'épingles, et on put observer la nuit la manière dont elles étaient saisies. Les vers essayaient toujours de traîner les feuilles vers leurs galeries; ils déchiraient ou suçaient de petits fragments, quand les feuilles étaient suffisamment tendres. En général, ils saisissaient le bord mince de la feuille avec la bouche, entre les deux lèvres projetées, leur pharynx épais et puissant étant en même temps, comme le remarque Perrier, poussé en avant en dedans du corps, de manière à fournir à la lèvre supérieure un point d'appui. Dans le cas d'objets larges et plats, ils s'y prenaient d'une façon toute différente. Ils amenaient d'abord au contact de l'objet allongé, l'extrémité antérieure en pointe de leur corps, puis la retiraient à l'intérieur des anneaux adjacents, de façon qu'elle paraissait tronquée et devenait aussi épaisse que le reste du corps. On pouvait alors voir cette partie gonfler un peu, ce qui est dû, je pense, à un léger déplacement du pharynx vers l'avant. Puis par un faible retrait ou une faible expansion du pharynx, il se produisait un vide au-dessous de l'extrémité du corps tronquée et visqueuse en contact avec l'objet ; et par là les deux adhéraient fermement l'un à l'autre [1]. Que dans ces circonstances il y avait un vide de produit, c'est ce qu'on vit bien nettement dans un cas où un gros ver gisant sous une feuille de chou flasque essaya de l'entraîner ; car la surface de la feuille directement au-dessus de l'extrémité du corps du ver se creusa profondément. Dans un autre cas, un ver attaché sur une feuille plane lâcha soudainement prise et pendant un moment on vit l'extrémité antérieure de son corps formée en coupe. Les vers peuvent s'attacher de la même manière à un objet sous l'eau ; et j'en ai vu un une fois entraîner ainsi une tranche submergée de bulbe d'oignon.

---

[1] Claparède remarque *Zeitschrift für wissenschaftl. Zool.* Vol. 19, 1869, p. 602, que le pharynx paraît par sa structure bien adapté à la succion.

Les bords de feuilles fraîches ou presque fraîches fixées au sol furent souvent grignotées par les vers; et quelquefois l'épiderme et tout le parenchyme était ainsi enlevé d'un côté sur une étendue considérable, l'épiderme restant seul de l'autre côté tout à fait dépouillé. Jamais les nervures n'étaient attaquées et les feuilles étaient parfois converties ainsi en partie en squelette. Les vers n'ayant pas de dents et leur bouche consistant en un tissu très mou, il est permis de supposer que c'est par le moyen de la succion qu'ils consomment les bords et le parenchyme des feuilles fraîches, après les avoir ramollies par leur suc digestif. Ils ne peuvent pas entamer des feuilles aussi fortes que celles du chou marin ou les grandes et épaisses feuilles du lierre; et pourtant l'une de ces dernières, après s'être pourrie, fut réduite en partie à l'état de squelette.

Les vers saisissent des feuilles et d'autres objets, non-seulement pour s'en servir comme de nourriture, mais aussi pour boucher l'ouverture de leurs galeries; et c'est là un de leurs instincts les plus puissants. Les feuilles et les pétioles de beaucoup d'espèces, quelques pédoncules de fleurs, souvent des rameaux vermoulus d'arbres, des morceaux de papier, des plumes, des flocons de laine et des crins de cheval sont, dans ce but, convoyés par eux dans leurs galeries. J'ai vu jusqu'à dix-sept pétioles d'une espèce de clématite saillant hors de l'ouverture d'une seule galerie, et dix de celle d'une autre. Quelques-uns de ces objets, tels que les pétioles que je viens de mentionner, les plumes, etc., ne sont jamais rongés par les vers. Dans une allée couverte de gravier, dans mon jardin, j'ai trouvé bien des centaines de feuilles d'une espèce de pin *(Pinus austriaca* ou *nigricans)* entraînées par la base à l'intérieur des galeries. La surface par laquelle ces feuilles s'articulent avec les branches a une forme aussi spéciale que la jointure entre les os de la jambe d'un quadrupède; si cette surface avait été rongée le moins du monde, cela aurait été immédiatement visible, mais il n'y en avait pas trace. Il s'en faut que toutes les feuilles de dicotylédones ordinaires qui sont traînées dans les galeries soient rongées par les vers. J'ai vu jusqu'à neuf feuilles de tilleul dans la même galerie, et toutes étaient loin d'avoir été rongées; mais ces feuilles servent peut-être de réserve pour les besoins ultérieurs. Là où il y a abondance de feuilles tombées, il y en a beaucoup plus d'entassées que de besoin au-dessus de l'ouverture d'une galerie, de sorte qu'il reste une petite pile de feuilles non employées, recouvrant comme un toit celles qui ont été en partie rentrées à l'intérieur.

Tirée à une certaine profondeur dans une galerie cylindrique, une feuille ne peut manquer d'être fort plissée et chiffonnée. Quand une seconde feuille est amenée à son tour, elle l'est extérieurement à la première et ainsi de suite pour les feuilles suivantes; et à la fin toutes sont plissées et serrées exactement l'une contre l'autre. Quelquefois les vers élargissent l'ouverture de leur galerie, ou en font une nouvelle tout à côté, de manière à rentrer encore plus de feuilles. Souvent ou même en général, ils comblent les interstices entre les feuilles ainsi rentrées avec de la terre humide visqueuse qu'ils rejettent de leur corps ; et par là l'ouverture des galeries est bouchée d'une façon sûre. On peut voir des centaines de ces galeries bouchées en beaucoup d'endroits, surtout pendant les mois d'automne et les premiers mois d'hiver. D'ailleurs, comme je le montrerai ci-après, les feuilles sont traînées dans les galeries non seulement pour les boucher et pour servir de nourriture, mais encore pour garnir à l'intérieur la partie supérieure de l'ouverture.

Quand les vers ne peuvent pas se procurer des feuilles, des pétioles, des petits bâtons, etc., pour boucher l'ouverture de leur galerie, souvent ils les garnissent de petits tas de pierres ; et on peut voir fréquemment de ces tas de cailloux lisses et arrondis dans les allées de gravier. Ici il ne peut pas être question de nourriture. Une dame, qui s'intéressait aux habitudes des vers, enleva de l'ouverture de plusieurs galeries les petits tas de pierres et en débarrassa la surface du sol sur une étendue de quelques pouces tout autour. La nuit suivante, elle sortit avec une lanterne et vit les vers, la queue fixée dans leur galerie, pousser les pierres vers l'intérieur à l'aide de leur bouche, et sans doute par succion. « Deux nuits après, « quelques-uns des trous avaient 8 à 9 petites pierres « au-dessus d'eux ; après un intervalle de quatre « nuits, l'un avait environ 30 pierres, et un autre « 34[1]. » Une pierre qui avait été poussée d'un côté

[1] Son observation est rapportée dans le *Gardeners Chronicle*, 28 mars, 1868, p. 324.

à l'autre de l'allée de gravier jusqu'à l'ouverture d'une galerie, pesait deux onces ; cela prouve combien les vers sont forts. Mais ils montrent encore plus de force quand parfois ils déplacent des pierres dans une allée de gravier très fréquentée des piétons ; que ce soient eux qui le font, c'est ce qu'il est permis de conclure du fait que les cavités laissées par les pierres déplacées correspondent exactement aux pierres qui recouvrent l'ouverture des galeries adjacentes, comme je l'ai observé moi-même.

Le travail a d'ordinaire lieu pendant la nuit, mais j'ai eu l'occasion de voir des objets poussés dans les galeries pendant le jour. Quel est l'avantage que les vers trouvent à boucher de feuilles et d'autres objets l'ouverture de leurs galeries, ou d'empiler des pierres par-dessus, c'est ce qu'on ne sait pas. Ils n'agissent pas de la sorte quand ils rejettent de leurs galeries beaucoup de terre ; car alors, leurs déjections servent à recouvrir l'ouverture. Quand les jardiniers veulent tuer les vers sur une pelouse, il faut d'abord qu'ils balaient ou ratellent les déjections de la surface, pour que l'eau de chaux entre dans les galeries [1]. On pourrait induire de ce fait que l'ouverture est bouchée avec des feuilles et autres objets pour empêcher l'eau d'entrer lors des pluies fortes ; mais on peut opposer à cette manière de voir que quelques pierres, détachées et bien arrondies, ne sont guère propres à retenir la pluie. J'ai d'ailleurs vu beaucoup de galeries dans les

---

[1] *London's Gard. Mag*, XVII, ainsi qu'il est mentionné dans le Catalogue of the British Museum. *Worms*, 1865, p. 327.

bordures de gazon perpendiculaires sur les allées de gravier, l'eau ne pouvait guère entrer dans ces galeries et elles étaient bouchées tout comme les galeries sur une surface plane. Les piles de pierres et les tampons peuvent-ils aider à dérober les galeries à la vue des scolopendres, les ennemis les plus acharnés des vers, d'après Hoffmeister [1]. Ou bien n'est-il pas possible qu'ainsi protégés, les vers soient en état de rester en sûreté, la tête tout près de l'ouverture de leurs galeries, ce qu'ils aiment à faire, comme on sait, mais ce qui coûte la vie à tant de leurs confrères? Ou bien encore ne se peut-il pas que les tampons empêchent le libre accès de la couche la plus inférieure de l'air, quand cet air venant du sol et de l'herbe d'alentour se refroidit par radiation la nuit. Je suis porté à me ranger à cette dernière manière de voir, et mes raisons sont que, d'abord quand les vers étaient tenus dans des pots dans une chambre chauffée, cas auquel il n'y avait pas d'air qui entrât dans les galeries, ils les tamponnaient d'une façon négligente; et ensuite, qu'ils garnissent souvent de feuilles les parois de la partie supérieure de leurs galeries, pour empêcher, ce semble, leur corps de venir en contact direct avec la terre froide et humide. Mais l'opération du tamponnement sert peut-être à tout cela à la fois.

Quel que soit leur motif, les vers paraissent avoir une répugnance prononcée à laisser ouverte l'ouverture de leurs galeries. Néanmoins ils les rouvrent la nuit, qu'ils puissent ou non les refermer ensuite. On

[1] *Familie der Regenwürmer*, p. 19.

peut voir de nombreuses galeries ouvertes sur un sol récemment remué, car dans ce cas les vers déposent leurs éjections dans les cavités laissées dans le sol, ou dans les anciennes galeries, au lieu de les empiler sur l'ouverture de leurs galeries, et ils ne peuvent pas amasser à la surface des objets pour protéger l'ouverture. De plus, dans le sol d'une villa romaine que l'on vient de déblayer à Abinger (il s'en trouvera une description ci-après), les vers ouvraient leurs galeries constamment presque toutes les nuits, quand celles-ci avaient été fermées sous les pas, bien qu'ils trouvassent rarement quelques petites pierres pour les protéger.

Intelligence déployée par les vers dans la manière dont ils bouchent leurs galeries. — Si un homme avait à boucher un petit trou cylindrique avec des objets tels que des feuilles, des pétioles ou des rameaux, il les y traînerait ou les pousserait dedans par leur extrémité pointue; mais si ces objets étaient très minces relativement aux proportions du trou, il est probable qu'il en ferait entrer quelques-uns par leur extrémité plus épaisse ou plus large. Ce qui le guiderait dans ce cas, ce serait l'intelligence. Il semblait dès lors qu'il valût la peine d'observer avec soin comment les vers poussaient les feuilles dans leurs galeries ; si c'était par la pointe, par la base ou par la partie moyenne. Mais c'est tout spécialement pour le cas de plantes étrangères à notre pays qu'il semblait désirable de déterminer ce point ; car bien que l'habitude de pousser les feuilles dans leurs galeries soit à n'en pas douter instinctive chez les vers, ce n'était pourtant pas l'instinct qui pût leur dire comment agir dans le cas de feuilles sur le compte duquel leurs parents ne savaient rien. Si, en outre, les vers agissaient purement par instinct ou par une impulsion invariable et transmise par l'hérédité, ils pousseraient toutes les espèces de feuilles de la même manière dans leurs galeries. S'ils n'ont pas d'instinct ainsi défini, nous pourrions nous attendre à ce que le hasard déterminât si c'est la pointe, la base ou le milieu qui est saisi. Ces deux alternatives exclues, il ne reste que l'intelligence; à moins que, dans chaque cas, le ver n'essaie d'abord beaucoup de méthodes différentes, et ne suive la seule qui se montre possible ou celle qui paraît la plus commode; mais agir de-la sorte et essayer différentes méthodes, c'est s'approcher fort de l'intelligence.

Dans un premier cas, 227 feuilles fanées de diverses espèces de plantes, anglaises pour la plupart, furent retirées de galeries de vers en plusieurs endroits. Parmi elles, 181 avaient été rentrées dans les galeries par la pointe ou près d'elle, de sorte que le pétiole faisait saillie à peu près verticalement de l'ouverture de la galerie; 20 avaient été enfoncées par la base, et dans ce cas c'étaient leurs pointes qui faisaient saillie hors des galeries; et 26 avaient été saisies près du milieu, de sorte qu'elles avaient été entraînées en travers et étaient fort chiffonnées. Ainsi 80 pour cent (pour prendre toujours le chiffre rond le plus voisin) avaient été rentrées par la pointe, 9 pour cent par la base ou pétiole, et 11 pour cent en travers ou par le milieu. Cela seul est presque suffisant à montrer que le hasard ne détermine pas la façon dont les feuilles sont passées dans les galeries.

Des 227 feuilles indiquées plus haut, 70 consistaient en feuilles tombées du tilleul commun, qui certainement n'est pas natif d'Angleterre. Ces feuilles sont fort aiguës vers le haut, et très larges à la base avec un pétiole bien développé. Elles sont minces et tout à fait flexibles quand elles sont à demi fanées. De ces 70 feuilles, 79 pour cent avaient été rentrées par le sommet ou par un point rapproché, 4 pour cent par la base ou près d'elle, et 17 pour cent en travers ou par le milieu. Ces proportions concordent de très près, quant à ce qui concerne le sommet, avec celles données auparavant. Mais la proportion de celles rentrées par la base est moindre, ce qu'on peut rapporter à la largeur de la partie basilaire de la feuille. Nous voyons donc ici que la présence d'un pétiole n'a que peu ou point d'influence sur la détermination de la façon dont les feuilles de tilleul sont poussées dans les galeries, et cependant on aurait pu s'attendre à ce que ce pétiole tentât les vers comme un manche commode à saisir. La proportion considérable de feuilles rentrées plus ou moins en travers, 17 pour cent, dépend à n'en pas douter de la flexibilité de ces feuilles à demi décomposées. Le fait qu'un si grand nombre ont été rentrées par le milieu, et qu'un petit nombre ont été rentrées par la base, rend improbable la supposition que les vers aient d'abord essayé de rentrer la plupart des feuilles par l'une de ces méthodes ou par les deux, et qu'ensuite ils en aient rentré 79 pour cent par le sommet; car il est clair qu'ils n'auraient pas échoué en essayant de les rentrer par la base ou par le milieu.

La question qui se présentait immédiatement après était de trouver une plante étrangère dont les feuilles ne fussent pas plus aiguës vers le sommet qu'à la base. Cela se trouva être le cas dans celles d'un Laburnum (un hybride entre le *Cytisus alpinus* et un *Laburnum*), car en repliant la moitié terminale sur la basilaire, elles se recouvraient exactement; et quand il y avait quelque différence, la partie basilaire était d'un peu la plus étroite. On aurait donc pu s'attendre à ce qu'un nombre presque égal de ces feuilles fussent traînées à l'intérieur par le sommet et par la base, ou qu'il y eût un léger excès en faveur de ce dernier mode. Mais de 78 feuilles (non comprises dans la première série de 227) retirées de galeries de vers, 63 pour cent avaient été rentrées par le sommet, 27 pour cent par la base, et 10 pour cent transversalement. Nous voyons qu'ici 27 pour cent avaient été rentrées par la base, c'est-à-dire une proportion beaucoup plus grande que dans le cas des feuilles du tilleul, dont le limbe est très large à la base, et dont 4 pour cent seulement ont été rentrées ainsi. Il est peut-être possible d'expliquer qu'une proportion encore plus considérable de feuilles du laburnum n'ait pas été rentrée par la base, par l'habitude que les vers auraient prise de rentrer les feuilles par le sommet et d'éviter ainsi le pétiole. Le rebord basilaire du limbe forme en effet dans beaucoup d'espèces de feuilles un angle à large ouverture avec le pétiole; et si une telle feuille était rentrée par le pétiole, le bord basilaire viendrait abruptement en contact avec le sol de chaque côté de la galerie, et rendrait très difficile l'introduction de la feuille.

Néanmoins les vers rompent leur habitude d'éviter le pétiole, quand cette partie leur offre le moyen le plus commode de traîner les feuilles dans leurs galeries. Les feuilles des variétés hybrides à l'infini du rhododendron diffèrent beaucoup dans la forme ; quelques-unes ont leur partie la plus étroite vers la base et d'autres vers le sommet. Quand elles sont tombées, le limbe en se desséchant s'enroule souvent de chaque côté de la nervure médiane, quelquefois sur toute la longueur, parfois surtout à la base, et parfois vers le sommet. De 28 feuilles tombées sur une couche d'humus dans mon jardin, jusqu'à 23 étaient plus étroites dans le quart basilaire que dans le quart terminal de leur longueur, et cela était principalement dû à l'enroulement des bords. De 36 feuilles tombées sur une autre couche, dans laquelle poussaient différentes variétés du rhododendron, 17 seulement étaient plus étroites vers la base que vers le sommet. Mon fils William, qui le premier dirigea mon attention sur ce cas, ramassa 237 feuilles tombées dans son jardin (dans lequel le rhododendron pousse dans le sol naturel), et, sur ce nombre, 65 pour cent auraient pu être rentrées dans les galeries plus facilement par la base ou pétiole que par le sommet; et cela était dû en partie à la forme de la feuille et à un moindre degré à l'enroulement des bords ; pour 27 pour cent, il aurait été plus facile de les rentrer par le sommet que par la base; et pour 8 pour cent, la chose était aussi aisée d'un bout que de l'autre. Il fallait juger de la forme d'une feuille tombée avant de traîner dans une galerie l'une des extrémités, car une fois la feuille entrée, le bout libre, que ce soit la base ou le sommet, sécherait beaucoup plus vite que le bout plongé dans le sol humide; et les bords à ciel ouvert de l'extrémité libre tendraient par suite à s'enrouler davantage encore qu'ils ne l'étaient, quand le ver saisit la feuille pour la première fois. Mon fils trouva 91 feuilles qui avaient été traînées par les vers dans leurs galeries, à une petite profondeur à la vérité; de ce nombre, 66 pour cent avaient été rentrées par la base ou pétiole, et 34 pour cent par le sommet. Par conséquent, dans ce cas, les vers avaient jugé avec un haut degré d'exactitude quel était le meilleur moyen de faire entrer dans leurs galeries les feuilles fanées de cette plante étrangère, et cependant ils avaient eu à se départir de leur habitude ordinaire d'éviter le pétiole.

Dans les allées de gravier de mon jardin, un très grand nombre de feuilles de trois espèces de pin (*Pinus austriaca*, *nigricans* et *sylvestris*) sont régulièrement transportées par les vers dans l'ouverture de leurs galeries. Ces feuilles sont groupées par paires, et dans les deux premières espèces nommées, sont d'une longueur considérable, mais courtes chez la dernière, et elles sont unies par une base commune; c'est par cette partie qu'elles sont presque invariablement traînées dans les galeries. Je n'ai vu que deux ou au plus trois exceptions à cette règle chez des vers à l'état de nature. Comme les feuilles (aiguilles) à pointes effilées divergent un peu, lorsque plusieurs feuilles sont traînées dans la même galerie, leurs touffes forment de véritables *chevaux de frise*. Dans deux cas, un grand nombre de ces touffes furent enlevées le soir, mais le lendemain matin de nouvelles feuilles avaient déjà été replacées dans les galeries qui se trouvaient de nouveau bien défendues. Des feuilles de ce genre ne pourraient pas être portées à quelque profondeur dans les galeries, si ce n'est quand le ver les saisit par la base, car l'animal ne peut tenir les deux pointes à la fois, et si une seule était saisie par le sommet, l'autre serait appliquée contre le sol et formerait obstacle à l'entrée de celle déjà saisie. C'est ce qui était manifeste dans les deux ou trois cas exceptionnels mentionnés plus haut. Par suite, pour bien faire leur besogne, les vers doivent traîner les feuilles de pin dans leurs galeries par la base, là où les deux feuilles se joignent. Mais quant à savoir ce qui les guide dans cette tâche, c'est là une question embarrassante.

Cette difficulté nous amena, mon fils Francis et moi, à observer des vers en réclusion à l'aide d'une lumière faible pendant plusieurs nuits, tandis qu'ils poussaient dans leurs galeries les feuilles des pins mentionnées plus haut. Ils portaient tout autour des feuilles l'extrémité antérieure de leur corps, et dans plusieurs cas, quand ils touchaient le bout effilé d'une feuille, ils se retirèrent soudainement, comme s'ils avaient été piqués. Mais je doute qu'ils se soient fait mal, car ils sont insensibles à des objets fort tranchants, et avalent même des épines de rose et de petits éclats de verre. Il est donc permis de douter que les extrémités effilées des feuilles servent à leur indiquer que ce n'est pas le bon côté à saisir ; pour le prouver, on coupa les pointes de beaucoup de feuilles sur une longueur d'environ un pouce, et cinquante-sept de ces feuilles ainsi défigurées furent traînées dans les galeries par la base, et pas une par les extrémités tronquées. Les vers en réclusion prennent souvent les feuilles de pin près du milieu et les traînent vers l'ouverture de leurs galeries ; l'un d'eux s'efforça d'une façon stupide à les pousser dans la galerie en les faisant plier. Parfois au-dessus de leurs galeries (comme dans le cas précédemment cité des feuilles de tilleul), ils amassaient beaucoup plus de feuilles qu'ils n'en pouvaient faire entrer à l'intérieur. Dans d'autres cas, cependant, ils agirent tout différemment ; car dès qu'ils sentaient la base d'une feuille de pin, ils la saisissaient, l'englobant parfois complétement dans la bouche, ou bien ils saisissaient un point rapproché de la base, et la feuille était alors rapidement entraînée ou plutôt lancée par secousses dans leur galerie. Il nous sembla, à mon fils et à moi, que les vers s'apercevaient immédiatement quand ils avaient saisi une feuille de la façon convenable. Nous observâmes neuf cas de ce genre, mais dans l'un d'eux le ver ne réussit pas à faire entrer dans la galerie la feuille, celle-ci s'étant enchevêtrée dans d'autres feuilles à côté. Dans un autre cas, une feuille était placée presque perpendiculairement avec les sommets aciculaires en partie enfoncés dans une galerie, comment était-elle venue dans cette position ? c'est ce que nous n'avions pas vu; alors le ver se redressa et saisit la base, qui fut traînée dans l'ouverture de la galerie en ployant la feuille entière. Dans deux cas, un ver avait saisi la base d'une feuille, il la laissa de nouveau aller pour une raison inconnue.

Comme nous l'avons déjà fait observer, l'habitude de boucher l'ouverture des galeries avec différents objets est, à n'en pas douter, instinctive chez les vers; un animal très jeune, né dans un de mes pots, traîna à une certaine distance une feuille de pin sauvage, dont l'une des feuilles était aussi longue et presque aussi épaisse que son propre corps. Aucune espèce de pin n'est indigène dans cette partie-ci de l'Angleterre, il est donc impossible de croire que la manière convenable de faire entrer dans les galeries les feuilles de pin soit instinctive chez nos vers. Mais les vers sur lesquels furent faites les observations précédentes avaient été déterrés de dessous des pins ou de près de ces arbres plantés là depuis à peu près quarante ans, et il était à désirer qu'on prouvât que leurs actions n'étaient pas instinctives. En conséquence, on éparpilla des feuilles de pin sur le sol à une grande distance de toute espèce de pin, et 90 de ces feuilles furent traînées dans les galeries par la base. Deux seulement furent traînées par le sommet des feuilles, et ce n'étaient pas là des exceptions véritables, car l'une ne fut traînée qu'à une distance très petite, et les deux aiguilles de l'autre feuille adhéraient ensemble. D'autres feuilles de pin furent données à des vers tenus dans des pots dans une chambre chaude, et ici le résultat fut différent; car, de 42 feuilles traînées dans les galeries, jusqu'à 16 le furent par le sommet des feuilles. Mais ces vers travaillaient d'une façon négligente et désordonnée; car souvent les feuilles n'étaient transportées qu'à une petite profondeur; parfois elles étaient purement amoncelées au-dessus de l'ouverture des galeries, et quelquefois aucune n'était poussée à l'intérieur. Je pense que cette insouciance peut s'expliquer par le fait de la chaleur de l'air, les vers ne s'inquiétant guère, en ce cas, de boucher leurs trous d'une façon efficace. Des pots habités par des vers et couverts d'un réseau permettant l'entrée de l'air froid furent laissés à l'air libre plusieurs nuits de suite, et alors 72 feuilles furent toutes rentrées convenablement par la base.

Des faits signalés jusqu'ici, on pourrait peut-être conclure que les vers se font d'une manière quelconque une idée générale de la forme ou de la structure des feuilles de pin, et reconnaissent qu'il leur faut les prendre par la base, là où les deux aiguilles se joignent. Mais c'est là une supposition que les observations qui vont suivre rendent plus que douteuse. Les sommets d'un grand nombre de feuilles de *P. austriaca* furent collés ensemble avec une dissolution alcoolique de colle-forte et on les conserva plusieurs jours, jusqu'à ce qu'ils eussent, à ce que je pense, perdu toute espèce de goût ou d'odeur; elles furent alors éparpillées sur le sol là où ne poussaient pas de pins, près de galeries dont on avait enlevé les tampons. Avec des feuilles de la sorte, il eût été tout aussi facile de les faire entrer dans les galeries par l'un des bouts que par l'autre ; et m'appuyant sur l'analogie et plus spécialement sur une observation que je vais rapporter tout à l'heure sur la *Clématis montana,* je m'attendais à ce que le sommet serait pris de préférence. Il n'en fut rien ; des 121 feuilles dont les sommets étaient collés, et qui furent traînées à l'intérieur des galeries, 108 le furent par la base et seulement 13 par le sommet. Pensant que peut-être les vers reconnaissaient l'odeur ou le goût de la colle-forte et qu'ils ne l'aimaient pas, quelque improbable que fût cette supposition, surtout après que les feuilles étaient restées à l'air pendant plusieurs nuits, je liai ensemble avec du fil fin les sommets des aiguilles de beaucoup de feuilles. Des feuilles traitées de la sorte, 150 furent entraînées dans les galeries, 123 par la base et 27 par les sommets liés ensemble ; de sorte que de quatre à cinq fois autant furent rentrées par la base que par le sommet. Il se peut que les extrémités coupées court du fil avec lequel les feuilles étaient liées, aient tenté les vers à les traîner en proportion plus considérable par le sommet que lorsque de la colle était employée. En prenant ensemble les feuilles réunies par le sommet soit par ligature soit par l'usage de la colle (271 en tout), 85 pour cent du tout furent traînées par la base et 15 pour cent par le sommet. Nous pouvons donc conclure que ce n'est pas la divergence de deux aiguilles de pin qui conduit les vers à l'état de nature à faire entrer presque invariablement par la base les feuilles de pin dans les galeries. Ce n'est pas non plus le sommet tranchant des feuilles qui peut les y déterminer; car, beaucoup de feuilles à sommets tronqués furent poussées au-dedans par leur base, comme nous l'avons vu. Nous nous trouvons donc amenés à conclure qu'il doit y avoir à la base des feuilles de pin quelque chose qui attire les vers, d'autant plus que peu de feuilles ordinaires sont traînées par la base ou pétiole.

Pétioles. — Nous passerons maintenant aux pétioles de feuilles composées, quand les folioles sont tombées. Ceux d'une *Clematis montana*, qui poussait au-dessus d'une véranda, furent traînés en grand nombre au commencement de janvier dans les galeries d'une allée de gravier, sur une pelouse et un massif de fleurs. Ces pétioles varient de 2 pouces et demi à 4 $\frac{1}{2}$ de longueur, sont raides et d'épaisseur à peu près uniforme, excepté près de la base où ils s'épaississent un peu abruptement; en cet endroit, ils sont environ deux fois aussi épais que dans une autre partie quelconque. Le sommet est un peu pointu, mais il se fane de bonne heure et se brise alors facilement. 314 de ces pétioles furent retirés des galeries dans les endroits spécifiés plus haut; et il se trouva que 76 pour cent y avaient été enfoncés par le sommet et 24 pour cent par la base; de sorte que ceux enfoncés par le sommet étaient un peu plus du triple de ceux enfoncés par la base. Quelques-uns de ceux extraits de l'allée de gravier battue des piétons furent tenus à l'écart des autres;

parmi eux (il y en avait 59 en tout), près de cinq fois autant avaient été enfoncés par le sommet que par la base ; tandis que pour ceux retirés de la pelouse et du massif de fleurs, où le sol cédait plus facilement et où par suite il ne fallait pas apporter tant de soin à tamponner les galeries, la proportion de ceux enfoncés par le sommet (130) à ceux enfoncés par la base (48) était un peu moindre de trois à un. Que ces pétioles eussent été transportés dans les galeries pour les boucher, et non pour servir de nourriture, c'est ce qui était bien manifeste, aucune des deux extrémités n'ayant été grignotée, autant que je pusse voir. Les vers employant plusieurs pétioles pour boucher la même galerie, jusqu'à 10 dans l'un des cas et 15 dans un autre, ils en rentrent peut-être d'abord quelques-uns par le bout le plus gros pour diminuer l'ouvrage ; mais ensuite la grande majorité sont enfoncés par l'extrémité pointue, afin de boucher le trou d'une façon sûre.

J'observai ensuite les pétioles tombés de notre frêne indigène, et ici ce qui était la règle pour la plupart des pétioles, c'est-à-dire qu'en grande majorité ils sont entraînés dans les galeries par le bout le plus mince, ne se vérifia pas, ce qui tout d'abord me surprit beaucoup. Ces pétioles varient en longueur de 5 à 8 pouces et demi ; ils sont épais et charnus vers la base, et de là ils s'amincissent doucement vers le sommet, qui est un peu élargi et tronqué là où la foliole terminale avait été attachée à l'origine. Sous des frênes qui poussaient dans un champ d'herbe, 229 pétioles furent retirés de galeries de vers au commencement de janvier, et parmi ce nombre 51, 5 pour cent avaient été enfoncés par la base, et 48, 5 pour cent par le sommet. Mais cette anomalie fut facile à expliquer, dès qu'on eut examiné l'épaisse partie basilaire ; car, sur 103 pétioles, cette partie avait été rongée par les vers dans 78 jusqu'au-dessus de l'articulation en forme de fer à cheval. Dans la plupart des cas, on ne pouvait pas se méprendre sur le fait ; car des pétioles non rongés, examinés après avoir été exposés aux intempéries de l'air pendant encore huit semaines, n'étaient pas plus désagrégés ou décomposés près de la base que partout ailleurs. Il est ainsi évident que l'extrémité basilaire épaisse du pétiole est transportée à l'intérieur des galeries, non seulement pour en boucher l'ouverture, mais pour servir de nourriture. Même les sommets étroits, tronqués, d'un petit nombre de pétioles avaient été grignotés ; et cela était le cas dans 6 pétioles sur 37 examinés dans ce but. Après avoir rentré et grignoté l'extrémité basilaire, les vers repoussent souvent les pétioles hors de leurs galeries, pour en rentrer d'autres frais, soit par la base pour servir de nourriture, soit par le sommet pour boucher plus efficacement l'ouverture. C'est ainsi que, de 37 pétioles rentrés par le sommet, 5 avaient été auparavant tirés à l'intérieur par la base, car cette partie avait été grignotée. D'autre part, je rassemblai une poignée de pétioles qui gisaient détachés sur le sol tout près de galeries bouchées ; la terre était là couverte d'une masse d'autres pétioles qui paraissaient n'avoir jamais été touchés par les vers ; et sur 47, 14 (c'est-à-dire presque le tiers), après avoir eu la base rongée, avaient été repoussés hors des galeries et gisaient maintenant sur le sol. De ces différents faits, nous sommes autorisés à conclure que les vers tirent, par la base, à l'intérieur de leurs galeries, certains pétioles de frêne pour s'en servir comme de nourriture, et d'autres par le sommet, pour boucher les ouvertures de la façon la plus efficace possible.

Les pétioles de *Robinia pseudo-acacia* varient de 4 ou 5 pouces à environ 12 de longueur ; ils sont épais près de la base avant que les parties les plus molles n'aient disparu par décomposition, et ils s'amincissent beaucoup vers l'extrémité supérieure. Ils sont si flexibles que j'en ai vu un petit nombre pliés en deux et ainsi tirés à l'intérieur des galeries de vers. Malheureusement ces pétioles ne furent pas examinés avant le mois de février, et à cette époque les parties les plus molles s'étaient décomposées et avaient disparu, de sorte qu'il était impossible de déterminer si les vers avaient grignoté la base, bien que la chose fût en elle-même probable. De 121 pétioles retirés des galeries au commencement de février, 68 y étaient enfoncés par la base, et 53 par le sommet. Le 5 février, tous les pétioles qui avaient été poussés dans les galeries au-dessous d'un Robinia, en furent retirés ; et après un intervalle de onze jours, 35 y avaient été retransportés, 19 par la base, et 16 par le sommet. En ajoutant ensemble ces deux séries, on voit que 56 pour cent ont été portés au-dedans par la base, et 44 pour cent par le sommet. Toutes les parties les plus molles étant décomposées depuis longtemps, nous pouvons être certains, surtout dans le dernier cas, qu'aucun des pétioles n'avait été pris à l'intérieur pour servir de nourriture. Par suite, à cette saison, les vers tirent ces pétioles dans leurs galeries par l'une ou l'autre extrémité indifféremment, en donnant à la base une légère préférence. Ce dernier fait peut s'expliquer par la difficulté qu'ils trouvent à boucher une galerie avec des objets aussi minces que l'est l'extrémité supérieure des pétioles. A l'appui de cette manière de voir, on peut apporter le fait que des 16 pétioles rentrés par l'extrémité supérieure, la portion terminale plus mince de 7 avait été auparavant détachée par quelque accident.

Triangles de papier. — On coupa des triangles allongés de papier à écrire d'une raideur moyenne et frottés de graisse crue des deux côtés, pour les empêcher de devenir par trop flasques par l'exposition à la pluie et à la rosée pendant la nuit. Les côtés de tous les triangles avaient trois pouces de longueur; la base de 120 d'entre eux avait un pouce, et celle des 183 autres un demi-pouce de longueur. Ces derniers triangles étaient très étroits ou fort aigus.[1] Comme contrôle pour les observations qui vont être données, des triangles semblables à l'état humide furent saisis par une paire de pinces très étroites en différents points et à tous les degrés d'incidence possible par

[1] Dans ces triangles étroits, l'angle du sommet est de 90° 34', et les angles de la base sont de 85° 13'. Dans les triangles plus larges, l'angle du sommet est de 19° 10', tandis que ceux de la base sont de 80° 25'.

rapport aux bords, et ils furent ensuite tirés à l'intérieur d'un tube court du diamètre d'une galerie de ver. Quand le triangle était saisi par le sommet, il était entraîné directement dans le tube, et les bords étaient repliés à l'intérieur ; quand on l'avait saisi à quelque distance du sommet, à un demi-pouce de celui-ci par exemple, le sommet était ployé en dessous à l'intérieur du tube. Il en était ainsi pour la base et les angles basilaires, bien que dans ce cas les triangles offrissent, comme on pouvait s'y attendre, beaucoup plus de résistance à leur introduction. Quand on le saisissait près du milieu, le triangle se pliait en dessus, le sommet et la base restant en saillie hors du tube. Les côtés des triangles ayant trois pouces de longueur, les résultats de leur introduction de différentes manières dans un tube ou dans une galerie, peuvent commodément se partager en trois groupes : ceux qui ont été introduits par le sommet ou par un point situé à moins d'un pouce de lui, ceux introduits par la base ou par un point situé à moins d'un pouce de cette base, et ceux introduits par un point quelconque compris dans le pouce médian.

Afin de voir comment les triangles seraient saisis par les vers, on en donnait à l'état humide à des vers tenus en réclusion. Il furent saisis de trois manières différentes dans le cas des triangles étroits aussi bien que dans celui des triangles larges, c'est-à-dire : par le bord ; par l'un des trois angles, qui était alors souvent complètement englobé dans leur bouche, et enfin par voie de la succion sur une partie quelconque de la surface plane. Si, à travers un triangle dont les côtés ont trois pouces de longueur, on tire des lignes parallèles à la base et espacées d'un pouce l'une de l'autre, le triangle sera divisé en trois parties de longueur égale. Maintenant, si les vers saisissaient indifféremment et au hasard une partie quelconque, ils prendraient assurément la partie ou division basilaire bien plus souvent qu'aucune des deux autres. Car l'aire de la partie basilaire est à celle de la partie apicale comme 5 à 1, de sorte que la chance que la première aurait d'être introduite dans la galerie par voie de succion, serait de 5 à 1, comparée avec la partie du sommet. La base offre deux angles et le sommet un seulement, de sorte que, indépendamment de la grandeur des angles, elle aurait deux fois autant de chances que le sommet d'être engloutie dans la bouche d'un ver. On doit cependant déclarer que l'angle du sommet n'est pas souvent saisi par les vers ; ils s'adressent de préférence au bord à quelque distance de lui d'un côté ou de l'autre. J'en juge ainsi pour avoir, en 40 cas sur 46, dans lesquels des triangles avaient été transportés dans les galeries par la région voisine du sommet, trouvé que la pointe s'était repliée en arrière à l'intérieur de la galerie sur une longueur de $1/20$ de pouce à un pouce. Enfin, la proportion entre les bords des parties basilaire et culminante est de 3 à 2 pour les triangles larges, et de $2\ 1/2$ à 2 pour les étroits. En considérant ces différentes circonstances, on pourrait certainement s'attendre, en supposant que les vers saisissent au hasard les triangles comme ils se présentent à eux, qu'une proportion bien plus considérable aurait été transportée par la partie basilaire que par le sommet; mais nous verrons tout à l'heure combien le résultat répondit peu à cette attente.

Des triangles de la grandeur indiquée plus haut furent éparpillés par terre en différents endroits et différents soirs de suite dans le voisinage de galeries de vers, et on enleva les feuilles, pétioles, rameaux, etc., qui avaient bouché ces galeries. Il y eut en tout 303 de ces triangles transportés par les vers dans leurs galeries; 12 autres avaient été pris par les deux bouts, mais comme il était impossible de juger par lequel ils avaient été saisis d'abord, ils doivent être exclus. De ces 303, 62 pour cent avaient été rentrés par le sommet (et nous comprenons sous ce terme tous ceux pris par la portion culminante, sur un pouce de longueur); 15 pour cent par le milieu; et 23 pour cent par la portion basilaire. S'ils avaient été rentrés indifféremment par un point quelconque, le rapport pour les régions du sommet, du milieu et de la base aurait été de 33, 3 pour cent pour chacune des trois; mais on aurait pu, comme nous venons de le voir, s'attendre qu'ils auraient été rentrés en proportion beaucoup plus grande par la base que par toute autre partie. Dans le cas tel qu'il se présente, presque trois fois autant furent rentrés par le sommet que par la base. Si nous considérons à part les triangles larges, 59 pour cent furent rentrés par le sommet, 25 pour cent par le milieu et 16 pour cent par la base. 65 pour cent des triangles étroits furent rentrés par le sommet, 14 pour cent par le milieu, et 21 pour cent par la base; de sorte qu'ici ceux rentrés par le sommet étaient plus de trois fois aussi nombreux que ceux rentrés par la base. Nous pouvons donc conclure que la manière dont les triangles sont traînés dans les galeries n'est pas affaire de hasard.

Dans huit cas, deux triangles avaient été transportés dans la même galerie, et dans sept de ces cas, l'un des triangles avait été rentré par le sommet et l'autre par la base. Cela indique de nouveau que le résultat n'est pas abandonné au hasard. Les vers paraissent quelquefois tourner sur eux-mêmes en tirant les triangles au-dedans, car dans toute la série cinq avaient été enroulés en une spirale irrégulière autour de la paroi interne de la galerie. Des vers tenus dans une chambre chaude tirèrent 63 triangles dans leurs galeries; mais, comme dans le cas des feuilles de pin, ils travaillèrent d'une manière un peu négligente, car seulement 44 pour cent furent rentrés par le sommet, 22 pour cent par le milieu et 33 pour cent par la base. Dans cinq cas, deux triangles furent introduits dans la même galerie.

On peut supposer, et cela, semble-t-il, avec une grande probabilité, que, si une si grande proportion de triangles furent introduits par le sommet, ce n'est pas que les vers aient choisi cette extrémité comme la plus commode dans ce but, mais qu'ils ont d'abord essayé d'autre façon, mais ont échoué. Cette supposition est confirmée par la manière dont on vit que les vers en réclusion tiraient de côté et d'autre les triangles et les lâchaient; mais alors ils travaillaient sans soin. Je n'avais pas reconnu au premier abord toute l'importance de cette question; j'avais simplement fait l'observation que la base des triangles qui avaient été rentrés par le sommet, était généralement propre et non chiffonnée. Plus tard j'apportai plus d'attention à l'examen de la chose. En premier lieu, plusieurs triangles qui avaient été introduits par les angles de la base, ou par la base, ou un peu au-dessus de la base, et qui par là avaient été fort chiffonnés et salis, furent laissés quelques heures dans l'eau et alors bien agités, tandis qu'ils étaient immergés ; mais ni les souillures, ni les plis ne s'en allèrent de cette façon. Seulement des plis légers se laissèrent effacer, même en tirant les triangles humides plusieurs fois entre mes doigts. A cause de la matière visqueuse provenant du corps des vers, il n'était pas facile d'enlever les souillures par le lavage. Nous pouvons donc conclure que si, avant d'être introduit dans une galerie par le sommet, un triangle l'avait été déjà par la base, même avec peu de force, la portion basilaire conserverait longtemps ses plis et resterait sale. On examina donc dans quelle condition se trouvaient 89 triangles qui avaient été introduits par le sommet (65 étaient étroits et 24 larges); et la base de sept seulement était quelque peu plissée, et en même temps elle était sale en général. Des 82 triangles non chiffonnés, 14 étaient salis à la base; mais il ne suit pas de ce fait qu'ils aient d'abord été traînés par la base vers les galeries; car les vers couvrent parfois d'humeur visqueuse des portions considérables des triangles, et celles-ci seraient salies si elles étaient traînées sur le sol par le sommet ; en temps pluvieux, les triangles étaient souvent salis sur tout un côté ou sur les deux à la fois. Si les vers avaient traîné les triangles à l'ouverture de leurs galeries en les tenant par la base, aussi souvent que par le sommet, et qu'ils eussent alors remarqué, sans positivement essayer de les introduire dans la galerie, que l'extrémité la plus salie n'était pas bien adaptée à ce but, même dans ce cas une grande proportion des triangles aurait eu l'extrémité basilaire salie. Nous pouvons donc conclure, quelqu'improbable que paraisse cette supposition, que les vers sont par un moyen quelconque capables de juger par quelle extrémité il vaut mieux introduire des triangles de papier dans leurs galeries.

Les résultats réduits en centièmes des précédentes observations sur la manière dont les vers introduisent différentes sortes d'objets dans l'ouverture de leurs galeries peuvent se résumer comme il suit :

NATURE DE L'OBJET	Indroduit dans la galerie, par le sommet ou près de ce point.	Introduit dans la galerie, par le milieu ou près de ce point.	Indroduit par la base ou par un point rapproché.
Feuilles de diverses espèces..	80	11	9
Feuilles de tilleul, bord basilaire du limbe large, sommet acuminé................	79	17	4
Feuilles d'un laburnum, partie basilaire du limbe aussi étroite ou quelquefois plus étroite que la partie du sommet................	63	, 10	27

NATURE DE L'OBJET	Introduit dans la galerie, par le sommet ou près de ce point.	Introduit dans la galerie, par le milieu ou près de ce point.	Introduit par la base ou par un point rapproché.
Feuilles de rhododendron, partie basilaire du limbe souvent plus étroite que la partie du sommet....................	34	..	66
Feuilles de pin, consistant en deux aiguilles dressées sur une base commune...........	..	..	100
Pétioles d'une clématite, un peu pointue au sommet et émoussée à la base...............	76	..	24
Pétioles de frêne, l'épaisse extrémité basilaire souvent introduite pour servir de nourriture.....................	48.5	..	51.5
Pétioles de robinia, extrêmement minces, surtout vers le sommet, et peu faits par suite pour boucher les galeries...	44	..	56
Triangles de papier, des deux dimensions..................	62	15	23
Triangles de papier larges....	59	25	16
Triangles de papier étroits.....	65	14	21

En considérant ces différentes observations, il nous est difficile de ne pas arriver à la conclusion que les vers montrent une certaine dose d'intelligence dans leur manière de boucher leurs galeries. Chaque objet en particulier est saisi d'une manière trop uniforme, et par des raisons trop faciles à comprendre en général, pour qu'on attribue le résultat au pur hasard. Si chacun des objets n'a pas été introduit par l'extrémité pointue, on peut l'expliquer par la raison que quelques-uns ont été enfoncés par l'extrémité la plus large ou la plus épaisse pour épargner la besogne. Sans doute, c'est l'instinct qui amène les vers à boucher leurs galeries ; on aurait donc pu s'attendre que l'instinct les guiderait pour agir le mieux possible dans chaque cas particulier, indépendamment de l'intelligence. Nous voyons combien il est difficile de juger si l'intelligence entre en jeu ou non, car des plantes même pourraient parfois sembler être dirigées par elle, c'est, par exemple, le cas quand des feuilles déplacées dirigent de nouveau leur face supérieure vers la lumière par des mouvements extrêmement compliqués et par la voie la plus courte. Chez les animaux, des actions qui paraissent dues à l'intelligence peuvent s'accomplir grâce à une habitude transmise par l'hérédité sans que l'intelligence s'en mêle, bien qu'à l'origine cette habitude s'acquière à l'aide de l'intelligence. Ou bien il se peut que l'habitude ait été acquise par la conservation et l'hérédité de variations heureuses de quelque autre habitude ; et, dans ce cas, la nouvelle habitude aura été acquise indépendamment de l'intelligence, dans tout le cours de son développement. Il n'est donc pas improbable *à priori* que les vers aient acquis des instincts spéciaux par l'une ou l'autre de ces deux dernières voies. Néanmoins, il est impossible de croire que des instincts se soient développés au sujet d'objets qui, comme les feuilles ou les pétioles de plantes étrangères, étaient absolument inconnus aux parents des vers qui agissent de la façon indiquée. Et leurs actions ne sont pas aussi invariables, ni inévitables que le sont la plupart des vrais instincts.

Les vers n'étant pas guidés par des instincts spéciaux dans chaque cas particulier, tout en ayant l'instinct général de boucher leurs galeries, et le hasard étant mis hors de question, la conclusion la plus probable qui se présente immédiatement semble être qu'ils essaient de beaucoup de manières différentes à introduire les objets, et qu'ils finissent par y réussir d'une certaine manière. Mais il est surprenant qu'un animal aussi bas dans l'échelle des êtres qu'un ver, soit capable d'agir de la sorte, beaucoup d'animaux supérieurs ne l'étant pas. Il arrive, par exemple, de voir des fourmis essayer en vain de transporter un objet transversalement à la route qu'elles parcourent, tandis qu'il leur serait facile de le traîner dans le sens longitudinal ; mais après un certain temps, elles agissent en général plus sagement. M. Fabre indique [1] qu'un sphex, insecte appartenant à l'ordre si bien doué qui contient aussi la fourmi, fait dans son nid provision de sauterelles paralysées, qui sont invariablement traînées dans la galerie par les antennes. Quand celles-ci étaient coupées à ras de tête, le sphex prenait les palpes ; mais quand ceux-ci étaient aussi coupés entièrement, il abandonnait en désespoir de cause la tentative de rentrer sa proie dans la galerie. Le sphex n'avait pas assez d'intelligence pour saisir l'une des six pattes ou l'oviscapte de la sauterelle, qui, ainsi que le

[1] Voir son intéressant ouvrage intitulé : *Souvenirs entomologiques*, 1879, p. 168-177.

remarque M. Fabre, aurait servi tout aussi bien. De même encore, quand on retire d'une cellule la proie paralysée avec l'œuf qui y est attaché, le sphex, après être entré dans la cellule et l'avoir trouvée vide, ne la ferme pas moins avec le soin habituel. Les abeilles essaient pendant des heures entières de s'échapper par une fenêtre et bourdonnent contre l'un des battants, tandis que l'autre est ouvert. Un brochet même continua pendant trois mois à se précipiter et se cogner contre les parois de verre d'un aquarium, essayant vainement de saisir des vairons qui étaient de l'autre côté [1]. M. Layard [2] a vu un serpent à lunettes agir beaucoup plus sagement que le brochet et le sphex; il avait avalé un crapaud enfoncé dans un trou et ne pouvait pas dégager sa tête, il dégorgea le crapaud qui chercha à se cacher plus profondément, il l'avala de nouveau, le dégorgea encore une fois, mais alors le serpent instruit par l'expérience, saisit le crapaud par une jambe et le sortit du trou. Les animaux supérieurs même suivent souvent leurs instincts d'une façon stupide ou non appropriée au but : le tisserin s'obstine à passer des fils à travers les barreaux de sa cage, comme s'il construisait un nid : un écureuil frappe des noix sur un plancher, comme s'il venait de les enfouir dans le sol : un castor coupe des bûches de bois et les traîne de part et d'autre, bien qu'il n'y ait

[1] Möbius, *die Bewegungen der Thiere*, etc. (Mouvements des animaux, etc.) 1873, p. 111.

[2] *Annals and Mag. of. Natural History*, série II, vol. IX, 1852, p. 333.

pas de cours d'eau à barrer; et il en est de même dans beaucoup d'autres cas.

M. Romanes, qui a fait une étude spéciale des facultés mentales chez les animaux, croit que l'on ne peut conclure avec sûreté à l'intelligence que quand on voit un individu profiter de sa propre expérience. Soumis à cette épreuve, le serpent à lunettes montra quelque intelligence, mais la chose eût été beaucoup plus claire, si dans une seconde occasion il avait retiré d'un trou un crapaud par la patte. Le sphex échoua d'une façon signalée à cet égard. Maintenant, si les vers essaient d'abord d'une manière, puis d'une autre, d'introduire des objets dans leurs galeries, jusqu'à ce qu'ils finissent par y réussir, ils profitent de l'expérience, au moins dans chaque cas particulier.

Mais on a signalé des observations montrant que les vers n'essaient pas habituellement de beaucoup de manières différentes d'introduire les objets dans leurs galeries. C'est ainsi que des feuilles à moitié décomposées de tilleul auraient pu, en raison de leur flexibilité, être introduites par leur portion médiane ou par la basilaire, et elles le furent en nombre considérable; mais la grande majorité fut saisie par le sommet ou près de là. Les pétioles de clématite auraient certainement pu être introduits avec autant de facilité par la base que par le sommet; mais trois fois, et en certains cas, cinq fois autant furent introduits par le sommet que par la base. On pourrait penser que les pétioles des feuilles auraient tenté les vers comme étant un manche commode; mais pourtant ils ne furent pas employés sur une grande échelle, excepté quand la base de la feuille était plus étroite que le sommet. Un grand nombre de pétioles de frêne sont introduits par la base ; mais cette partie de la plante sert de nourriture aux vers. Dans le cas des feuilles de pin, les vers montrent clairement que du moins ils ne prennent pas la feuille au hasard; mais leur choix ne semble pas déterminé par la divergence des deux aiguilles, et par l'avantage ou la nécessité qu'il y a conséquemment à les rentrer par la base dans leurs galeries. Quant aux triangles de papier, ceux introduits par le sommet avaient rarement la base chiffonnée ou salie ; et cela montre que les vers n'avaient pas souvent essayé d'abord de les rentrer par cette extrémité.

Si les vers sont capables, soit avant, soit après avoir transporté un objet jusque près de l'ouverture de leurs galeries, de juger du meilleur moyen de l'y introduire, il faut qu'ils se fassent une certaine idée de sa forme générale. C'est ce à quoi ils arrivent probablement en le touchant en beaucoup d'endroits avec l'extrémité antérieure de leur corps, partie qui leur sert d'organe du tact. Il est bon de se rappeler quelle perfection le sens du toucher atteint chez un homme né sourd-muet, ainsi que le sont les vers. Si les vers ont la faculté d'acquérir quelque notion, si grossière qu'elle soit, de la forme d'un objet et de leurs galeries, et cela semble être le cas, ils méritent d'être appelés intelligents; car ils agissent à peu près de la même manière que le ferait un homme dans des circonstances semblables.

En résumé, comme ce n'est pas le hasard qui détermine la façon dont les objets sont introduits dans les galeries, et que l'existence d'instincts spéciaux pour chaque cas particulier ne saurait être admise, la supposition qui se présente tout d'abord et le plus naturellement est que les vers essaient de toutes les méthodes jusqu'à ce qu'ils finissent par réussir; mais beaucoup de phénomènes s'opposent à une telle supposition. Il ne reste qu'une solution possible, à savoir que les vers, bien que placés très bas dans l'échelle des êtres organisés, possèdent un certain degré d'intelligence. Cela frappera tout le monde comme étant très peu probable; mais il est permis de douter que nous sachions assez sur le système nerveux des animaux inférieurs, pour justifier la défiance que nous inspire de prime abord une telle conclusion. Pour ce qui est des petites dimensions des ganglions cérébraux, nous devrions nous rappeler quelle masse de connaissances héréditaires se trouve dans le petit cerveau d'une fourmi ouvrière en même temps qu'un certain pouvoir d'adapter les moyens à la fin.

Moyens par lesquels les vers creusent leurs galeries. — Cela s'opère de deux façons : en repoussant la terre de tous les côtés et en l'avalant. Dans le premier cas, le ver fixe dans quelque petite crevasse ou dans un trou l'extrémité antérieure étendue et amincie de son corps; et alors, comme le fait observer Perrier [1], le pharynx est projeté dans cette partie qui par suite se gonfle et refoule la terre de toutes parts. L'extrémité antérieure sert ainsi de coin. Elle sert aussi,

[1] *Archives de Zoolog. expér.* tome III, 1874, p. 405.

comme nous l'avons vu auparavant, à la préhension et à la succion, et comme organe de toucher. On plaça un ver sur de la terre végétale poreuse, et dans un intervalle de deux à trois minutes il s'était caché dans le sol. Dans un autre cas, quatre vers disparurent en 15 minutes entre les côtés du pot et la terre qui avait été modérément tassée. Dans un troisième cas, trois vers de grande taille et un petit furent placés sur de la terre végétale poreuse mélangée soigneusement de sable et tassée fortement, et au bout de 35 minutes tous avaient disparu, à l'exception de la queue de l'un. Dans un quatrième cas, six vers de grande taille furent placés sur de la boue argileuse mélangée de sable et fortement tassée, et ils disparurent en 40 minutes, excepté tout à fait le bout de la queue de deux d'entre eux. Dans tous ces cas, aucun des vers n'avala de terre, autant qu'on put le voir. En général ils pénétrèrent dans le sol tout contre les parois du pot.

Dans l'expérience suivante, un pot fut rempli de sable ferrugineux très fin que l'on tassa, après l'avoir bien arrosé et rendu ainsi extrêmement compacte. Un ver de grande taille laissé à la surface ne réussit pas à y pénétrer en plusieurs heures, et il se passa 25 heures 40 minutes avant qu'il se fût complètement enfoui. Pour y arriver, il avala le sable, comme cela résultait de la grande quantité rejetée par l'ouverture, longtemps avant que le corps de l'animal eût entièrement disparu. Des déjections d'une nature semblable continuèrent à être déposées au dehors de la galerie pendant toute la journée suivante.

Certains écrivains ayant exprimé des doutes sur ce fait que les vers avalent de la terre dans le seul but de creuser leurs galeries, je citerai encore quelques autres observations. Une masse de sable rougeâtre, d'une épaisseur de 23 pouces, laissée sur le sol pendant environ deux ans, avait été percée en beaucoup de places par les vers; et leurs déjections consistaient, en partie, en sable rougeâtre, et, en partie, en terre noire apportée de dessous la masse de sable. Ce sable avait été retiré d'une profondeur considérable et il était de nature si pauvre que les mauvaises herbes mêmes n'y poussaient pas. Il est par suite très improbable qu'il ait été avalé par les vers comme nourriture. De plus, dans un champ près de ma maison, souvent les déjections consistent en craie presque pure qui se trouve à une petite profondeur au-dessous de la surface; et ici il est de même fort peu probable que la craie ait été avalée pour la quantité minime de matière organique qui aurait pu y filtrer du maigre pâturage qui la recouvre. Enfin je soumis à un lavage les déjections repoussées à travers le mortier durci et décomposé entre les carreaux dont avaient jadis été pavés les bas côtés de l'abbaye maintenant ruinée de Beaulieu, et il ne resta que les éléments les plus grossiers isolés. Ils consistaient en grains de quartz, de schiste micacé, d'autres roches, de briques ou de carreaux, beaucoup d'entre eux de $1/20$ à $1/10$ de pouce en diamètre. Personne n'ira supposer que ces grains aient été avalés comme nourriture, et pourtant ils formaient plus de la moitié des matières rejetées, car ils pesaient 19 grains, tandis que l'excrément tout entier pesait 33 grains. Toutes les fois qu'un ver fait une galerie d'une profondeur de quelques pieds dans un sol compacte qui n'a pas été remué, il faut qu'il se fasse un passage en avalant la terre; car il est incroyable que le sol cède de tous les côtés à la pression du pharynx projeté en avant au-dedans du corps du ver.

Ce qui me paraît certain, c'est que les vers avalent plus de terre pour en extraire une matière nutritive quelconque, que pour faire leurs galeries. Mais cette ancienne croyance ayant été attaquée par une autorité scientifique telle que Claparède, je m'étendrai sur les témoignages qui parlent en sa faveur. *A priori* cette croyance n'a rien d'improbable, car à part d'autres annélides, spécialement l'*Arenicola maritima*, qui dépose une si grande quantité d'excréments sur les sables de nos côtes visités par la marée et qui, croit-on, vit de ce sable, il y a encore des animaux appartenant aux classes les plus différentes qui ne font pas de galeries, mais ont l'habitude d'avaler de grandes quantités de sable, notamment un mollusque, l'Onchidium et beaucoup d'Échinodermes [1].

Si la terre était avalée seulement quand les vers approfondissent leurs galeries ou en creusent de nouvelles, les déjections ne seraient qu'accidentelles; mais, en bien des endroits, on peut voir chaque matin des déjections fraîches, et le poids de terre rejetée

---

[1] Je donne cette indication sur la foi de Semper: *Reisen im Archipel der Philippinen*. (Voyages à l'archipel des Philippines), 2ᵉ partie, 1877, p. 30.

par la même galerie plusieurs jours de suite est considérable. Pourtant les vers ne creusent pas à une grande profondeur, sauf quand le temps est très sec ou qu'il fait un froid intense. Dans ma prairie, la terre végétale noire n'a qu'une épaisseur d'environ 5 pouces, et recouvre un sol argileux d'une couleur claire ou rougeâtre : maintenant quand les déjections sont le plus abondantes, il n'y en a qu'une petite proportion qui soient de couleur claire, et il est incroyable que les vers fassent tous les jours de nouvelles galeries dans la mince assise superficielle d'humus à couleur foncée, s'ils n'en retiraient pas quelque nourriture. J'ai observé un cas strictement analogue dans un champ près de ma maison où de l'argile d'un rouge éclatant se trouvait tout près de la surface du sol. De plus, dans une partie des plateaux près de Winchester, la couche de terre végétale surmontant la chaux s'est trouvée n'avoir que de 3 à 4 pouces d'épaisseur ; et les nombreuses déjections qui y étaient déposées étaient aussi noires que l'encre et ne faisaient pas effervescence avec les acides ; de sorte que les vers ont dû se borner à cette mince couche superficielle de terre végétale, dont des quantités considérables étaient avalées tous les jours. Dans un autre endroit pas loin de là, les déjections étaient blanches ; pourquoi les vers avaient-ils creusé leurs galeries dans la craie à certains endroits et pas dans les autres, c'est là une question à laquelle je ne puis répondre même par une conjecture.

J'avais laissé deux grands tas de feuilles pourrir

sur mon terrain, et des mois entiers après qu'elles avaient été enlevées, la surface nue, sur plusieurs toises de diamètre, fut pendant plusieurs mois tellement encombrée de déjections que celles-ci formaient une couche presque continue ; et le grand nombre de vers qui y vivaient a dû subsister pendant tout ce temps de matières nutritives contenues dans la terre noire.

La couche la plus inférieure d'un autre tas de feuilles en décomposition mêlées à un peu de terre fut examinée à un fort grossissement ; et le nombre de spores différentes de forme et de longueur était extraordinairement grand ; celles qui sont écrasées dans le gésier des vers peuvent bien contribuer en grande partie à les nourrir. Toutes les fois que les déjections sont déposées en nombre maximum, il n'y a que peu ou point de feuilles introduites dans les galeries ; par exemple, le gazon, le long d'une haie, sur deux cents toises de longueur, fut observé tous les jours pendant plusieurs semaines de suite, et, chaque matin, il y avait une grande quantité de déjections fraîches ; mais pas une seule feuille ne fut introduite dans ces galeries. A en juger d'après leur couleur noire et la nature du sous-sol, ces déjections ne pouvaient pas venir de plus de 6 à 8 pouces de profondeur. De quoi auraient pu subsister les vers pendant tout ce temps, sinon des matières contenues dans la terre noire ? D'un autre côté, toutes les fois qu'un grand nombre de feuilles sont introduites dans les galeries, les vers paraissent se nourrir principalement de celles-ci, car il y a alors peu de terre rejetée à la surface. Peut-être cette différence dans la manière dont se comportent les vers à des époques différentes explique-t-elle un fait rapporté par Claparède, c'est que les feuilles triturées et la terre se trouvent toujours dans des parties différentes de leurs intestins.

Quelquefois les vers abondent dans des endroits où ils ne peuvent que rarement ou jamais se procurer des feuilles mortes ou vivantes; sous le pavé de cours bien balayées, par exemple, dans lesquelles des feuilles ne sont emportées que par hasard par le vent. Mon fils Horace examina une maison qui s'était affaissée d'un côté, et là il trouva dans la cave, qui était extrêmement humide, un grand nombre de petites déjections de ver déposées entre les pierres dont était pavée la cave; et dans ce cas, il n'est pas probable que les vers eussent jamais pu se procurer des feuilles.

Mais le meilleur exemple, que je sache, de vers subsistant, au moins pendant de longues périodes, seulement à l'aide des matières organiques contenues dans la terre, nous est fourni par quelques faits qui m'ont été communiqués par M. le docteur King. Près de Nice, des déjections de dimensions considérables se rencontrent en quantité extraordinaire, de sorte que souvent il s'en trouvait 5 à 6 dans l'espace d'un pied carré. Elles consistent en terre fine, de couleur pâle, contenant du calcaire; et après avoir traversé le corps des vers et avoir séché, elles adhèrent avec une force considérable. J'ai lieu de croire que ces déjections ont été formées par une espèce de Perichæta, qui est venue de l'Orient et s'est naturalisée là [1]. Ces animaux construisent des espèces de tours (voir la fig. 2), dont le sommet est souvent un peu plus large que la base, et dont la hau-

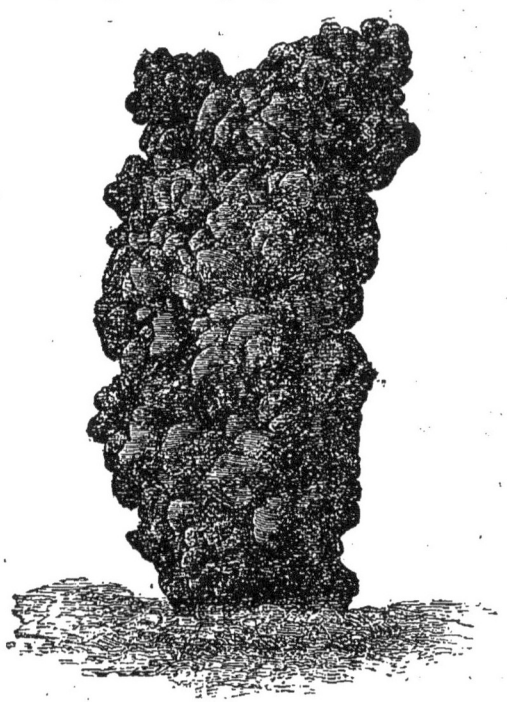

Fig. — Déjection turriforme des environs de Nice, construite en terre, due probablement à une espèce de Perichæta : dessin de grandeur naturelle copié d'après une photographie.

[1] M. le Dr King me donna des vers recueillis près de Nice et qui, croit-il, avaient construit ces déjections. Je les envoyai à M. Perrier qui eut la bonté de me les déterminer : c'étaient des *Perichæta affinis*, originaires de la Cochinchine et des Philippines ; des *P. Luzonica*, originaires de Luçon dans les Philippines ; et des *P. Houlleti*, qui vivent près de Calcutta. M. Perrier m'informe que des espèces de Perichæta ont été naturalisées dans les jardins près de Montpellier et à Alger. Avant d'avoir aucune raison de soupçonner que les déjections turriformes de Nice eussent été formées par des vers étrangers au pays, j'avais été fort surpris de voir combien elles ressemblaient à des déjections qui m'avaient été envoyées des environs de Calcutta, où, comme on sait, des espèces de Perichæta se trouvent en abondance.

teur dépasse quelquefois 3 pouces et atteint souvent deux pouces et demi. La plus grande de celles mesurées avait 3, 3 pouces de hauteur et 1 pouce de diamètre. Un mince passage cylindrique court de bas en haut au centre de chaque tour, et c'est par là que le ver monte pour rejeter la terre qu'il a avalée, et ajouter ainsi à la hauteur de l'édifice. Une construction de ce genre ne permettrait guère d'introduire facilement dans les galeries, des feuilles amenées du sol des environs ; et M. le Dr King, qui y regarda avec soin, ne découvrit jamais un seul fragment de feuille introduite ainsi. Il ne put pas davantage découvrir la moindre trace de vers qui eussent descendu à la surface extérieure des tours à la recherche des feuilles ; et s'ils l'avaient fait, il en serait presque certainement resté des traces à la partie supérieure, pendant que la déjection était encore molle. Il ne s'ensuit pas, cependant, que ces vers ne traînent pas dans leurs galeries des feuilles pendant quelque autre saison de l'année, quand ils ne construisent pas leurs tours.

D'après les différents cas précédents, il est à peine possible de douter que les vers n'avalent la terre, non seulement pour creuser leurs galeries, mais pour se procurer de la nourriture. Cependant Hensen conclut de ses analyses d'humus que probablement les vers ne pourraient pas vivre de terre végétale ordinaire, bien qu'il admette qu'ils peuvent se nourrir jusqu'à un certain degré de terre végétale provenant de feuilles [1].

---

[1] *Zeitschrift für wissenschaft. Zoolog.* Vol. XXVIII, 1877, p. 364.

Or, nous avons vu que les vers dévorent avidement la viande crue, la graisse et les vers morts ; la terre végétale ordinaire ne peut guère manquer de contenir beaucoup d'œufs, de larves, et de petits êtres vivants ou morts, des spores de plantes cryptogames, et des micrococcus tels que ceux qui produisent le salpêtre. Ces divers organismes avec un peu de cellulose provenant de feuilles et des racines qui ne sont pas tout à fait décomposées suffisent à expliquer que les vers avalent de si grandes quantités de terre végétale. Cela vaudrait la peine de rappeler ici le fait que certaines espèces d'Utricularia, qui poussent dans les endroits humides des régions tropicales, possèdent des vésicules admirablement construites pour attraper de petits animaux sous le sol ; et ces trappes ne seraient pas développées, si beaucoup de petits animaux n'habitaient un tel sol.

Profondeur à laquelle pénètrent les vers ; construction de leurs galeries. — Bien que, d'ordinaire, les vers vivent près de la surface, ils creusent jusqu'à une profondeur considérable pendant une sécheresse ou un froid rigoureux longtemps prolongés. Les galeries s'étendent, dans la péninsule Scandinave, d'après Eisen, et en Écosse, d'après M. Lindsay Carnagie, jusqu'à une profondeur de 7 à 8 pieds ; de 6 à 8 pieds dans le nord de l'Allemagne, d'après Hoffmeister, mais Hensen dit de 3 à 6 pieds. Ce dernier observateur a vu des vers gelés à une profondeur de 1 ½ pied au-dessous de la surface. Je n'ai pas eu moi-même l'occasion de faire beaucoup d'observations à cet égard, mais j'ai souvent rencontré des vers à des profondeurs de 3 à 4 pieds. Dans un lit de sable fin recouvrant la craie et qui n'avait jamais été remué, un ver fut coupé en deux à 55 pouces d'épaisseur, et un autre fut trouvé en décembre au fond de sa galerie, à 61 pouces au-dessous de la surface. Enfin, dans de la terre près d'une vieille villa romaine qui n'avait pas été remuée depuis bien des siècles, on rencontra un ver à une épaisseur de 66 pouces; et cela était au milieu du mois d'août.

Les galeries descendent perpendiculairement ou plus communément d'une façon un peu oblique. On dit que parfois elles se ramifient, mais autant que j'ai vu, cela n'arrive pas, excepté dans un sol qui vient d'être bêché ou près de la surface. Elles sont en général, ou à ce que je crois, d'une manière invariable, revêtues à l'intérieur d'une couche mince de terre fine, de couleur foncée, rejetée par les vers; il faut donc qu'elles soient tout d'abord faites un peu plus larges que le maximum de leur diamètre. J'ai vu plusieurs galeries dans du sable qui n'avait pas été remué; elles étaient garnies de ce revêtement à une profondeur de 4 pieds 6 pouces; et d'autres galeries immédiatement sous le sol et ainsi revêtues se trouvaient dans de la terre récemment bêchée. Les parois des galeries nouvellement construites sont souvent ponctuées de petites boulettes globulaires de terre évacuées par l'animal, encore molles et visqueuses; et celles-ci sont, paraît-il, éparpillées de tous côtés par le ver, à mesure qu'il remonte et descend sa galerie. Le revêtement ainsi formé devient très compacte et lisse, quand il est à peu près sec, et il s'adapte exactement au corps du ver. Les petites soies recourbées, qui font saillie en rangée des deux côtés du corps, ont ainsi d'excellents points d'appui; et la galerie est bien disposée pour que l'animal puisse s'y mouvoir avec rapidité. Le revêtement paraît aussi renforcer les parois, et peut-être préserve-t-il le corps du ver d'être écorché. Je pense cela, parce que plusieurs galeries qui traversaient une couche de cendres de charbon passées au tamis, et semées sur de la tourbe jusqu'à une épaisseur d'un pouce et demi, avaient reçu un tel revêtement d'une épaisseur extraordinaire. Dans ce cas, à en juger d'après les déjections, les vers avaient refoulé les cendres de tous les côtés et n'en avaient pas avalé du tout. Dans un autre endroit, des galeries garnies d'un revêtement analogue, traversaient une couche de cendres grossières de charbon de 3 pouces et demi d'épaisseur. Nous voyons par là que les galeries ne sont pas de simples excavations, mais qu'on peut plutôt les comparer à des tunnels à revêtement de ciment.

Les ouvertures de la galerie sont en outre souvent garnies de feuilles; et c'est là un instinct différent de celui qui leur en fait boucher les ouvertures, et il ne paraît pas avoir été noté jusqu'ici. On donna à des vers tenus confinés dans deux pots un grand nombre de feuilles du pin sauvage (*Pinus sylvestris*); quand, plusieurs semaines après, on examina la terre avec soin, on trouva la partie supérieure de trois galeries obliques entourée de feuilles de pin sur les longueurs respectives de 7, 4 et 3 $^{1}/_{2}$ pouces, et avec cela des fragments d'autres feuilles qui avaient été données aux vers comme nourriture. Des perles en verre et des morceaux de tuile qui avaient été semés à la surface du sol, étaient enfoncés dans les interstices entre les feuilles de pin ; et ces interstices étaient plaqués de la même façon avec les déjections visqueuses déposées par les vers. L'édifice ainsi formé tenait si bien que je ne réussis à en détacher un qu'avec un peu de terre y adhérant. Il consistait en un étui cylindrique légèrement courbé, à l'intérieur duquel on pouvait voir par des trous dans les côtés et par chaque extrémité. Les feuilles de pin avaient toutes été introduites par leur base ; et les pointes aiguës des aiguilles avaient été pressées dans le revêtement de terre évacuée par les vers. Si cela n'avait pas été fait comme il faut, les pointes aiguës auraient empêché les vers de se réfugier dans leurs galeries ; et ces constructions auraient ressemblé aux trappes armées de pointes de fil de fer convergentes, qui laissent facilement pénétrer un animal, mais rendent sa sortie difficile ou impossible. L'habileté déployée par ces vers est digne d'être signalée et elle est d'autant plus remarquable que le pin sauvage n'est pas originaire de ce district.

Après avoir examiné ces galeries construites par des vers en captivité, je remarquai celles d'une plate-bande de fleurs auprès de pins sauvages. Elles avaient été toutes bouchées de la manière ordinaire avec les feuilles de cet arbre, et ces feuilles avaient été traînées à une profondeur de 1 pouce à 1 pouce et demi ; mais l'ouverture de beaucoup d'entre elles était garnie de même de ces feuilles, mêlées de fragments d'autres espèces de feuilles, entraînées à 4 ou 5 pouces de profondeur. Souvent, comme nous l'avons déjà indiqué, les vers restent longtemps à proximité de l'ouverture de leurs galeries, à cause de la chaleur, ce semble ; et les constructions en forme de panier constituées par les feuilles empêchent leur corps de se trouver immédiatement en contact avec la terre froide et humide. La surface des feuilles de pin ayant toujours été trouvée propre et presque polie, il est bien probable que les vers avaient l'habitude de reposer sur elles.

Les galeries qui pénètrent avant dans le sol sont terminées en général ou du moins souvent par un petit élargissement ou chambre. C'est là que, d'après Hoffmeister, un ou plusieurs vers passent l'hiver enroulés en pelote. M. Lindsay Carnagie m'a autrefois communiqué (en 1838) qu'il avait examiné un grand nombre de galeries de vers au-dessus d'une carrière de pierre en Écosse, où l'argile à galets et la terre végétale au-dessus venaient d'être déblayées et avaient laissé ainsi une petite falaise verticale. Dans plusieurs cas, la même galerie était un peu élargie en deux ou trois points l'un au-dessous de l'autre ; et toutes les galeries se terminaient par une chambre plus spacieuse, à une profondeur de 7 à 8 pieds de la surface. Ces chambres contenaient une grande quantité de petits morceaux tranchants de pierre et des cosses de graines de lin. Elles doivent avoir aussi contenu des graines vivantes, car au printemps suivant, M. Carnagie vit des pousses de graminées sortir de quelques-unes des chambres ouvertes.

A Abinger, en Surrey, j'ai trouvé deux galeries terminées par des chambres analogues à une profondeur de 36 à 41 pouces, et elles étaient revêtues ou pavées de petits cailloux, à peu près de la grosseur de graines de moutarde; dans l'une des chambres, il y avait un grain d'avoine en décomposition, avec son enveloppe. Hensen indique de même que le fond des galeries est garni de petites pierres; là où les vers n'avaient point pu s'en procurer, ils s'étaient, semblait-il, servis de graines de poire; jusqu'à quinze d'entre elles avaient été transportées dans une seule galerie, et l'une d'elles [1] avait germé. Nous voyons par là avec quelle facilité pourrait se tromper un botaniste qui, voulant apprendre combien de temps restent vivantes des graines enfouies à une grande profondeur dans le sol, aurait recueilli de la terre à une profondeur considérable, en supposant qu'elle ne pût contenir que des graines ayant été longtemps enfouies. Il est probable que les petites pierres aussi bien que les graines sont avalées pour passer de la surface au fond de la galerie; car un nombre considérable de perles en verre, de morceaux de verre et de tuile ont certainement été transportés ainsi par des vers tenus dans des pots; mais il se peut que quelques-uns de ces objets aient été transportés dans l'intérieur de la bouche. La seule conjecture que je puisse former sur la raison qui porte les vers à garnir leur quartier d'hiver de petites pierres et de graines, c'est qu'ils veulent empêcher leur corps

---

[1] *Zeitschrift für wissenschaft. Zoolog.* Vol. XXVIII, 1877, p. 356.

replié étroitement sur lui-même, de venir en contact avec le sol froid environnant ; ce contact pourrait peut-être gêner leur respiration, qui s'effectue par la peau seulement.

Après avoir avalé de la terre, que ce soit pour creuser sa galerie ou pour s'en nourrir, le ver vient bientôt à la surface pour y vider son corps. La terre rejetée est intimement mêlée aux sécrétions de l'intestin, et est rendue par là visqueuse. Après s'être séchée, elle devient dure. J'ai observé des vers pendant l'acte de la défécation ; quand la terre était dans un état très fluide, elle était évacuée par petits jets, et quand elle n'était pas aussi liquide, par un lent mouvement péristaltique. Elle n'est pas rejetée indifféremment d'un côté quelconque, mais au contraire avec un certain soin d'abord d'un côté et ensuite de l'autre, la queue servant presque de truelle. Dès qu'un petit amas est formé, le ver évite, en apparence par raison de sûreté, de faire saillir sa queue au dehors, et la matière terreuse est comprimée de façon à traverser la masse molle précédemment déposée. L'ouverture d'une même galerie est employée dans ce but pendant une longue période de temps. Dans le cas des déjections turriformes (voir la fig. 2) des environs de Nice, et des tours analogues mais encore plus grandes provenant du Bengale (elles vont être décrites et figurées ci-après), la construction trahit un haut degré d'habileté. M. le Dr King a observé que le passage remontant à l'intérieur de ces tours ne se trouvait guère jamais sur la même ligne que la galerie sous-jacente, de sorte qu'on ne pouvait point passer de la tour dans la galerie un mince objet cylindrique comme un brin d'herbe ; ce changement de direction sert probablement aussi en quelque façon pour protéger. Quand un ver vient à la surface pour rejeter de la terre, c'est la queue qui saillit au dehors, mais quand il amasse des feuilles, il faut que la tête vienne se montrer à l'extérieur. Les vers doivent donc pouvoir se retourner dans leurs galeries si exactement ajustées, et cela serait chose difficile, à ce qu'il nous paraît.

Les vers ne déposent pas toujours leurs déjections à la surface du sol. Quand ils trouvent une cavité quelconque, comme lorsque, par exemple, ils creusent dans de la terre nouvellement labourée, ou entre les tiges de plantes amassées sur des lignes, ils déposent leurs déjections dans ces endroits. De même encore, un creux quelconque au-dessous d'une grosse pierre gisant à la surface du sol se remplit bientôt de leurs excréments. D'après Hensen, ils se servent d'ordinaire d'anciennes galeries pour cela ; mais, dans les limites de mon expérience, ce n'était pas le cas, excepté pour celles près de la surface dans un sol récemment bêché. Je pense que Hensen a peut-être été induit en erreur par les parois de vieilles galeries qui s'étaient affaissées ou écroulées avec leur revêtement de terre noire ; car il en reste des cordons noirs et ils sautent aux yeux quand ils traversent un sol de couleur claire, et dans ce cas on serait tenté de les prendre pour des galeries comblées entièrement.

Il est certain qu'avec le temps les vieilles galeries

s'écroulent; car, comme nous le verrons dans le chapitre suivant, la terre fine évacuée par les vers, éparpillée d'une manière uniforme, constituerait en bien des endroits au bout d'un an une assise de 1/5 de pouce d'épaisseur; ainsi, de quelque façon que ce soit, cette quantité considérable n'est pas déposée à l'intérieur des vieilles galeries hors d'emploi. Si les galeries ne s'écroulaient pas, le sol entier serait d'abord tout criblé de trous jusqu'à une profondeur d'environ 10 pouces, et en cinquante ans il resterait un espace creux sans support, de 10 pouces de profondeur. Les trous laissés par la décomposition des racines de formation successive des arbres et des plantes doivent également s'affaisser avec le temps.

Les galeries des vers descendent verticalement ou un peu obliquement, et là où le sol est quelque peu argileux, on n'a pas de peine à croire que les parois s'écroulent ou glissent vers le dedans par un temps très humide. Mais quand le sol est sablonneux ou mêlé de très petites pierres, il n'est pas assez visqueux pour s'écrouler vers l'intérieur même par le temps le plus humide; alors un autre agent peut entrer en scène. Quand il a beaucoup plu, le sol se gonfle, et comme il ne peut s'étendre latéralement, sa surface s'élève; pendant la sécheresse elle s'affaisse de nouveau. Une grosse pierre plate avait, par exemple, été placée à la surface d'un champ; elle s'affaissa de 3, 33 mm. du 9 mai au 13 juin, pendant qu'il faisait sec, et du 7 au 19 septembre, elle s'éleva de 1, 91 mm., il était tombé beaucoup de pluie dans la dernière partie de ce temps.

7

Par la gelée et le dégel, les mouvements étaient deux fois aussi considérables. Ces observations ont été faites par mon fils Horace qui publiera par la suite un compte-rendu des mouvements de cette pierre pendant des saisons successivement humides et sèches, et des effets qu'a eus la circonstance que le sol était miné au-dessous par les vers. Maintenant, quand le sol gonfle, s'il est traversé de trous cylindriques, comme les galeries de vers, les parois de celles-ci tendent à céder et sont pressées vers l'intérieur ; par conséquent, dans les parties plus profondes (à supposer que le tout soit pénétré d'une même quantité d'humidité) en raison du poids plus considérable du sol placé au-dessus et qui doit être soulevé, ces parois céderont davantage que dans les parties voisines de la surface. Quand le sol sèche, les parois se retirent un peu et les galeries s'élargissent d'autant. Leur élargissement par la contraction latérale du sol ne sera pourtant pas favorisé, mais plutôt combattu par le poids du sol placé au-dessus.

Distribution des vers. — Les vers de terre se trouvent dans toutes les parties du monde, et quelques-uns de leurs genres ont une extension énorme [1]. Ils habitent les îles les plus isolées ; ils se trouvent en foule en Islande et on sait qu'ils existent dans les Indes Occidentales, à Ste-Hélène, à Madagascar, à la Nouvelle-Calédonie et à Tahiti. Dans les régions antarctiques, on a des vers de l'île de la Désolation décrits par Ray Lankester; et moi-même j'en ai trouvé aux

---

[1] Perrier, *Archives de Zoolog. expér.* tome 3, p. 378, 1874.

îles Falkland. Comment parviennent-ils en des îles aussi éloignées, c'est ce qu'on ignore absolument encore. L'eau salée les tue facilement, et il ne semble guère probable que de jeunes vers ou les capsules qui renferment leurs œufs puissent être transportés dans la terre adhérant aux pieds ou au bec des oiseaux terrestres. D'ailleurs l'île de la Désolation n'est maintenant habitée par aucun oiseau terrestre.

Dans cet ouvrage-ci nous nous occupons principalement de la terre rejetée par les vers, et j'ai rassemblé quelques faits à cet égard au sujet des pays éloignés. Les vers déposent une foule de déjections aux États-Unis. Au Vénézuéla, d'après ce que j'apprends de M. le Dr Ernst de Caracas, des déjections, déposées probablement par des espèces d'Urochæta, sont communes dans les jardins et les champs, mais pas dans les forêts. Il ramassa 156 déjections dans la cour de sa maison, c'est-à-dire sur une surface de 200 toises carrées. Elles variaient en dimension de 1/2 centimètre cube à cinq centimètres cubes, et étaient en moyenne de trois centimètres cubes. Elles étaient par conséquent de petite taille, comparées à celles qu'on trouve souvent en Angleterre; car six déjections de grande dimension d'un champ voisin de ma maison avaient en moyenne 16 centimètres cubes. Plusieurs espèces de vers de terre sont communes à Ste-Catherine dans le sud du Brésil, et Fritz Müller m'informe que « dans la plupart « des forêts et des pays de pâturage, la totalité du sol, « jusqu'à une profondeur d'un quart de mètre, a l'air « d'avoir passé à plusieurs reprises par les intestins

« de vers de terre, là même où l'on voit à peine quel-
« ques déjections à la surface. » On trouve là une espèce
gigantesque, mais très rare, dont les galeries sont
parfois même de 2 centimètres ou à peu près 4/5 de
pouce de diamètre, et ces galeries paraissent pénétrer
à une grande profondeur dans le sol.

Dans le climat sec de la Nouvelle Galles du Sud,
je ne m'attendais guère que les vers fussent communs ;
mais M. le Dr G. Krefft de Sidney, à qui je me suis
adressé, m'affirme que, d'après les renseignements
recueillis auprès de jardiniers et d'autres personnes, et
d'après ses propres observations, leurs éjections y
abondent. Il m'en a envoyé quelques-unes recueillies
après une forte pluie ; elles consistaient en petites
boulettes, d'environ 0,15 pouce de diamètre ; et la
terre sablonneuse noircie dont elles étaient formées
tenait encore avec beaucoup de force.

Feu M. John Scott, du Jardin botanique près de
Calcutta, a fait pour moi nombre d'observations sur
les vers qui vivent sous le climat chaud et humide du
Bengale. Les déjections abondent presque partout, dans
les fourrés comme en plein champ, et même davantage
qu'en Angleterre, pense-t-il. Quand l'eau a quitté les
champs de riz inondés, toute la surface est bientôt parsemée de déjections, fait qui surprit beaucoup M. Scott,
car il ne savait pas combien les vers peuvent vivre
longtemps sous l'eau. Ils donnent beaucoup de besogne
dans le Jardin botanique, « car quelques-unes de nos
« plus belles pelouses ne peuvent, dit-il, être tenues
« tant soit peu en ordre qu'en les passant presque tous

« les jours au rouleau ; si on les laisse quelques jours
« de suite en repos, elles sont bientôt criblées d'éjec-
« tions de grandes dimensions. » Ces dernières res-

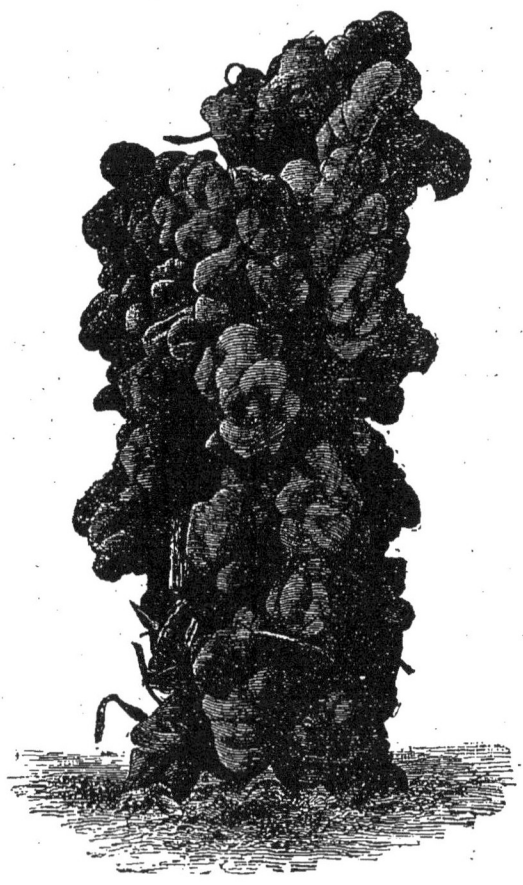

Fig. 3. — Déjection turriforme, probablement due à une espèce de Perichæta, provenant du jardin botanique de Calcutta ; gravée en grandeur naturelle d'après une photographie.

semblent fort à celles décrites comme abondant aux environs de Nice ; et elles sont probablement l'œuvre d'une espèce de Perichæta. Elles sont dressées comme des tours, avec un passage libre au centre.

La figure 3 donne une image de l'une de ces déjections d'après une photographie. La plus grande de ces déjections qui m'ait été envoyée, avait 3 pouces et demi de hauteur et 1,35 pouce de diamètre; une autre n'avait que 3/4 de pouce de diamètre et une hauteur de 2 pouces $^3/_4$. L'année suivante, M. Scott mesura quelques-unes des plus grandes; l'une avait 6 pouces de hauteur et à peu près 1 $^1/_2$ de diamètre; deux autres avaient une hauteur de 5 pouces et respectivement l'une 2 pouces et l'autre un peu plus de 2 pouces $^1/_2$ de diamètre. Le poids moyen des 22 éjections qui m'avaient été envoyées était de 35 grammes (1 once $^1/_4$); et l'une d'elles pesait 44, 8 grammes (ou 2 onces). Ces éjections furent toutes déposées pendant une seule nuit ou en deux nuits de suite. Là où le sol est sec au Bengale, sous de grands arbres par exemple, on trouve en grand nombre des déjections d'une tout autre forme: elles consistent en petits corps ovales ou coniques, longs d'environ 1/20 à un peu plus d'1/10 de pouce. Il est évident qu'elles avaient été déposées par une espèce de vers différente.

La période pendant laquelle les vers des environs de Calcutta déploient une activité aussi extraordinaire ne dure qu'un peu plus de deux mois, et cela, pendant la saison froide après les pluies. A cette époque, on les trouve en général à environ 10 pouces au-dessous de la surface du sol. Pendant la saison chaude, ils creusent à une profondeur plus considérable et on les trouve alors enroulés sur eux-mêmes, et, semble-t-il, hivernant. M. Scott ne les a jamais vus à une profondeur de plus de 2 pieds et demi, mais on lui a dit en avoir trouvé à 4 pieds de profondeur. Dans les forêts, on peut trouver des déjections de fraîche date même pendant la saison chaude. Dans le Jardin botanique, pendant la saison froide et sèche, les vers, comme nos vers d'Angleterre, traînent des feuilles et de petits bâtons en grand nombre dans l'ouverture des galeries ; mais il est rare qu'ils agissent de la sorte pendant la saison pluvieuse.

M. Scott a vu des déjections de vers sur les hautes montagnes de Sikkim, dans le nord des Indes. Au Sud, M. le Dr King a trouvé dans un endroit sur le plateau des monts Vilgiris, à une hauteur de 7,000 pieds, « bon nombre de déjections » qui sont intéressantes en raison de leur grande taille. Les vers qui les déposent se voient seulement pendant la saison humide, et ont, paraît-il, de 12 à 15 pouces de longueur, et un diamètre égal à celui du petit doigt. Ces déjections furent recueillies par M. le Dr King après une période de 110 jours sans aucune pluie ; et elles doivent avoir été déposées pendant un vent nord-est ou plutôt encore pendant la mousson sud-ouest qui le précède ; car leur surface avait subi quelque désagrégation et elles étaient traversées par un grand nombre de racines fines. On voit ci-dessus le dessin (fig. 4) d'une de ces déjections qui semble avoir le mieux conservé sa grandeur et son apparence originaires. Bien qu'elles eussent perdu un peu par désagrégation, cinq des plus grandes de ces déjections pesaient chacune en moyenne 89, 5 grammes (après avoir été bien séchées au soleil), c'est un peu

104   CHAPITRE II

plus de 3 onces; et la plus grande pesait seule 123,
14 grammes, ou 4 onces ⅓, c'est-à-dire plus d'un
quart de livre ! Les circonvolutions les plus grandes
avaient un peu plus d'un pouce de diamètre, mais elles
s'étaient probablement un peu affaissées pendant
qu'elles étaient encore molles, et leur diamètre s'était
accru d'autant. Quelques-unes avaient tellement coulé

Fig. 4. — Déjection provenant des monts Nilgiri, dans le sud des Indes ; gravure de grandeur naturelle, d'après une photographie.

qu'elles semblaient maintenant une pile de gâteaux
confluents presque plats. Elles étaient toutes formées
de terre fine, de couleur assez claire, et d'une dureté
et d'une compacité surprenantes, dues sans doute à la
matière animale qui avait cimenté ensemble les parcelles de terre. Elles ne se désagrégèrent point, même
par un séjour de plusieurs heures dans l'eau. Bien que
déposées à la surface d'un sol de gravier, elles ne con-

tenaient qu'extrêmement peu de morceaux de roc, dont le plus grand n'avait que 0, 15 de pouce en diamètre.

M. le Dr King a vu à Ceylan un ver d'environ 2 pieds de longueur et 1/2 pouce de diamètre; et on lui a dit que c'était une espèce très commune pendant la saison humide. Il faut bien que les déjections que ces vers déposent soient au moins aussi grandes que celles des monts Nilgiri ; cependant M. le Dr King n'en vit aucune pendant sa courte excursion à Ceylan. Mais les faits que nous avons donnés suffisent maintenant pour montrer que les vers font beaucoup d'ouvrage en portant de la terre fine à la surface du sol dans la plupart des régions du globe ou dans toutes, et cela sous les climats les plus différents.

CHAPITRE III

Quantité de terre fine apportée à la surface par les vers.

Rapidité avec laquelle les divers objets disséminés à la surface d'un sol gazonné sont recouverts par les déjections des vers. — Enfouissement d'un sentier pavé. — Affaissement lent de grosses pierres laissées à la surface du sol. — Nombre des vers vivant dans un espace donné. — Poids de la terre rejetée d'une galerie, et de toutes les galeries dans un espace donné. — Épaisseur de la couche de terre végétale que les déjections sur un espace donné formeraient en un temps donné, si on les disséminait d'une façon uniforme. — Lenteur avec laquelle la terre végétale peut arriver à une grande épaisseur. — Conclusion.

Nous arrivons maintenant au sujet plus spécial de de ce livre, c'est-à-dire l'évaluation de la quantité de terre apportée par les vers de dessous la surface du sol, et disséminée ensuite plus ou moins complétement par la pluie et par le vent. On peut estimer cette quantité au moyen de deux méthodes, par la rapidité avec laquelle sont enfouis des objets laissés à la surface, et d'une façon plus exacte par le pesage de la quantité apportée à la surface en un temps donné. Nous commencerons par la première méthode, comme étant celle que nous avons suivie tout d'abord.

Près de Maer Hall en Staffordshire, de la chaux vive avait été vers l'année 1827 répandue en couche épaisse sur un champ de bonne pâture qui ne fut pas labouré depuis. On creusa quelques trous carrés dans ce champ au commencement du mois d'octobre 1837 ; et les sections montrèrent une assise de tourbe, formée par l'entrelacement des racines des herbes, d'un demi-pouce d'épaisseur, au-dessous de laquelle on pouvait voir, à une épaisseur de 2 pouces $^1/_2$ (à trois pouces par conséquent de la surface) de la chaux en poudre ou en petits morceaux formant une assise se poursuivant tout autour des faces verticales des trous. Le sol au-dessous de l'assise de chaux était ou bien du gravier ou bien du sable grossier, et il différait fort par son aspect de la fine terre végétale de couleur claire située au-dessus. Des cendres de charbon avaient été répandues sur une partie de ce même champ en 1833 ou en 1834 ; et quand les trous que je viens de dire furent creusés, c'est-à-dire après un intervalle de 3 à 4 ans, les cendres formaient une ligne de taches noires tout autour des trous, à une épaisseur d'un pouce au-dessous de la surface, parallèlement à la blanche assise de chaux et au-dessus d'elle. Sur une autre portion de ce champ, on avait répandu des cendres, seulement à peu près six mois auparavant, et alors elles étaient ou bien encore à la surface ou bien étaient enchevêtrées parmi les racines des herbes ; c'est là que je vis le commencement du travail d'enfouissement, car des déjections de vers avaient été accumulées sur plusieurs des fragments de plus petite taille. Quatre ans et $^3/_4$ plus tard, ce champ fut examiné de nouveau, et maintenant les deux assises de chaux et de cendres se trouvaient presque partout à près d'un pouce, disons 3/4 de pouce plus bas qu'auparavant. Une couche de terre végétale d'environ 0,22 de pouce avait donc été apportée chaque année à la surface par les vers, et avait été répandue sur ce champ.

Des cendres de charbon avaient été répandues sur un autre champ, à une date qu'on ne pouvait pas fixer avec certitude, et elles formaient en octobre 1837 une assise épaisse d'un pouce à une profondeur d'à peu près 3 pouces de la surface. L'assise était si continue que la terre végétale foncée qui la recouvrait n'était en rapport avec le sous-sol d'argile rouge que par les racines des herbes ; et quand celles-ci furent rompues, la terre végétale et l'argile rouge tombèrent séparément. Dans un troisième champ, sur lequel des cendres de charbon et de la marne calcinée avaient été répandues à plusieurs reprises à des dates inconnues, on creusa des trous en 1842 ; et on put suivre une assise de cendres à une profondeur de 3 pouces $^1/_2$, au-dessous de laquelle, à une profondeur de 9 pouces $^1/_2$ de la surface, il y avait une ligne de cendres avec de la marne calcinée. Sur les faces de l'un des trous, il y avait deux assises de cendres, l'une à 2 pouces et l'autre à 3 pouces $^1/_2$ au-dessous de la surface ; et par-dessous ces deux couches, à une profondeur de 9 pouces $^1/_2$ dans certaines parties, de 10 $^1/_2$ dans d'autres, il y avait des fragments de marne calcinée. Dans un quatrième champ, on pouvait poursuivre deux couches distinctes de chaux, l'une au-dessus de l'autre, et au-dessous une assise de cendres et de marne calcinée à une profondeur de 10 à 12 pouces au-dessous de la surface du sol.

Une pièce de terre inculte, marécageuse, fut séparée par une clôture, drainée, labourée, hersée et couverte en 1822 d'une couche épaisse de marne calcinée et de cendres. On y sema des graines d'herbe, et maintenant elle fournit un pâturage assez bon, mais grossier. En 1837, c'est-à-dire 15 ans après l'amendement, on creusa des trous dans ce champ, et dans le diagramme ci-après (fig. 5) réduit de moitié de la grandeur naturelle, nous voyons que le gazon était épais d'un pouce, et qu'au-dessous de lui il y avait une assise de terre végétale de 2 pouces $^1/_2$ d'épaisseur. Cette assise ne contenait des fragments d'aucune espèce ; mais au-dessous il y avait une assise de terre, d'un pouce et demi d'épaisseur, pleine de fragments de marne calcinée, sautant aux yeux par leur couleur rouge, l'un d'eux près du fond était long d'un pouce ; et en outre il y avait d'autres fragments de cendres de charbon avec quelques cailloux blancs de quartz. Au-dessous de cette couche, à une profondeur de 4 pouces $^1/_2$ de la surface, on rencontra le sol primitif noir, tourbeux, sablonneux, contenant quelques cailloux de quartz. Ici donc ces cendres et les fragments de marne calcinée avaient été recouverts dans le cours de 15 ans d'une assise de terre végétale fine, épaisse seulement de 2 pouces et demi, sans compter le gazon. Six ans et demi plus tard, ce champ fut examiné de nouveau, et les fragments se trouvaient alors à une profondeur de quatre à cinq pouces au-dessous de la surface. Ainsi dans cet intervalle de 6 ans et demi, un pouce ¹/₂ environ de terre avait été ajouté à la couche superficielle. Je m'étonne qu'il n'y ait pas eu une plus grande quantité rejetée pendant les 21 ans et demi, car il se trouvait

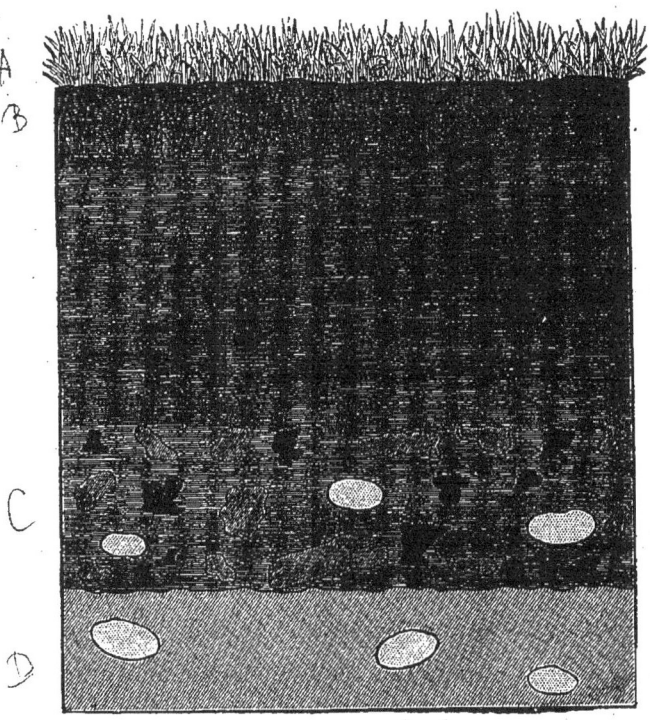

Fig. 5. — Section réduite à moitié de la grandeur naturelle, de la terre végétale d'un champ drainé et amendé quinze ans auparavant; A, gazon; B, terre végétale sans pierres d'aucune espèce; C, terre végétale avec des fragments de marne calcinée, de cendres de charbon et des cailloux de quartz; D, sous-sol de sable noir, tourbeux, avec des cailloux de quartz.

beaucoup de vers dans le sol tourbeux, noir, immédiatement sous-jacent. Mais il est probable que jadis, tant que la terre resta pauvre, les vers furent rares; et alors la terre végétale se sera accumulée lentement.

L'épaisseur a donc augmenté chaque année de 1, 9 de pouce en moyenne pour toute la période.

Deux autres cas méritent d'être rapportés. Au printemps de l'année 1835, un champ qui avait longtemps existé comme un maigre pâturage, et était si marécageux qu'il tremblait légèrement lorsqu'on le frappait du pied, était recouvert d'une couche épaisse de sable rouge ; sa surface entière semblait ainsi au premier abord d'un rouge éclatant. Deux ans et demi plus tard, lorsqu'on creusa des trous dans ce champ, le sable formait une assise à une profondeur de 3/4 de pouce au-dessous de la surface. En 1842, c'est-à-dire 7 ans après que le sable eût été éparpillé, on creusa de nouveaux trous et alors ce sable rouge formait une assise distincte, à deux pouces de la surface, ou bien 1 1/2 pouce au-dessous du gazon ; en sorte qu'en moyenne 0, 21 de pouce de terre végétale avait été apporté annuellement à la surface. Immédiatement au-dessous de la couche de sable rouge, s'étendait le sol primitif sous-jacent de tourbe noire et sablonneuse.

Un pré, aussi dans le voisinage de Maer Hall, avait autrefois été recouvert d'une couche épaisse de marne, et était ensuite resté plusieurs années employé comme pâturage ; plus tard, il fut labouré. Vingt-huit ans après l'application de la marne, [1] un ami fit creuser trois tranchées dans ce champ, on put alors poursuivre

---

[1] Ce cas est indiqué dans un post-scriptum ajouté à ma note dans les *Transact. Geolog. Society* (Vol. V, p. 505), et il s'y trouve une erreur importante, car dans le compte-rendu je pris 30 pour 80. Le fermier avait d'ailleurs dit autrefois qu'il avait marné le champ trente ans auparavant, mais maintenant il était tout à fait affir-

les fragments de la marne formant une couche à une profondeur, en mesure exacte, de 12 pouces en quelques endroits et de 14 en d'autres. Cette différence dans la profondeur provenait de ce que la couche était horizontale, tandis que la surface consistait de lignes saillantes et de sillons laissés par la charrue lors du labourage. Le fermier m'assura que le champ n'avait jamais été retourné à une profondeur plus grande que de 6 à 8 pouces ; et les fragments formant une assise horizontale non interrompue de 12 à 14 pouces au-dessous de la surface, ils doivent avoir été enterrés par les vers pendant que le champ servait encore de pâturage, avant d'être labouré ; car, autrement, la charrue aurait éparpillé ces fragments d'une manière égale dans toute l'épaisseur du sol. Quatre ans et demi plus tard, je fis creuser trois trous dans ce champ où, peu auparavant, on avait planté des pommes de terre, et la couche des fragments de marne se trouvait à présent à 13 pouces au-dessous du fond des sillons, et par suite probablement à 15 pouces au-dessous du niveau général du champ. Il faut cependant faire observer que l'épaisseur du sol noirâtre sablonneux, éjeté par les vers par-dessus les fragments de marne dans le cours de 32 ans et demi, aurait été moindre que quinze pouces, si le champ avait continué à être un pâturage ; car, en ce cas, le sol eût été bien plus

matif en disant que cela avait été fait en 1809, c'est-à-dire vingt-huit ans avant que le champ eût été examiné pour la première fois par mon ami. L'erreur a été, pour ce qui concerne le nombre 80, corrigée dans un article que je fis paraître dans le *Gardeners Chronicle*, 1844, p. 218.

compacte. Les fragments de marne reposaient presque sur un sous-sol de sable blanc à cailloux de quartz, et il n'avait pas été remué ; comme il ne pouvait guère tenter les vers, la terre végétale s'accroissait ainsi fort lentement par leur action.

Nous allons maintenant donner quelques exemples de l'action des vers sur un sol très différent des pâturages secs et sablonneux ou des prés marécageux que nous venons de décrire. La formation de craie à Kent s'étend tout autour de ma maison ; et sa surface, ayant été exposée pendant un temps immense à l'action dissolvante de l'eau de pluie, est extrêmement irrégulière, à festons abruptes, et de nombreuses cavités profondes ressemblant à des puits la traversent [1]. Pendant la

[1] Ces fosses sont encore en voie de formation. Dans le cours des quarante dernières années, j'ai vu ou j'ai entendu mentionner en cinq cas l'affaissement soudain d'un espace circulaire de plusieurs pieds de diamètre, laissant dans le champ une ouverture à faces verticales et de quelques pieds de profondeur. C'est ce qui arriva dans un de mes propres champs, pendant qu'on y passait le rouleau, en sorte que les jambes de derrière du timonier s'y enfoncèrent ; il fallut le contenu de deux à trois tombereaux pour combler le trou. Là où l'affaissement eut lieu, il y avait déjà une large dépression, comme si la surface s'était éboulée à plusieurs périodes antérieures. On m'a parlé d'un trou qui doit s'être formé subitement au fond d'une petite mare peu profonde ; les brebis y avaient été lavées pendant nombre d'années, et un homme occupé à cet ouvrage s'y trouva précipité à sa grande terreur. Dans tout ce district, l'eau de pluie pénètre perpendiculairement dans le sol, mais la craie est plus poreuse en certaines places qu'en d'autres. C'est ainsi que l'eau de drainage venant de l'argile superposée est dirigée vers certains points où est dissoute une quantité de matière calcaire plus considérable qu'ailleurs. Il se forme même dans la craie solide des canaux étroits ouverts. La craie se dissolvant d'une façon lente sur toute l'étendue du pays, mais plus en certaines parties qu'en d'autres, le résidu non dissous, c'est-à-dire la masse super-

dissolution de la craie, la matière insoluble, y compris un grand nombre de silex non roulés de toutes les grandeurs, est restée à la surface et forme un lit d'argile rouge et ferme, remplie de cailloux et généralement d'une épaisseur de 6 à 14 pieds. Au-dessus de l'argile rouge, partout où le sol a longtemps été un pâturage, il y a une couche de terre végétale épaisse de quelques pouces et d'une couleur foncée.

Le 20 décembre 1842, une quantité de craie en fragments fut éparpillée tout près de ma maison sur une partie d'un champ qui servait de pâturage depuis au

---

posée d'argile rouge avec silex, s'affaisse aussi avec lenteur et tend à combler les fosses ou cavités. Mais grâce probablement aux racines des plantes, la partie supérieure de l'argile rouge tient bon plus longtemps que les portions inférieures, et elle forme ainsi un toit qui tôt ou tard s'écroule comme dans les cinq cas mentionnés. Le mouvement d'affaissement de l'argile peut se comparer à celui d'un glacier, mais il est incomparablement plus lent et ce mouvement explique un fait singulier, c'est que les silex fort allongés qui sont incrustés dans la craie dans une position à peu près horizontale, se trouvent d'ordinaire placés à peu près ou tout à fait verticalement dans l'argile rouge. Ce fait est si commun que c'est leur position naturelle pour les ouvriers. Je pris d'une façon grossière la mesure d'un de ces silex disposés verticalement et il avait la même longueur et presque la même épaisseur que mon bras. Ces silex allongés doivent arriver à occuper leur position verticale, d'après le même principe qui fait qu'un tronc d'arbre abandonné sur un glacier acquiert une position parallèle à la ligne de motion. Les silex qui forment dans l'argile presque la moitié de la masse, sont très souvent brisés, mais ni roulés, ni rongés; et cela peut s'expliquer par leur pression mutuelle, pendant l'affaissement de la masse entière. Je pourrais ajouter qu'ici la craie parut avoir été recouverte à l'origine en certains points d'un mince lit de sable fin, avec quelques cailloux de silex parfaitement arrondis, datant probablement de la période tertiaire; car souvent du sable de ce genre remplit en partie les fosses ou cavités les plus profondes dans la chaux.

moins 30 ans, sinon deux ou trois fois davantage. On avait jeté la craie sur ce champ afin de pouvoir observer à un moment quelconque dans l'avenir jusqu'à quelle profondeur elle s'enterrerait. A la fin du mois de novembre 1871, c'est-à-dire après un intervalle de 29 ans, une tranchée fut creusée à travers cette partie du champ, et l'on put poursuivre une ligne de nodules blancs des deux côtés de la tranchée, à une profondeur de 7 pouces de la surface. Ainsi, la terre végétale, non compris le gazon, avait ici été ramenée à la surface avec une vitesse moyenne de 0,22 de pouce par an. Dans certaines parties, sous la ligne de nodules de craie, il ne se trouvait guère de terre fine exempte de silex, tandis qu'en d'autres endroits il y en avait une couche épaisse de 2 pouces $^1/_4$. Dans ce dernier cas, la terre végétale avait une puissance totale de 9 pouces $^1/_4$; à un endroit de ce genre, on trouva, à la profondeur indiquée, un nodule de craie et un silex poli, qui avaient été sans doute laissés tous deux à la surface à quelque époque précédente. De 11 à 12 pouces au-dessous de la surface, s'étendait l'argile rougeâtre qui n'avait pas été remuée, remplie de silex. L'apparence desdits nodules m'étonna fort tout d'abord, car ils ressemblaient beaucoup à des cailloux usés par l'eau, tandis que les fragments récemment cassés auraient été angulaires. Mais en examinant les nodules à la loupe, ils n'apparaissaient plus usés par l'eau, car leur surface était marquée de petits creux, par suite de corrosion inégale ; et on voyait saillir des pointes aiguës, très petites, formées de fragments de coquilles fossiles. Il était évident que les angles des fragments primitifs de craie avaient été entièrement dissous, parce qu'ils présentaient une grande surface à l'acide carbonique dissous dans l'eau de pluie et à celui que produit un sol contenant des matières végétales, ainsi qu'aux acides de l'humus. Les angles saillants auront aussi, en comparaison avec les autres parties, été enlacés par un plus grand nombre de petites racines vivantes ; et, comme Sachs l'a démontré, elles ont le pouvoir d'attaquer le marbre même. Ainsi donc, 29 ans ont suffi pour convertir en nodules bien arrondis des fragments de craie qui étaient angulaires avant d'avoir été enterrés.

Une autre partie de ce même champ était couverte de mousse, et comme on croyait pouvoir améliorer le pâturage à l'aide de cendres de charbon, passées au crible, on en éparpilla une couche épaisse en 1842 ou 1843, ce qui fut répété quelques années plus tard. En creusant une tranchée en 1871, on y trouva beaucoup de cendres sur une même ligne à 7 pouces au-dessous de la surface, et à 5 pouces $^1/_2$ une autre ligne parallèle à la précédente. Dans une autre partie de ce champ, qui en était autrefois indépendant et avait, selon toute croyance, servi de pâturage durant un siècle au moins, on creusa de même quelques tranchées pour voir de quelle épaisseur y était la terre végétale. Le hasard voulut que la première tranchée passât par un endroit, où, à une époque précédente quelconque, à coup sûr plus de quarante ans auparavant, un large trou avait été comblé d'argile rouge grossière, de pierres de silex, de fragments de craie et de gravier ; ici la terre végétale fine n'avait que de 4 pouces $^1/_8$ à 4 $^3/_8$ de puissance. Dans un autre endroit qui n'avait point été remué, l'épaisseur de la terre végétale variait considérablement de 6 pouces $^1/_2$ à 8 $^1/_2$; au-dessous, on trouva en un endroit un petit nombre de fragments de brique. D'après ces différents cas, on dirait que dans le courant des 29 dernières années, la terre végétale ait été amoncelée à la surface avec une vitesse moyenne de 0,2 à 0,22 de pouce par an. Mais dans ce district, la terre végétale ne s'accumule que bien plus lentement lorsqu'on vient de faire un pré d'un champ labouré. La vitesse doit aussi diminuer considérablement après qu'il s'est formé un lit de terre végétale de plusieurs pouces d'épaisseur. Ce n'est qu'en hiver, quand le temps est très froid (à cette époque on trouva les vers dans ce même champ à une profondeur de 26 pouces) et en été quand le temps est bien sec, que les vers creusent leurs galeries jusqu'à une profondeur plus considérable, de manière à pouvoir monter de la terre fraîche d'en bas.

Un champ voisin de celui que nous venons de décrire forme dans une partie une pente assez considérable c'est-à-dire de 10° à 15°; cette partie fut labourée en dernier lieu en 1841, après quoi on la hersa et l'abandonna au pâturage. Pendant plusieurs années de suite, la végétation y fut extrêmement chétive, le sol étant tellement encombré de cailloux de silex petits et grands (quelques-uns d'entre eux étaient moitié aussi gros que la tête d'un enfant) que mes fils appelèrent ce champ-là le « champ pierreux ». Lorsqu'ils descendaient la pente en courant, on entendait les pierres se choquer les unes contre les autres.

Je me rappelle avoir douté de jamais voir ces grands cailloux recouverts de terre végétale et de gazon. Mais les plus petites de ces pierres disparurent après peu d'années ; avec le temps, chacune des plus grandes en fit autant, de sorte que 30 ans plus tard (1871), un cheval pouvait passer au galop d'un bout du champ à l'autre sur le gazon épais, sans frapper de ses fers une seule pierre. Pour quiconque se souvenait de l'apparence qu'avait présentée ce champ en 1842, la transformation qui s'était opérée était merveilleuse ; elle était certainement l'ouvrage des vers, car, bien que, pendant plusieurs années, leurs déjections ne fussent pas fréquentes, il y en avait cependant quelques-unes de formées chaque mois et leur nombre augmenta à mesure que le pâturage s'améliorait. En 1871, l'on creusa une tranchée sur la pente mentionnée auparavant, et l'on coupa les brins d'herbe tout près des racines, afin de pouvoir mesurer exactement l'épaisseur du gazon et de la terre végétale. Le gazon n'était pas tout à fait épais d'un $1/2$ pouce, et la terre végétale, qui ne contenait point de pierres, avait une épaisseur de 2 $1/2$ pouces. Au-dessous se trouvait de la terre grossière argileuse, pleine de cailloux et semblable à celle du premier venu des champs labourés d'alentour. Lorsqu'avec une bêche, on soulevait une pelletée de terre grossière, elle se séparait facilement de la couche de terre végétale superficielle. L'accumulation moyenne de cette dernière pendant 30 années entières n'était que de 0,083 d'un pouce par an (donc, un pouce à peu près en 12 ans), mais la vitesse aura été bien moindre au commencement, augmentant considérablement plus tard.

La transformation qui s'était opérée sous mes yeux, dans l'apparence de ce champ, fut rendue plus tard d'autant plus frappante quand j'examinai, dans Knole Park, une forêt épaisse de grands hêtres, au-dessous desquels rien ne poussait. En cet endroit, le sol était couvert de grandes pierres nues, éparpillées de tous côtés, et, quant aux déjections, il n'y en avait guère. Quelques irrégularités à la surface et des lignes difficiles à poursuivre, indiquaient que le sol avait été cultivé quelques siècles auparavant. Il est probable qu'un bois bien épais de jeunes hêtres avait grandi si rapidement que les vers n'eurent pas le temps de recouvrir les pierres de leurs déjections, avant que l'emplacement ne devînt impropre à leur existence. En tous cas, le contraste entre l'état du champ bien peuplé de vers, auquel l'appellation de champ pierreux ne convenait plus, et l'état actuel du sol au-dessous des vieux hêtres de Knole Park, où il n'y avait pas de trace de vers, était frappant.

Un sentier étroit, conduisant à une partie de ma prairie, fut pavé, en 1843, de petites dalles placées de côté en bordures; mais il y eut beaucoup de déjections et l'herbe poussa ses touffes parmi les pierres. Pendant plusieurs années, on arracha les mauvaises herbes et l'on balaya le sentier; mais, à la fin du compte, vers et herbes prévalurent, le jardinier cessa de balayer et se contenta de faucher les mauvaises herbes, toutes les fois que la pelouse était fauchée. Bientôt le sentier fut presque recouvert de verdure et, quelques années plus tard, il n'y en avait plus de trace. Quand, en 1877, on faucha la faible couche de gazon, on trouva les petites dalles toutes en place et recouvertes d'un pouce de terre végétale fine.

Ici nous pourrions noter deux cas, récemment publiés, de substances qui avaient été éparpillées sur la surface des pâturages, et qui furent enterrées par l'action des vers. Le révérend H.-C. Key fit creuser un fossé dans un champ sur lequel on avait éparpillé des cendres de charbon, à ce qu'on pensait, dix-huit ans auparavant; sur les faces perpendiculaires, nettement coupées du fossé, à une profondeur de sept pouces pour le moins, « sur une longueur de soixante toises, « on vit une ligne distincte, étroite et très régulière de « cendres de charbon entremêlées de petits fragments « de charbon; cette ligne était parfaitement parallèle « au gazon de la surface [1]. » Ce dernier fait et la longueur de la section rendent le cas intéressant. En second lieu, M. Daucer [2] raconte que sur un certain champ on avait éparpillé une quantité d'os concassés, et que, « quelques ans plus tard, on les avait trouvés, plusieurs pouces au-dessous de la surface, à une profondeur uniforme. » Il paraît qu'en Nouvelle-Zélande les vers agissent de la même manière qu'en Europe, car

---

[1] *Nature,* novembre 1877, p. 28.
[2] *Proc. Phil. Soc. of Manchester,* 1877, p. 247.

le professeur J. von Haast a décrit [1] une coupe de terrain près du bord de la mer, « consistant en micaschiste
« recouverte de 5 à 6 pieds de loess, au-dessus des-
« quels s'étaient accumulés environ 12 pouces de terre
« végétale. Entre le loess et la terre végétale, se trou-
« vait une couche épaisse de 3 à 6 pouces, de noyaux,
« d'instruments d'écailles et d'éclats, tous fabriqués à
« l'aide d'une roche basaltique dure. » Ainsi, il est probable que les aborigènes d'une époque antérieure quelconque avaient laissé à la surface ces objets, que les vers recouvrirent ensuite lentement de leurs déjections.

En Angleterre, les fermiers savent parfaitement que toutes sortes d'objets laissés à la surface des pâturages disparaissent après un certain temps, ou, d'après ce qu'ils disent, s'enfoncent eux-mêmes. Ils ne se seront probablement jamais demandé comment de la chaux en poudre, des cendres et des pierres lourdes peuvent s'enfoncer elles-mêmes, et avec la même vitesse, à travers le tapis de racines d'une surface gazonnée [2].

[1] *Frans. of the New-Zealand Institute*, vol. xii, 1880, p. 152.
[2] M. Lindsay Carnagie remarque dans une lettre (juin 1838), à sir Charles Lyell, que les fermiers écossais n'osent pas mettre de la chaux sur des champs labourés, sinon immédiatement avant de les préparer à servir de pâturage, parce qu'ils croient qu'il y a alors tendance à affaissement. Il ajoute : « Il y a quelques années,
« je mis en automne de la chaux sur un champ d'avoine, après la
« fauche, et le labourai pour l'enterrer ; elle se trouva ainsi en
« contact immédiat avec la matière végétale en décomposition, et
« devait nécessairement s'y mêler intimement par toutes les opé-
« rations ultérieures de la culture. En conséquence du préjugé
« mentionné plus haut, on me regarda comme ayant commis une
« grande faute, mais le résultat fut un brillant succès, et mon
« exemple fut suivi avec prédilection. Je pense que, grâce aux ob-
« servations de M. Darwin, le préjugé disparaîtra. »

Affaissement des pierres de grande taille par l'action des vers. — Quand une pierre de grande taille et de forme régulière est laissée à la surface du sol, elle repose naturellement sur les parties les plus saillantes; mais bientôt après les vers comblent de leurs déjections tous les creux laissés à la face inférieure; car, comme le remarque Hensen, ils aiment l'abri des pierres. Aussitôt que les creux sont comblés, les vers rejettent en dehors de la circonférence des pierres la terre qu'ils ont avalée, et c'est ainsi que la surface du sol s'élève tout autour de la pierre. Les galeries creusées directement au-dessous d'une pierre s'écroulant avec le temps, celle-ci s'affaisse un peu [1]. De là vient que des galets qui, à une époque ancienne quelconque ont roulé du haut d'une montagne rocheuse ou d'une falaise dans une prairie située à la base, sont toujours quelque peu enfoncés dans le sol quand on les enlève, ils laissent dans la terre fine sous-jacente une empreinte exacte de leur surface inférieure. Mais, si un galet a des dimensions telles que la terre au-dessous reste sèche, cette terre ne sera pas habitée par des vers et le galet ne s'affaissera pas dans le sol.

Un four à chaux se trouvait autrefois dans une prairie près de Leith Hill Place en Surrey; il avait été

---

[1] Cette conclusion est, comme nous allons le voir tout de suite, pleinement justifiée, et elle a son importance, car, les pierres de repère, comme on dit, que les géomètres plantent en terre pour marquer leurs niveaux d'une manière authentique, peuvent, avec le temps donner de fausses indications. Mon fils Horace a l'intention de déterminer quelque jour jusqu'à quel point cela a lieu.

démoli 35 ans avant que j'y vienne, et on avait enlevé tous les décombres à l'exception de trois grosses pierres de grès quartzeux, que l'on pensa pouvoir utiliser par la suite. Un vieil ouvrier se rappelait qu'elles avaient été laissées sur une surface nue de fragments de briques et de mortier, tout près des fondations du four ; mais la surface environnante était maintenant partout couverte de gazon et d'humus.

Les deux plus grosses de ces pierres n'avaient pas été remuées depuis; et il n'aurait pas été facile de le faire, car, lorsque je les fis enlever, il me fallut deux hommes armés de leviers. Une de ces pierres, et ce n'était pas la plus grande, avait 64 pouces de long, 17 de large et de 9 à 10 d'épaisseur. Le milieu de sa surface inférieure faisait tant soit peu saillie ; et cette partie reposait encore sur des fragments de brique et du mortier ; le récit du vieil ouvrier avait donc été exact. Au-dessous des décombres de briques, on trouva le sol naturel, sablonneux et plein de fragments de grès; il n'aurait guère pu céder que très peu, si même il l'avait pu, sous le poids de la pierre ; c'eût été tout autre chose si le sous-sol avait été d'argile. La surface du terrain, sur une distance d'environ 9 pouces, tout autour de la pierre, s'élevait graduellement jusqu'à elle, et tout près de celle-ci, elle était, dans la dans la plupart des points, environ 4 pouces au-dessus du niveau environnant. La base de la pierre était enterrée de 1 à deux pouces au-dessous du niveau général, et sa surface supérieure faisait saillie d'environ 8 pouces au-dessus de ce niveau, c'est-à-dire d'à peu près 4 pouces au-dessus de la bordure de gazon en pente. Après l'enlèvement de la pierre, il devint évident que l'un de ses bouts pointus avait dû d'abord être dégagé, et à plusieurs pouces au-dessus du sol, et maintenant sa surface supérieure était au même niveau que le gazon d'alentour. Quand on enleva la pierre, il resta un moule exact de sa face supérieure, formant un creux peu profond, en manière de cratère, dont la surface interne consistait de terre fine noire, excepté là où les parties les plus saillantes reposaient sur les débris de briques. Je donne ci-contre (*fig.* 6), à

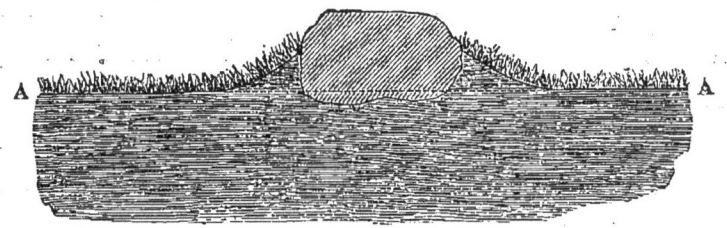

Fig. 6. — Section transversale d'une grosse pierre qui était restée pendant 35 ans dans une prairie AA, niveau général de la prairie, les débris de briques sousjacents n'ont pas été représentés. Echelle de 1/2 pouce à 1 pied.

l'échelle de 1/2 pouce à un pied, une section transversale de cette pierre avec le lit dans lequel elle reposait ; le dessin a été fait d'après des mesures prises lorsque la pierre eut été déplacée. La bordure recouverte de gazon remontant jusqu'à la pierre, consistait en terre fine, épaisse, à un endroit, de 7 pouces. Elle consistait évidemment de déjections de vers, dont plusieurs dataient d'une époque récente. Le corps de la pierre s'était, autant que je pouvais en juger, affaissé d'environ 1 $^1/_2$ pouce dans ces 35 années, affaissement dû nécessairement à ce que les débris de briques gisant au-dessous des parties les plus saillantes, avaient été minés par les vers. A ce compte, il aurait fallu 247 ans à la surface supérieure de la pierre, abandonnée à elle-même, pour s'affaisser jusqu'au niveau général de la prairie ; mais avant que cela n'arrivât, quelques pluies fortes auraient détaché de la terre des petits tas de déjections sur la bordure du gazon ainsi soulevée, et cette terre aurait couvert la surface supérieure de la pierre.

La seconde pierre était plus grosse que celle que nous venons de décrire ; sa longueur était de 67 pouces, sa largeur de 39 et son épaisseur de 15. La surface inférieure était presque plate ; ainsi les vers avaient bientôt dû déposer leurs déjections au-delà de sa circonférence. Le corps de la pierre s'était affaissé d'environ 2 pouces dans le sol. A ce compte, il aurait fallu 262 ans pour que sa surface supérieure descendît au niveau général de la prairie. La bordure gazonnée s'élevant en pente tout autour de la pierre, était plus large que dans le dernier cas, elle avait été de 14 à 16 pouces, et je ne pus voir pourquoi cela devait être. Dans la plupart des points, cette bordure n'était pas si haute que dans les derniers cas, elle ne dépassait pas de 2 à 2 1/2 pouces, mais, à un endroit, elle s'élevait jusqu'à 5 1/2. Sa hauteur moyenne, tout près de la pierre, était probablement d'environ 3 pouces, et elle s'amincissait ensuite jusqu'à disparaître. S'il en est ainsi, une couche de terre fine, large de 15 pouces et épaisse en moyenne de 1 1/2 pouce, assez longue pour entourer entièrement cette plaque très allongée, aurait été, en 35 ans, apportée à la surface par les vers, et cela surtout de dessous la pierre. Cette quantité suffirait amplement à expliquer qu'elle se soit affaissée d'environ deux pouces dans le sol, surtout si nous considérons qu'une grande quantité de la terre la plus fine aurait été enlevée par les fortes pluies aux déjections déposées sur la bordure en pente, et serait descendue jusqu'au niveau de la prairie. Tout près de la pierre on voyait quelques déjections de fraîche date. Néanmoins, en creusant un large trou, à une profondeur de 18 pouces, là, où la pierre avait reposé, on ne vit que deux vers et un petit nombre de galeries, et cependant le sol était humide et semblait favorable aux vers. Il y avait, il est vrai, de grandes colonies de fourmis sous la pierre, et il est bien possible que le nombre des vers ait diminué depuis que celles-ci s'y étaient établies.

La troisième pierre n'était qu'environ moitié aussi grosse que les autres, et deux forts garçons ensemble auraient pu la renverser. Je suis sûr qu'elle l'avait été à une époque assez récente, car elle gisait maintenant à quelque distance des deux autres pierres, à la base d'une petite pente voisine. Elle reposait aussi sur de la terre fine, au lieu d'être en partie sur des débris de briques. Ce qui concorde avec cette hypothèse, c'est que la bordure de gazon élevée d'alentour, n'avait que 1 pouce de hauteur en certains endroits et 2 pouces en d'autres. Il n'y avait pas de colonies de fourmis sous la pierre et, en creusant un trou, là où elle avait reposé, on trouva plusieurs galeries et un certain nombre de vers.

A Stonehenge, quelques-unes des pierres druidiques de la rangée externe sont maintenant couchées, elles sont tombées à une époque reculée, mais inconnue, et se sont enterrées à une profondeur assez grande dans le sol. Des bordures de gazon en pente les entourent, bordures sur lesquelles on voit des déjections de fraîche date. Tout près de l'une de ces pierres couchées, qui avait dix-sept pieds de long, 6 de large et 28 $1/2$ pouces d'épaisseur, on creusa un trou, et ici la terre végétale était épaisse d'au moins 9 $1/2$ pouces. A cette profondeur, on trouva une pierre de silex et, un peu plus haut, d'un côté du trou, un fragment de verre. La base de la pierre gisait à peu près à 9 $1/2$ pouces au-dessous du niveau du sol environnant, et sa surface supérieure le dépassait de 19 pouces.

On creusa aussi un trou tout près d'une autre pierre de grande taille qui, en tombant, s'était brisée en deux; à en juger par l'aspect décomposé des deux bouts fracturés, cette chute devait avoir eu lieu il y avait bien longtemps. La base était enterrée à une profondeur de 10 pouces, comme on le constata en enfonçant horizontalement au-dessous, dans le sol, une pique de fer. La terre végétale qui formait la bordure recouverte de gazon s'élevant en pente tout autour de la pierre, avait 10 pouces d'épaisseur, et beaucoup de déjections y avaient été déposées depuis peu. Il fallait bien que cette terre fût apportée de dessous sa base par les vers; car, à 8 toises de la pierre, la terre n'avait que 5 $1/2$ pouces d'épaisseur (à la profondeur de 4 pouces, il se rencontra un morceau de pipe à fumer) et celle-ci reposait sur des fragments de silex et de chaux, qui n'auraient guère pu céder à la pression ou au poids de la pierre.

En travers d'une troisième pierre renversée, large de 7 pieds neuf pouces, on fixa une baguette bien droite dans une direction dont on détermina l'horizontalité à l'aide d'un niveau à bulle d'air. On releva ainsi le contour des parties proéminentes et du sol adjacent; celui-ci n'était pas tout à fait horizontal, comme le montre le diagramme ci-contre (*fig.* 7), à

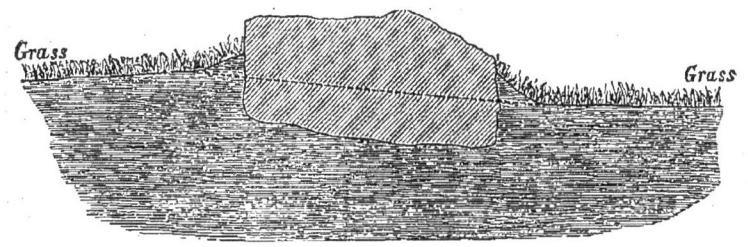

Fig. 7. Section de l'une des pierres druidiques renversées à Stonehenge, montrant combien elle s'est affaissée dans le sol. Echelle de 1/2 pouce à 1 pied.

l'échelle de 1/2 pouce à 1 pied. La bordure recouverte de gazon s'élevait en pente jusqu'à la pierre, d'un côté à 4 pouces de hauteur au-dessus du niveau général et, du côté opposé, à seulement 2 1/2 pouces. On creusa un trou du côté situé vers l'est, et là on trouva que la base de la pierre gisait à une profondeur de 4 pouces au-dessous du niveau général du sol, et de 8 pouces au-dessous de la partie la plus élevée de la bordure de gazon inclinée.

On a maintenant assez de preuves pour montrer que de petits objets placés à la surface du sol, là où les vers se trouvent en grand nombre, sont bientôt enterrés, et que de grandes pierres s'affaissent lentement de la même manière. On a pu suivre la chose pas à pas, depuis le dépôt accidentel d'une seule déjection sur un petit objet gisant librement à la surface, jusqu'à l'empêtrement de cet objet parmi le réseau de racines d'herbes, et jusqu'à ce qu'enfin il se trouve plongé complètement dans la terre, à des profondeurs variables au-dessous de la surface. Quant, après un intervalle de quelques années, on examina de nouveau le même champ, ces objets se trouvèrent à une profondeur plus grande qu'auparavant. Les objets enfoncés forment des lignes droites régulières et parallèles à la surface du sol ; c'est là le trait le plus saillant de leur disposition. Ce parallélisme montre en effet avec quelle égalité les vers doivent avoir travaillé, mais le résultat vient en partie de ce que la pluie a entraîné en bas des déjections fraîchement déposées. Le poids spécifique des objets n'affecte pas la vitesse dont ils s'affaissent ; c'est ce que l'on a vu pour des cendres poreuses, de la marne calcinée, de la chaux et des cailloux de quartz qui tous se sont affaissés jusqu'à la même profondeur, dans le même temps. Vu la nature du sous-sol qui, à Leith Hill Place, était sablonneux et renfermait des morceaux de roc en grand nombre, et, à Stonehenge, des moellons de craie avec fragments de silex ; vu aussi la présence de la bordure de terre, recouverte de gazon, qui s'élève tout autour des gros fragments de pierre dans ces deux endroits, il ne paraît pas que l'affaisement ait été accéléré d'une façon sensible par leur poids, bien qu'il fût considérable[1].

Nombre de vers vivant dans un espace donné. — Nous allons maintenant montrer deux choses ; d'abord quel grand nombre de vers vivent inaperçus sous nos pieds, et en second lieu, quel est le poids véritable de la terre qu'ils apportent à la surface, dans un espace donné et en un temps donné. Hensen, qui a publié une description si complète et si intéressante des habitudes des vers[2], calcule que d'après le nombre qu'il trouva dans un espace mesuré, il doit en vivre 133,000 dans un hectare de terre, ou 53,767 dans un acre. La masse des vers, dans ce dernier cas, pèserait 356 livres, si l'on prend comme poids typique d'un ver celui de 1 gramme, indiqué par Hensen. Mais il faut faire attention que ce calcul se base sur le nombre de vers trouvés dans un jardin, et Hensen croit qu'ils y sont deux fois aussi nombreux que dans les champs de blé. Le résultat précédent, tout étonnant qu'il soit, me semble croyable, si j'en juge d'après le nombre de vers que j'ai vus moi-même en certains cas, et d'après celui des vers détruits journellement par les oiseaux, sans que l'espèce soit exterminée. Quelques barriques de mauvaise bière avaient été

---

[1] M. R. Mallet fait observer (*Quarterly Journal of Geolog. Soc.*, vol. XXXIII, 1877, p. 745) que : « il est aussi remarquable « qu'instructif de voir à quel point s'est tassé le sol au-dessous « des fondations de monuments massifs d'architecture, comme « des tours de cathédrales. Le montant de la dépression se me-« sure par pieds en quelques cas » ; il existe comme exemple la « Tour de Pise, mais en ajoutant que ses fondations reposent sur « de l'argile compacte. »

[2] *Zeitschrift für wissensch.* Zoolog., vol. XXVIII, 1877, p. 354.

abandonnées sur un champ de M. Miller [1], dans l'espérance d'en faire du vinaigre ; mais il se trouva que le vinaigre était mauvais aussi, et on vida les barriques. Il m'aurait fallu dire, tout d'abord, que l'acide acétique est, pour les vers, un poison tellement mortel, que M. Perrier a trouvé qu'une baguette de verre trempée dans cet acide et ensuite dans une quantité considérable d'eau, où des vers étaient submergés, amena invariablement leur mort en peu d'instants. Le lendemain du jour où les barriques avaient été vidées, « les « tas de vers qui gisaient morts sur le sol étaient si « prodigieux, que, si M. Miller ne les avait pas vus, « il n'aurait pu croire à la possibilité de leur existence « en tel nombre dans cet espace. » Une autre preuve du grand nombre des vers qui vivent dans le sol, est aussi donnée par Hensen ; dans un jardin, il trouva, dans un espace de 14 $\frac{1}{2}$ pieds carrés, 64 galeries ouvertes, c'est-à-dire 9 par deux pieds carrés. Mais, quelquefois les galeries sont beaucoup plus nombreuses, car, en creusant dans une prairie près de Maer Hall, j'ai trouvé une plaque de terre sèche, large comme mes deux mains ouvertes, et elle était traversée par 7 galeries de la largeur d'une plume d'oie.

Poids de la terre rejetée par une seule galerie, et par toutes les galeries dans un espace donné. — Quant aux poids de la terre rejetée journellement par les vers, Hensen a trouvé qu'il s'élevait, dans les cas de quelques vers tenus par lui renfermés et nourris,

[1] Consulter la note de M. Daucer dans *Proc. Phil. Soc. of Manchester*, 1877, *p*. 248.

semble-t-il, de feuilles, à seulement 0,5 de gramme, ou moins de 8 grains par jour. Mais, dans l'état naturel, la quantité rejetée doit nécessairement être beaucoup plus grande à l'époque où ils consomment de la terre comme nourriture au lieu de feuilles, et où ils font des galeries profondes. C'est ce que rendent à peu près certain les poids suivants de déjections reportées à l'ouverture de galeries simples ; le tout paraissait avoir été rejeté en peu de temps. On fit sécher (excepté dans un cas indiqué) les déjections en les exposant pendant un grand nombre de jours au soleil ou à un grand feu.

POIDS DES DÉJECTIONS ACCUMULÉES A L'OUVERTURE D'UNE GALERIE SIMPLE

	Onces.
(1.) Down, Kent (sous-sol d'argile rouge, rempli de silex, superposé à la craie.) Déjection la plus considérable que j'aie pu trouver sur les flancs d'une vallée abrupte, le sous-sol étant ici peu profond. Dans ce cas particulier, la déjection n'avait pas été bien séchée.	3.98
(2.) Down. — Déjection la plus considérable (consistant principalement de matière calcaire) que j'aie pu trouver, dans un pâturage extrêmement pauvre, au fond de la vallée mentionnée au n° 1.	3.87
(3.) Down. — Déjection considérable, mais pas de grandeur extraordinaire, provenant d'un champ à peu près horizontal, qui était un pauvre pâturage ; il avait été semé trente-cinq ans environ auparavant.	1.22
(4.) Down. — Poids moyen de 11 déjections peu considérables, déposées sur une surface en pente de ma prairie, après qu'ils eurent perdu de leur poids par l'exposition à la pluie pendant une longue période de temps.	0.7
(5.) Environs de Nice en France. — Poids moyen de 12 déjections de dimensions ordinaires, recueillies par M. le Dr King, sur un sol qui n'avait pas été fauché depuis longtemps et où les vers habitaient en grand nombre. C'était une prairie protégée par des arbrisseaux, près de la mer. Le sol était sablonneux et calcaire, et les déjections avaient été exposées pendant quelque temps à la pluie avant d'être recueillies, et elles avaient dû perdre un peu de leur poids par voie de désagrégation, mais leur forme était restée intacte.	1.37

		Onces.
(6.)	La plus pesante des 12 déjections précédentes.	1.76
(7.)	Bengale inférieur. — Poids moyen de 22 déjections recueillies par M. J. Scott, et ayant été, comme il le rapporte, déposées dans le courant d'une à deux nuits.	1.24
(8.)	La plus pesante des 22 déjections précédentes.	2.09
(9.)	Monts Nilgiri (sud de l'Inde). — Poids moyen des 5 déjections les plus considérables recueillies par M. le Dr King. Elles avaient été exposées à la pluie de la dernière mousson et avaient dû perdre un peu de leur poids.	3.15
(10.)	La plus pesante des 5 déjections précédentes.	4.85

Dans ce tableau, nous voyons que les déjections qui avaient été déposées à l'ouverture de la même galerie, et qui, dans la plupart des cas, paraissaient de fraîche date et conservaient toujours leur configuration vermiforme, pesaient généralement plus d'une once après avoir été séchées, et quelquefois elles étaient presque d'un quart de livre. Dans les monts Nilgiri, une déjection dépassait même ce dernier poids. En Angleterre, les déjections les plus considérables se trouvèrent sur une terre de pâturage extrêmement pauvre ; et, autant que j'ai pu voir, elles sont généralement plus grandes que celles d'une terre produisant une riche végétation. On dirait que les vers ont dû avaler une plus grande quantité de terre dans un terrain riche que dans un pauvre pour trouver une nourriture suffisante.

Quant aux déjections turriformes des environs de Nice (n°s 5 et 6 du tableau précédent), M. le Dr King en a souvent trouvé 5 à 6 sur un pied carré de surface ; et, à en juger d'après leur poids moyen, elles auraient pesé ensemble 7 onces et demie, et ainsi le poids de celles sur une toise carrée aurait été de quatre livres, trois onces et demie. Vers la fin de 1872, M. le Dr King recueillit, sur la surface d'un pied carré, toutes les déjections qui étaient encore vermiformes, qu'elles fussent cassées ou non ; l'endroit présentait beaucoup de vers, était situé au sommet d'un bord escarpé, et des déjections n'avaient pas pu y rouler de plus haut. D'après l'apparence de ces déjections, par rapport aux périodes de pluie et de sécheresse aux environs de Nice, il estima qu'elles avaient dû être déposées dans l'espace des 5 à 6 mois précédents ; leur poids était de 9 onces et demie ou 5 livres, 5 onces et demie par toise carrée. Après un intervalle de 4 mois, M. le Dr King recueillit toutes les déjections déposées ultérieurement sur le même pied carré de surface, et elles pesaient 2 onces et demie ou une livre, 6 onces et demie par toise carrée. Ainsi donc, en dix mois environ, ou, pour parler en toute sûreté de cause, en un an, il se trouva 12 onces de déjections déposées sur ce pied carré ou six livres soixante-quinze centièmes par toise carrée, et cela donnerait 14 tonneaux cinquante-huit centièmes par acre.

Dans un champ situé au fond d'une vallée, dans la craie (voir le n° 2 du tableau précédent), on mesura un carré d'une toise à un endroit où il y avait abondance de déjections très grandes ; elles paraissaient d'ailleurs presque aussi nombreuses dans quelques autres places. Ces déjections, de forme encore parfaitement vermiculaire, furent recueillies et, après un séchage partiel, elles pesaient une livre 13 onces et demie. Ce champ avait été roulé, au moyen d'un lourd rouleau spécial, cinquante-deux jours auparavant, et cela avait dû certainement aplatir toutes les déjections à la surface. Le jour où on les recueillit, le temps était très sec depuis 2 à 3 semaines et pas une déjection n'avait l'air d'être fraîche ou d'avoir été déposée récemment. Nous sommes donc en droit de supposer que celles que nous avions pesées avaient été rejetées dans les 45 jours écoulés depuis le roulage du champ, c'est-à-dire une semaine de moins que toute la période en question. J'avais examiné cette même partie du champ avant le roulage et alors il y avait en abondance des déjections fraîches. Les vers ne travaillent pas par la sécheresse en été, ni en hiver par de fortes gelées. Admettons-nous qu'ils ne travaillent que la moitié de l'année (mais c'est là une évaluation trop basse), alors les vers rejetteraient dans ce champ pendant l'année, 83, 87 livres par toise carrée ou 18, 12 tonneaux par acre, en supposant que la production des déjections fût égale sur toute sa surface.

Dans les cas précédents, quelques-unes des données nécessaires ont dû être déterminées approximativement, mais dans les deux qui suivent, les résultats sont beaucoup plus dignes de confiance. Une dame, à l'exactitude de laquelle je puis m'en rapporter aveuglément, m'offrit de recueillir pendant une année toutes les déjections déposées sur deux carrés d'une toise en des endroits différents, près de Leith Hill-Place, en Surrey. Le montant recueilli fut cependant un peu moindre que celui originairement rejeté par les vers; mais comme je l'ai déjà fait remarquer à plusieurs reprises, toutes les fois que des déjections sont déposées pendant une forte pluie ou peu de temps après, celle-ci emporte avec elle une grande partie de la terre la plus fine. De petits morceaux adhéraient aussi aux brins d'herbe environnants et il eût fallu trop de temps pour détacher chacun d'eux. Sur un sol sablonneux, comme dans le cas actuel, les déjections sont sujettes à s'ébouler après la sécheresse, et c'est ainsi que souvent il s'en perd de petites portions. Il arriva aussi qu'à l'occasion la dame s'absenta de chez elle une semaine ou deux et alors les déjections ont dû perdre encore davantage par l'exposition aux actions atmosphériques. Ces pertes furent d'ailleurs compensées jusqu'à un certain point parce que, sur un des carrés, on recueillit les matières rejetées 4 jours de plus qu'un an, et sur l'autre, 2 jours de plus que cette période.

Le 9 octobre 1870, on choisit un espace sur une large terrasse gazonnée qui avait été fauchée et balayée pendant nombre d'années. Elle regardait vers le sud, mais était ombragée pendant une partie du jour par des arbres. Elle avait été formée au moins un siècle auparavant par une grande accumulation de fragments de grès grands et petits, avec un peu de terre sablonneuse tassée et nivelée. Il est probable qu'elle fut tout d'abord protégée par un revêtement de gazon. A en juger par le nombre de déjections qui s'y trouvaient, cette terrasse n'était guère favorable à l'existence des vers, en comparaison des champs voisins et d'une autre terrasse située plus haut. Il y avait vraiment lieu de s'étonner de voir que tant de vers pussent y vivre; car en creusant un trou dans cette terrasse, on trouva que la terre végétale noire, avec le gazon, n'avait que 4 pouces d'épaisseur, et au-dessous venait le lit plan, de terre sablonneuse de couleur claire avec beaucoup de fragments de grès. Avant de recueillir aucune déjection, on enleva soigneusement celles antérieurement déposées. Les dernières furent ramassées le 14 octobre 1871. On sécha alors soigneusement les déjections en les exposant à un feu et elles pesaient exactement 3 $^1/_2$ livres. Cela donnerait pour une acre de terre pareille 7,56 tonneaux de terre sèche rejetée chaque année par les vers.

Le second carré fut pris sur un terrain ordinaire sans clôture, à une hauteur d'environ 700 pieds au-dessus de la mer, et à une petite distance de Leith Hill Fower. La surface était revêtue de gazon fin et court; elle n'avait jamais été remuée par la main humaine. L'endroit choisi ne paraissait ni particulièrement favorable, ni défavorable aux vers; mais j'ai souvent remarqué que les déjections sont surtout abondantes sur de la terre ordinaire, ce qu'on pourrait bien attribuer à la pauvreté du sol. La terre végétale avait ici de 3 à 4 pouces d'épaisseur. Cet endroit étant à quelque distance de la maison de la dame, les déjections n'y furent pas recueillies à des intervalles aussi courts que pour celles de la terrasse; la perte de terre fine en temps de pluie devra donc avoir été plus grande dans ce cas-ci que dans le précédent. D'autre part, les déjections étaient plus sablonneuses, et en les recueillant par un temps sec, elles s'émiettaient quelquefois en poussière et il s'en perdait ainsi beaucoup. Il est donc certain que les vers ont apporté à la surface une quantité de terre beaucoup plus considérable que celle qui fut recueillie. La dernière fois qu'on en ramassa, ce fut le 27 octobre 1871, c'est-à-dire 367 jours après que le carré avait été délimité et la surface débarrassée des déjections déposées antérieurement. Après un séchage soigneux, les déjections ramassées pesaient 7,453 livres, ce qui donnerait pour une acre de la même espèce de terre 16,1 tonneau de terre sèche rejetée par an.

SOMMAIRE DES QUATRE CAS PRÉCÉDENTS

(1.) Déjections déposées aux environs de Nice dans le cours d'à peu près un an, sur 1 pied carré de surface; M. le Dr King, qui les a recueillies, a calculé qu'elles fourniraient 14,58 tonneaux par acre.

(2.) Déjections déposées pendant à peu près 45 jours sur une toise carrée, dans un champ de maigre pâturage, au fond d'une large vallée creusée dans la craie; on a calculé qu'elles donneraient annuellement 18,12 tonneaux par acre.

(3.) Déjections recueillies sur une toise carrée d'une vieille terrasse à Leith Hill Place, pendant 369 jours; on a calculé qu'elles fourniraient 7,56 tonneaux par acre et par an.

(4.) Déjections recueillies sur une toise carrée à Leith Hill Common (Prairie), dans le cours de 367 jours; elles rendraient annuellement 16,1 tonneaux par acre.

Epaisseur de l'assise de terre végétale que formeraient les déjections déposées dans le cours d'un an, si on les éparpillait d'une façon uniforme. — Les deux derniers cas du tableau précédent nous ont appris le poids des déjections séchées, déposées dans le cours d'un an sur une toise carrée de surface; je voulus savoir quelle serait l'épaisseur d'une assise de terre végétale ordinaire, formée par cette masse, si on la disséminait d'une façon uniforme sur une toise carrée. Les déjections sèches furent pour cela brisées en petites parcelles, placées dans une mesure de capacité et en même temps bien secouées et tassées. Celles recueillies sur la terrasse donnèrent 124, 77 pouces cubiques ; éparpillées sur une toise carrée, cela ferait une assise épaisse de 0,09612. Celles recueillies sur le Common (Prairie) s'élevaient à 197, 56 pouces cubiques, et feraient une assise de 0,1524 pouce d'épaisseur.

Ces indications d'épaisseur ont cependant besoin d'une correction, car les déjections, après avoir été triturées, bien secouées et tassées, étaient loin de former une masse aussi compacte que la terre végétale, bien que chaque parcelle séparée fût très compacte. Mais la terre végétale n'est guère compacte elle-même, comme le montre le grand nombre de bulles d'air qui s'élèlèvent de sa surface, quand on la met sous l'eau. En outre, un grand nombre de petites racines la traversent. Pour déterminer d'une façon approximative combien augmenterait de masse, de la terre végétale ordinaire, si on la brisait en petites parcelles et qu'on la séchât ensuite, on mesura un bloc mince, oblong, de terre un peu argileuse (le gazon une fois enlevé) avant de le briser, puis on le desséchat bien et le mesura de nouveau. A en juger de mesurages extérieurs seulement, il perdit $1/7$ de son volume primitif. Il fut alors trituré et en partie réduit en poussière, de la même manière qu'on avait traité les déjections et son volume (malgré le ratatinement par le fait du séchage) dépassait maintenant d' $1/16$ celui du bloc primitif de terre humide. Ainsi donc, l'épaisseur précédemment calculée de l'assise formée par les déjections provenant de la *Terrace* une fois humides et disséminées sur une toise carrée, devrait être réduite d' $1/16$, ce qui réduirait l'assise à 0,09 de pouce, de sorte que dans le cours de 10 ans, il se formerait une assise de 0,9 d'épaisseur. D'après le même principe, les déjections provenant du *Common* constitueraient, dans le cours d'une seule année, une assise de 0,1429 de pouce, ou de 1,429 en 10 ans. Nous pouvons dire en nombres ronds que, dans le premier cas, l'épaisseur s'élèverait à environ 1 pouce, et dans le second à environ 1 $1/2$ pouce en 10 ans.

Pour comparer ces résultats avec ceux déduits de la vitesse avec laquelle s'enfouissent de petits objets laissés à la surface des prairies (comme je l'ai décrit dans la première partie de ce chapitre), je donnerai le tableau suivant.

TABLEAU DE L'ÉPAISSEUR DE LA TERRE VÉGÉTALE ACCUMULÉE SUR DES OBJETS ÉPARPILLÉS A LA SURFACE DANS LE COURS DE DIX ANS.

La terre végétale accumulée en 14 3/4 ans à la surface d'une prairie sèche, sablonneuse, près de Maer Hall, s'élevait à 2,2 pouces en 10 ans.

Le montant de la terre accumulée en 21 1/2 ans sur un champ marécageux près de Maer Hall, était d'environ 1,9 pouce en 10 ans.

L'accumulation, en 7 ans, sur un champ très marécageux, près de Maer Hall, s'élevait à 2,1 pouces en 10 ans.

En 27 ans, l'accumulation sur une bonne terre de pâture, argileuse, reposant sur la craie à Down, s'élevait à 2,2 pouces en 10 ans.

La terre accumulée en 30 ans sur le flanc d'une vallée reposant sur la craie, à Down, et où le sol était argileux, très pauvre, et venait seulement d'être converti en pâturage (et, par suite, il était pour quelques années peu favorable aux vers), s'élevait à 0,83 pouce en 10 ans.

Dans ces différents cas, à l'exception du dernier, on peut voir que le montant de la terre apportée à la surface pendant 10 ans, est un peu plus grand que celui calculé d'après les déjections pesées. Ce surplus peut s'expliquer par la perte que la pluie avait antérieurement fait subir aux déjections, par l'adhésion de parcelles aux brins d'herbe environnants, et par l'émiettement des déjections, lorsqu'elles sont sèches. Nous ne devons pas non plus perdre de vue d'autres agents qui, dans tous les cas ordinaires, ajoutent au montant de la terre végétale et qui ne seraient pas compris dans les déjections qui ont été recueillies, et notamment la terre fine apportée à la surface par des larves fouisseuses et des insectes du même genre, et spécialement par les fourmis. La terre apportée à la surface par les taupes a généralement une apparence un peu différente de celle de la terre végétale ; mais au bout d'un certain temps elle ne pourrait plus s'en distinguer. D'autre part, dans les pays secs, le vent joue un rôle important en transportant la poussière d'un lieu à l'autre; il doit ainsi augmenter la terre végétale, même en Angleterre, sur les champs situés près des grandes routes. Mais dans notre district, ces diverses influences de la dernière espèce n'ont qu'une importance tout à fait secondaire, comparées avec l'action des vers.

Les moyens nous manquent pour juger quel poids de terre un seul ver de bonne taille rejette en un an.

Hensen affirme qu'il existe 53,767 vers dans une acre de terre ; mais cette évaluation est basée sur le nombre d'animaux trouvés dans les jardins, et il pense qu'il n'en vit que moitié autant environ dans les champs de blé. On ne sait pas combien il en vit dans les vieilles prairies ; mais en supposant qu'il vive moitié du nombre précédent, ou 26,886 dans un sol de ce genre, et en prenant, d'après le tableau de tout à l'heure, 15 tonneaux comme le poids des déjections déposées annuellement sur une acre, chaque ver doit rejeter 20 onces par an. Une déjection de bonne taille, à l'ouverture d'une seule galerie a souvent, comme nous l'avons vu, plus d'une once de poids ; et il est probable que les vers rejettent plus de vingt d'elles en un an. S'ils rejettent plus de 20 onces par an, nous sommes en droit de conclure que le nombre des vers qui vivent dans une acre de pâturage doit être inférieur à 26,886.

Les vers vivent principalement dans la terre végétale de la surface, et elle est d'ordinaire épaisse de 4 ou 5 pouces à 10 et même 12 ; et c'est cette terre végétale qui passe et repasse par leur corps et est apportée à la surface. Mais il arrive que les vers creusent dans le sous-sol à une profondeur beaucoup plus grande, et alors ils apportent de cette profondeur plus grande de la terre, et cela a continué d'avoir lieu pendant des périodes de temps incalculables. L'assise superficielle de terre végétale finirait donc, bien qu'avec une vitesse de plus en plus ralentie, par acquérir une épaisseur égale à la profondeur même à laquelle les vers poussent leurs galeries, s'il n'y avait pas d'autres influences agissant pour reporter à un niveau plus bas une partie de la terre la plus fine continuellement amenée à la surface par les vers. Quant à savoir quelle épaisseur la terre végétale peut atteindre, c'est là un point sur lequel je n'ai pas eu l'occasion de faire des observations concluantes; dans le chapitre prochain, nous verrons que le sol s'accroît réellement, bien que sans doute à un faible degré, par l'action des vers; mais leur œuvre capitale, c'est de séparer les parcelles les plus fines des plus grosses, de mêler le tout de débris végétaux et de le saturer de leurs sécrétions intestinales.

Enfin, à considérer les faits indiqués dans ce chapitre, — l'enfouissement de petits objets et l'affaissement de grosses pierres laissées à la surface, le grand nombre de vers qui vivent sur une étendue de sol modérée, le poids des déjections déposées à l'ouverture d'une seule et même galerie, le poids de toutes les déjections déposées en un temps donné sur un espace mesuré d'avance, — à considérer, dis-je, tout cela, personne ne doutera encore que les vers ne jouent un rôle important dans la nature.

CHAPITRE IV

Rôle joué par les vers dans l'enfouissement de monuments anciens.

L'accumulation de décombres sur l'emplacement des grandes villes est indépendante de l'action des vers. — Enfouissement d'une villa romaine à Abinger. — Le sol et les parois sont traversés par les vers. — Affaissement d'un pavé moderne. — Pavé enfoui à Beaulieu-Abbey (abbaye de Beaulieu). — Villas romaines de Chedwork et de Brading. — Restes de la ville romaine à Silchester. — Nature des débris dont les restes de cette ville sont recouverts. — Pénétration des parquets et des parois en mosaïque par les vers. — Affaissement des parquets. — Épaisseur de la terre végétale. — La vieille ville romaine de Wroxeter. — Épaisseur de la terre végétale. — Profondeur des fondations de quelques-uns des monuments. — Conclusion.

Il est probable que les archéologues ne se doutent pas de ce qu'ils doivent aux vers pour la conservation de beaucoup d'objets anciens. Si l'on abandonne à la surface du sol des pièces de monnaie, des ornements d'or, des instruments de pierre, etc., ils seront infailliblement enfouis en peu d'années par les déjections des vers, et ils seront ainsi conservés en sûreté, jusqu'à ce que, à quelque époque future, on retourne la terre. Par exemple, il y a longtemps, on laboura une prairie sur la rive septentrionale de la Saverne, non loin de Shrewsbury, et on trouva un nombre étonnant de pointes de flèche en fer au fond des sillons ; ces pointes sont, croit M. Blakeway, antiquaire de l'endroit, des restes provenant de la bataille de Shrewsbury, en 1403, et il n'y a pas de doute qu'elles aient été à l'origine, laissées disséminées sur le champ de bataille. Dans ce chapitre-ci, je vais montrer que non-seulement des instruments, mais que les parquets et les restes d'un grand nombre de monuments anciens de l'Angleterre ont été si bien enfouis, en grande partie par l'action des vers, qu'ils n'ont été découverts récemment que par diverses circonstances accidentelles. Il ne s'agit pas ici des lits énormes de décombres, de plusieurs toises d'épaisseur, qui gisent au-dessous de beaucoup de grandes villes, comme Rome, Paris et Londres, et dont les assises inférieures remontent à une haute antiquité ; car ces lits n'ont en aucune façon été influencés par les vers. Si nous considérons combien de matériaux il entre chaque jour dans une grande ville pour la construction des édifices, le chauffage, l'habillement et le ravitaillement, et combien était, comparativement minime, la quantité qui en sortait, dans les temps anciens, quand les chemins étaient mauvais et que le nettoyage des rues était négligé ; nous serons bien d'accord avec Elie de Beaumont, quand il dit en discutant le sujet : « Pour une « une voiture de matériaux qui en sort, on y en fait « entrer cent[1]. » Nous ne devons pas non plus oublier l'effet des feux entretenus, la démolition de vieux bâtiments et le transport des décombres à l'endroit libre le plus voisin.

[1] *Leçons de Géologie pratique*, 1845, p. 142.

Abinger en Surrey. — A la fin de l'automne de 1876, on creusa le sol d'une cour de ferme à Abinger, jusqu'à une profondeur de 2 pieds à 2 pieds et demi, et les ouvriers trouvèrent divers restes anciens. Cela amena M. T. H. Farrer, d'Abinger Hall, à faire faire des fouilles dans un champ labouré adjacent. On y ouvrit une tranchée et bientôt on découvrit une assise de béton, couverte encore en partie de *tesseræ* (petits carreaux rouges), et entourée de deux côtés par des parois écroulées. On pense [1] que cette chambre faisait partie de l'atrium ou salon de réception d'une villa romaine. On découvrit ensuite les murs de deux ou trois autres petites chambres. On trouva aussi des fragments de poteries en grand nombre, d'autres objets et des monnaies à l'effigie de plusieurs empereurs romains, depuis l'an 133 jusqu'en 361, et peut-être jusqu'en 375 après J.-C. Il y avait aussi un sou à l'effigie de Georges I, 1715. La présence de cette dernière pièce paraît une anomalie ; elle a été sans doute laissée gisant sur le sol le siècle dernier, et il s'est, depuis lors, passé bien assez de temps pour son enfouissement à une profondeur considérable sous des déjections de vers. Des différentes dates des monnaies romaines, nous pouvons conclure que la maison a été longtemps habitée. Il est probable qu'elle a été détruite et abandonnée il y a 1400 à 1500 ans.

J'étais là au commencement des fouilles (20 août

---

[1] Il a paru un compte-rendu succinct de cette découverte dans le *Times* du 2 janvier 1878, et un autre plus étendu dans le *Builder* du 5 janvier 1878.

1877); M. Farrer fit creuser deux tranchées profondes aux extrémités opposées de l'atrium, pour me per-

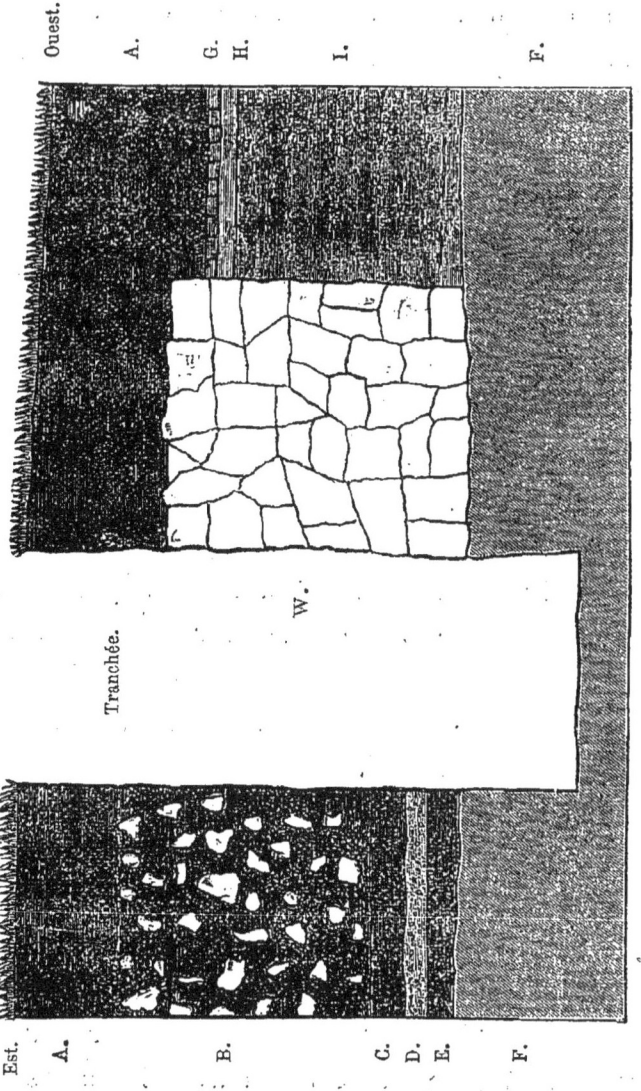

Fig. 8. — Section pratiquée à travers les fondations d'une villa romaine, enfouie à Abinger. AA, terre végétale ; BB, terre de couleur foncée, pleine de pierres, épaisse de 13 pouces ; C, terre végétale noire ; D, fragments de mortier ; E, terre noire ; FF, sous-sol resté intact ; G, *tesseræ* (mosaïque) ; H, béton ; I, couche de nature inconnue ; W, mur enfoui sous le sol.

mettre d'examiner la nature du sol auprès des restes des bâtiments. Le champ était incliné de l'est à l'ouest sous un angle de 7° environ, et l'une des deux tranchées, que montre la section ci-jointe (fig. 8), était à l'extrémité supérieure, c'est-à-dire tournée vers l'est. Le diagramme est à l'échelle de 1/20 de pouce pour un pouce ; mais la tranchée qui était de 4 à 5 pieds de largeur, et en certaines parties, profonde de plus de 5 pieds, a dû nécessairement être réduite au-delà de toute proportion. La terre fine recouvrant le parquet de l'atrium avait une épaisseur qui variait de 11 à 16 pouces ; et du côté de la tranchée figurée dans la section, elle avait un peu plus de 13 pouces d'épaisseur. Après qu'on eut enlevé la terre, le parquet se montra à peu près de niveau dans son ensemble ; mais, en certains endroits, il penchait de 1°, et, à un point près de l'extérieur, même de 8° 30'. Le mur qui entourait le pavé était construit de pierres non taillées, et il avait une épaisseur de 23 pouces, là où la tranchée avait été ouverte. Son sommet était brisé et était ici à 13 pouces, tandis qu'.l était en un autre endroit à 15 pouces au-dessous de la surface du champ, telle était en effet l'épaisseur de la terre végétale qui le recouvrait. Pourtant, en un autre point, il s'élevait jusqu'à 6 pouces de la surface. Des deux côtés de la chambre où il fut possible d'examiner avec soin la jonction du parquet de béton avec les murs extérieurs, il n'y avait pas de crevasse ni de séparation. Il se trouva plus tard que la tranchée avait été ouverte à l'intérieur d'une chambre adjacente (11 pieds sur

11 pieds 6 pouces), dont on n'avait même pas soupçonné l'existence pendant que j'étais là.

Du côté de la tranchée le plus éloigné du mur enfoui (W), la terre végétale avait une épaisseur qui variait de 9 à 14 pouces ; elle reposait sur une masse (B) de terre noirâtre, épaisse de 23 pouces, qui renfermait beaucoup de pierres. Au-dessous, il y avait une couche de terre végétale (C) très noire, puis une assise de terre remplie de fragments de mortier (D), et après une seconde couche mince (de 3 pouces environ d'épaisseur) (E) de terre végétale très noire, reposant sur le sous-sol (F) qui n'avait pas été remué ; c'était un sable ferme, jaunâtre, argileux. Le lit, épais de 23 pouces (B), était probablement du terrain rapporté, car cela aurait relevé le parquet de la chambre au même niveau que celui de l'atrium. Les deux minces lits de terre végétale noire indiquaient évidemment deux niveaux que la surface du sol avait autrefois occupés. A l'extérieur des parois de la chambre située au nord, on trouva par la suite en grand nombre des os, des coquilles d'huîtres, des cendres, des fragments de poteries et on trouva même un pot tout entier, et tout cela à une profondeur de 16 pouces au-dessous de la surface.

La seconde tranchée fut creusée du côté inférieur de la villa, c'est-à-dire de celui situé vers l'ouest : la terre végétale avait là une épaisseur de 6 pouces et demi seulement, et elle reposait sur une masse de terre fine pleine de pierres, de fragments de briques et de mortier, épaisse de 34 pouces, et au-dessous d'elle venait le sable resté intact et non remué. Il est probable que la majeure partie de cette terre avait été enlevée de la partie supérieure du champ par la pluie, et que les fragments de pierres et de briques, etc. ont dû venir des ruines immédiatement adjacentes.

Au premier abord, il semble surprenant qu'un champ de terre légère et sablonneuse ait été cultivé et labouré pendant de longues années, sans qu'on ait découvert trace de ces bâtiments. On ne soupçonnait même pas l'existence des restes d'une villa romaine si près de la surface du sol. Mais la chose surprendra moins, si l'on admet que, ainsi que le bailli le croit, le sol n'ait jamais été labouré à plus de 4 pouces de profondeur. Certainement, quand le sol a été labouré pour la première fois, le pavé et les ruines des murs environnants devaient se trouver recouverts d'au moins 4 pouces de terre, sans cela l'assise de béton en décomposition aurait été entamée par le soc de la charrue, les *tesserœ* auraient été arrachées et amenées à la surface, et le sommet des vieux murs renversé.

Tout d'abord, quand on déblaya le béton et les *tesserœ* sur une surface de 14 pieds sur 9, le sol était revêtu de terre tassée sous les pieds des ouvriers, et ne montrait rien qui prouvât qu'il avait été percé de galeries par les vers ; la terre fine de la surface ressemblait bien d'une façon exacte à celle accumulée en beaucoup d'endroits et dont on savait avec certitude qu'elle l'avait été par les vers, mais il ne paraissait cependant guère possible que cette terre eût été apportée par les vers de dessous un sol intact en apparence. Il semblait donc fort probable que les épaisses parois entourant la chambre et encore unies avec le béton, eussent été minées par les vers et eussent subi ainsi un affaissement, et que plus tard elles eussent été recouvertes par leurs déjections. Ma première idée fut donc que toute la terre fine au-dessus des ruines avait été détachée des parties supérieures du champ par la pluie; mais nous allons voir tout à l'heure que ma conclusion était certainement fausse, bien qu'il soit constaté qu'une grande quantité de terre fine est détachée par les fortes pluies dans l'état labouré dans lequel se présente maintenant la partie supérieure du champ.

Bien que tout d'abord le parquet de béton ne semblât pas avoir été traversé en aucun point par les vers, le matin suivant ils avaient soulevé de l'ouverture de sept galeries de petites plaques de la terre tassée sous les pas des ouvriers; ces galeries traversaient les parties les plus tendres du béton mis à nu, ou couraient dans les intervalles des *tesserœ*. Le matin du troisième jour, on compta 25 de ces galeries; et, en soulevant soudainement les petites plaques de terre, on vit quatre vers en train de se retirer rapidement. Deux déjections furent déposées sur le sol pendant la troisième nuit, et elles étaient de grande taille. La saison n'était pas favorable à une pleine activité des vers, et le temps avait dans les derniers jours été chaud et sec, de sorte que la plupart des vers vivaient alors à une profondeur considérable. En creusant les deux tranchées, on rencontra un grand nombre de galeries ouvertes et un certain nombre de vers à une profondeur de 30 à 40 pouces au-dessous de la surface; mais plus bas ils devenaient rares. Cependant, on coupa en travers le corps d'un vers à 48 pouces et demi de la surface, et un autre à 51 1/2. Une galerie de fraîche date garnie d'humus à l'intérieur fut aussi rencontrée à une profondeur de 57 pouces et un autre à 65 1/2.

Comme je désirais savoir combien il vivait de vers au-dessous du sol de l'atrium (espace de 14 pieds environ sur 9), M. Farrer eut la bonté de faire des observations pour mon compte, pendant les sept semaines suivantes, époque à laquelle les vers étaient en pleine activité dans le pays d'alentour, et où ils travaillaient près de la surface. Il est très peu probable que les vers aient passé du champ adjacent dans l'espace restreint de l'atrium, après qu'on eut enlevé la terre végétale de la superficie, leur séjour de prédilection. Nous sommes donc bien en droit de conclure que les galeries et les déjections que l'on vit ici les sept semaines suivantes, étaient l'œuvre de ceux qui habitaient auparavant cet espace. Je donnerai maintenant quelques indications empruntées aux notes de M. Farrer.

26 août 1877, c'est-à-dire cinq jours après qu'on eut déblayé le plancher de l'atrium. — La nuit d'auparavant il y avait eu une forte pluie qui avait bien lavé la surface, et l'on compta 40 ouvertures de galeries. Certaines parties du béton étaient, comme on vit, encore fermes, et les vers n'y avaient pas pénétré, l'eau de pluie s'y arrêtait.

5 septembre. — On voyait à la surface du sol des

traces laissées par les vers la nuit précédente ; ils avaient déposé cinq à six déjections vermiformes, mais elles étaient défigurées.

12 septembre. — Pendant les six derniers jours, les vers n'avaient pas travaillé, bien que dans les champs d'alentour nombre de déjections eussent été déposées ; mais ce jour-là la terre fut un peu soulevée au-dessus des ouvertures des galeries, où bien des déjections furent déposées en dix endroits nouveaux. Ces déjections étaient défigurées. Il faut bien s'entendre sur ce point que, lorsqu'on parle ici d'une nouvelle galerie, cela veut dire simplement en général qu'une galerie ancienne a été ouverte de nouveau. M. Farrer a été à différentes reprises frappé de la persévérance apportée par les vers à rouvrir leurs anciennes galeries, lors même qu'ils n'en rejetaient pas de terre. J'ai de mon côté souvent observé le même fait, et, en général, l'ouverture des galeries est protégée par un amas de petits cailloux, de bâtons ou de feuilles. M. Farrer a également observé que les vers vivant au-dessous du sol de l'atrium amassaient souvent, autour de l'ouverture de leurs galeries, de gros grains de sable, et toutes les petites pierres qu'ils pouvaient trouver.

13 septembre ; temps doux et humide. En 31 points différents il y eut réouverture des galeries ou déjections déposées, ces dernières toutes déformées.

14 septembre ; 34 trous ou déjections de fraîche date, ces dernières déformées toutes.

15 septembre ; 44 trous nouveaux et seulement 5 déjections, toutes déformées.

18 septembre; 43 trous nouveaux, 8 déjections déformées.

Le nombre des déjections dans les champs d'alentour était maintenant très considérable.

19 septembre ; 40 trous, 8 déjections (déformées).

22 septembre ; 43 trous, seulement quelques déjections nouvelles (déformées).

23 septembre ; 44 trous, 8 déjections.

25 septembre; 50 trous, pas d'indications sur le nombre des déjections.

13 octobre; 61 trous; le nombre des déjections n'est pas rapporté.

Après un intervalle de 3 ans, M. Farrer examina de nouveau, sur ma demande, le sol de béton et il trouva les vers encore à l'œuvre.

Sachant quelle force musculaire les vers possèdent, et voyant le béton si tendre en beaucoup de points, je ne fus pas surpris de le trouver pénétré par leurs galeries ; mais un fait beaucoup plus surprenant, c'est que M. Farrer reconnut que le mortier, entre les pierres non taillées des épaisses parois qui limitaient les chambres, avait été traversé par les vers. Le 26 août, c'est-à-dire 5 jours après la mise à jour des ruines, il observa les ouvertures de 4 galeries sur le faîte brisé de la paroi orientale (W dans la figure 8), et, le 15 septembre, on trouva d'autres ouvertures dans le même lieu. Il faut aussi noter que dans la paroi perpendiculaire de la tranchée (elle était beaucoup plus profonde qu'elle n'est représentée dans la figure 8), on découvrit 3 galeries de construction récente, courant obliquement bien au-delà de la base de l'ancienne paroi.

Nous voyons donc qu'un grand nombre de vers vivaient au-dessous du sol et des parois de l'atrium, à l'époque à laquelle on fit les fouilles ; et, ensuite, qu'ils apportaient presque journellement à la surface, de la terre provenant d'une grande profondeur. Il n'y a pas la moindre raison de douter que les vers n'aient toujours agi ainsi, depuis l'époque à laquelle le béton fut assez décomposé pour leur permettre de le traverser; et même avant cette époque, ils auront probablement habité au-dessous du sol, dès qu'il aura laissé passage à la pluie de manière à maintenir humide la terre au-dessous. Sol et parois doivent ainsi avoir été minés sans interruption, et de la terre fine a dû être accumulée par-dessus pendant de longs siècles, pendant un millier d'années peut-être. Les galeries au-dessous des parois et du sol, étaient probablement aussi nombreuses autrefois qu'elles le sont maintenant, si, avec le temps, elles ne s'étaient pas écroulées de la manière décrite plus haut, la terre sous-jacente aurait été criblée de passages comme une éponge; mais comme il n'en est rien, nous pouvons être sûrs qu'elles se sont écroulées. Le résultat inévitable d'un tel écroulement pendant des siècles consécutifs aura été l'affaissement lent du sol et des parois, et leur enfouissement sous les déjections accumulées. L'affaissement d'une surface pendant qu'elle est encore presque horizontale, peut paraître improbable au premier abord; mais la chose ne présente en réalité pas plus de difficulté que pour le cas des objets disséminés librement à la surface d'un champ, et nous avons vu que dans le cours de quelques années, ils s'étaient enfouis plusieurs pouces au-dessous de la surface, bien qu'ils formassent encore une couche parallèle à celle-ci. L'enfouissement du sentier pavé et bien de niveau dans ma prairie est un cas analogue qui s'est offert à ma propre observation. Même les parties du sol de béton que les vers n'ont point pu percer, auront été presque certainement minées et se seront affaissées comme les grandes pierres de Leith Hill Place et de Stonehenge, car le sol au-dessous doit avoir été humide. Mais la vitesse de l'affaissement n'aura pas été tout à fait égale dans les différentes parties, et le sol ne resta pas complètement de niveau. Les fondations des murs d'enceinte sont, ainsi que le montre la section, à une très petite profondeur de la surface ; elles auront donc tendu à s'affaisser à peu près aussi vite que le sol de béton. Ceci ne serait pas arrivé, si les fondations avaient été profondes comme dans le cas de quelques autres ruines romaines que nous décrirons tout à l'heure.

En dernier lieu, nous pouvons admettre qu'une grande partie de la terre végétale fine qui couvrait le sol et les restes des parois renversés de cette villa, et qui, en certains endroits, atteignait une épaisseur de 16 pouces, a été apportée d'en bas par les vers. Des faits que nous indiquerons ci-après, ne laissent pas de doute qu'une partie de la terre la plus fine, ainsi ramenée en haut, n'ait été détachée, à chacune des fortes pluies, de la surface en pente du champ. Si cela n'avait pas eu lieu, il se serait accumulé sur les ruines une plus grande quantité de terre végétale que celle qui s'y trouve à présent. Mais, outre les déjections des vers, un peu de terre apportée à la surface par des insectes et une certaine quantité de poussière, il a dû venir des parties supérieures du champ, depuis qu'il est cultivé, une grande quantité de terre fine entraînée par la pluie ; de dessus les ruines, elle sera passée dans les parties inférieures de la pente, et l'épaisseur actuelle de la terre végétale est la résultante de ces divers agents.

Je puis ajouter ici un exemple d'affaissement de pavé qui a eu lieu de nos jours; il m'a été communiqué en 1871 par M. Ramsay, directeur du Geological Survey (comité pour le relevé géologique du terrain) of England. Un passage non couvert, de 7 pieds de long sur 3 pieds 2 pouces de large, menait de sa maison dans le jardin, et était pavé de dalles de pierre de Portland. Plusieurs de ces dalles avaient une surface de 16 pouces carrés, d'autres étaient plus grandes et quelques-unes un peu plus petites. Ce pavé s'était affaissé d'à peu près 3 pouces tout le long au milieu du passage, et de deux pouces de chaque côté; c'est ce que l'on pouvait voir aux lignes de ciment qui avaient originairement uni les dalles aux murs. Le pavé était donc devenu légèrement concave tout le long au milieu ; mais il n'y avait pas d'affaissement à l'extrémité, tout près de la maison. M. Ramsay ne pouvait pas s'expliquer cet affaissement, jusqu'au moment où il remarqua que des déjections de terre noire étaient souvent déposées le long des lignes de jonction entre les dalles, déjections que le balayeur faisait régulièrement disparaître. Les différentes lignes de jonction, y compris celles d'avec les murs latéraux, avaient en tout une longueur de 39 pieds 2 pouces, le pavé n'avait pas l'air d'avoir été rechangé et la maison avait été, paraît-il, bâtie 87 ans auparavant. En tenant lieu de toutes ces circonstances, M. Ramsay ne doute pas que la terre rapportée en haut par les vers depuis le premier pavement, ou plutôt, depuis que la décomposition du mortier a permis aux vers d'y creuser leurs galeries, par conséquent en beaucoup moins de 87 ans, a suffi à faire affaisser le pavé au point indiqué plus haut; ce qui n'a pas eu lieu tout contre la maison, où le sol sous-jacent sera resté presque sec.

Beaulieu Abbey Hampshire. — Cette abbaye a été détruite par Henri VIII, et il ne reste aujourd'hui qu'une partie du mur de l'aile située vers le sud. Le roi a, pense-t-on, fait enlever la plupart des pierres pour bâtir un château; en tout cas, elles ne sont pas restées sur place. La position du transept de la nef fut déterminée, il n'y a pas longtemps, lorsqu'on trouva les fondations, et la place en est maintenant marquée par des pierres enfoncées dans le sol. Là où autrefois se dressait l'abbaye, s'étend aujourd'hui une surface unie de gazon qui ressemble à tous égards au reste du champ. Le gardien, qui est très vieux, dit que le sol n'a jamais été nivelé de son temps. En 1853, le duc de Buccleugh fit creuser trois trous dans le sol, à quelques toises l'un de l'autre, à l'extrémité occidentale de la nef, et c'est ainsi que l'on découvrit le pavé en mosaïque de l'abbaye. Ces trous furent ensuite bordés de maçonnerie et garnis de trappes de manière à pouvoir sans difficulté inspecter et conserver le pavé. En examinant l'endroit le 5 janvier 1872, mon fils William trouva que le pavé gisait dans les trois trous à des profondeurs respectives de 6 $3/4$ pouces, 10 et 11 $1/2$ au-dessous de la surface de gazon d'alentour. Le vieux gardien assura qu'il devait souvent enlever du pavé des déjections de vers, et il l'avait fait à peu près six mois auparavant. Mon fils recueillit toutes celles de l'un des trous, dont la superficie était de 5,32 pieds carrés et la masse totale pesait 7,97 onces. En admettant que cette quantité se soit accumulée en six mois, le montant en un an sur une toise carrée, serait de 1,68 livres ; c'est là, sans doute, une quantité considérable, mais elle est encore très petite, comparée à celle qui, comme nous l'avons vu, est souvent déposée dans les champs et les pâturages. Lorsque, le 22 juin 1877, je visitai l'abbaye, le vieillard me dit qu'il avait déblayé les trous environ un mois auparavant, mais bon nombre de déjections avaient été déposées depuis. Je soupçonne qu'il imagine avoir balayé le pavé plus souvent qu'il ne l'a fait en réalité, car, à plusieurs égards, les conditions étaient très peu favorables à l'accumulation même d'une petite quantité de déjections. Les carreaux sont assez larges, c'est-à-dire à peu près 5 $1/2$ pouces carrés, et le mortier entre les carreaux était, dans la plupart des endroits, intact, de sorte que les vers ne pouvaient amener de la terre de dessous qu'en certains points. Les carreaux reposaient sur un lit de béton et, en conséquence, les déjections consistaient en grande partie (à savoir, dans la proportion de 19 à 33) de particules de mortier, de grains de sable et de petits fragments de roc, de brique ou de carreau, et ces substances ne sauraient guère être agréables aux vers et, à coup sûr, elles ne sont pas nutritives pour eux.

Mon fils creusa des trous en différents endroits dans l'espace circonscrit par les anciens murs de l'abbaye et à plusieurs toises de distance des carrés en brique décrits plus haut. Il ne trouva pas de carreaux, bien qu'ils se rencontrent en d'autres parties, comme on sait ; mais en un point il rencontra du béton, sur lequel des carreaux avaient autrefois reposé. La terre végétale fine au-dessous de l'herbe, sur les côtés des différents trous, avait une épaisseur qui variait de deux pouces seulement jusqu'à 2 $3/4$ pouces et elle reposait sur une assise de 8 $3/4$ pouces à plus de 11 pouces consistant de fragments de mortier et de débris de pierres avec les intervalles exactement comblés de terre noire. Dans le champ d'alentour, à une distance de 20 toises de l'abbaye, la terre végétale fine était épaisse de 11 pouces.

Des faits précédents on peut conclure que, lorsque l'abbaye fut détruite et les pierres enlevées, il resta sur toute la surface une assise de décombres ; dès que les vers purent traverser le béton décomposé, et les jointures entre les carreaux, ils comblèrent lentement de leurs déjections les interstices laissés dans les décombres gisant au-dessus, et ces déjections s'accumulèrent ensuite jusqu'à une épaisseur de presque 3 pouces sur toute la surface. En ajoutant à cette quantité la terre qui se trouve entre les fragments de pierres, environ 5 à 6 pouces de terre ont dû être apportés de dessous le béton ou les carreaux. Le béton ou les carreaux ont dû, par conséquent, s'affaisser d'à peu près autant. La base des colonnes des aîles est maintenant enterrée sous la terre végétale et le gazon. Il n'est pas probable qu'elle ait été minée par les vers, car les fondations auront certainement été posées à une profondeur considérable. Si les colonnes ne se sont pas affaissées, les pierres dont elles étaient construites ont dû être enlevées de dessous le niveau primitif du sol.

Chedworth, Gloucestershire. — En 1866, on a découvert en ce lieu les restes d'une grande villa romaine sur un terrain qui, de temps immémorial, avait été couvert de bois. Il semble qu'on n'avait jamais soupçonné que des constructions anciennes fussent enterrées jusqu'à ce qu'un garde-chasse, en fouillant des garennes de lapins, rencontra les ruines [1]. Mais par la suite on découvrit dans différentes parties du bois, le sommet

---

[1] On a publié plusieurs descriptions de ces ruines ; la meilleure est due à M. James Farrer dans « *Proc. soc. of antiquaries of Scotland* », vol. VI, deuxième partie, 1867, p. 278. Consulter aussi J.-W. Grover, « *Journal of the British Arch. soc.*, » June, 1866. M. le professeur Buckman a également publié une brochure, intitulée : *Notes on the Roman Villa at Chedworth*, 2me édition, 1873, Cirencester.

de murs en pierres, faisant un peu saillie au-dessus de la surface du sol. La plupart des pièces de monnaie trouvées ici datent de Constance (qui mourut en 350 de l'ère chrétienne) et de la famille de Constantin. Mes fils Francis et Horace visitèrent l'endroit au mois de novembre 1877, pour déterminer le rôle que pouvaient avoir joué les vers dans l'enfouissement de ruines aussi étendues. Mais, les ruines étant entourées de trois côtés par des talus assez escarpés dont la terre est emportée en bas par la pluie, le lieu n'était guère favorable aux recherches. En outre la plupart des appartements anciens avaient été recouverts de toits pour protéger les pavés élégants de mosaïque.

Quant à l'épaisseur du sol au-dessus de ces ruines, je puis y ajouter quelques indications encore. Tout près des chambres situées vers le nord, il y a un mur endommagé dont le sommet était recouvert d'une couche de terre noire de 6 pouces d'épaisseur ; en creusant un trou du côté extérieur de ce mur, où le sol n'avait jamais été remué auparavant, on trouva de la terre noire, pleine de pierres et épaisse de 26 pouces, reposant sur le sous-sol intact d'argile jaune. A 22 pouces de la surface, on rencontra une mâchoire de cochon et un fragment de carreau. Quand on fit les premières fouilles, de grands arbres poussaient sur les ruines et le tronc de l'un d'eux était encore en place immédiatement au-dessus d'un mur de séparation près de la chambre de bains, pour montrer l'épaisseur de la couche superposée et elle s'élevait ici à 38 pouces. Dans une petite chambre qui, après avoir été déblayée, n'avait pas été recouverte d'un toit, mes fils observèrent une galerie de vers traversant le béton en décomposition et on trouva un ver en vie à l'intérieur de ce béton. Dans une autre chambre à ciel ouvert, on vit sur le sol des déjections de vers ; il s'y était ainsi accumulé un peu de terre à la surface et il y poussait maintenant de l'herbe.

Brading, île de Wight. — On y a découvert en 1880 une belle villa romaine et à la fin du mois d'octobre on avait plus ou moins complétement déblayé jusqu'à 18 chambres. On trouva une pièce de monnaie datant de 337 de notre ère. Mon fils William visita l'endroit avant la fin des fouilles ; il me communique que, dans la plupart des chambres, le sol était d'abord couvert de beaucoup de décombres et de pierres renversées dont les intervalles étaient complétement comblés de terre végétale ; dans cette terre il y avait, au dire des ouvriers, une masse de vers ; au-dessus, il y avait de la terre sans aucunes pierres. La masse entière avait dans la plupart des endroits de 3 pieds jusqu'à plus de 4 pieds d'épaisseur. Dans une chambre très grande, la terre superposée n'était épaisse que de 2 pieds 6 pouces, et, après qu'on l'eût enlevée, il y eut tant de déjections périodiquement déposées entre les carreaux qu'on fut obligé de balayer la surface presque tous les jours. Dans la plupart des chambres, le sol était bien de niveau. Le sommet des murs en ruines n'était, en certains endroits, recouvert que de 4 à 5 pouces de terre seulement, de sorte qu'à l'occasion, la charrue venait à le heurter ; mais en d'autres endroits, il était recouvert d'une épaisseur de 13 à 18 pouces de terre. Il n'est pas probable que ces murs puissent avoir été minés par les vers et s'être affaissés, car les fondations reposaient sur un sable rouge très dur dans lequel des vers ne pouvaient guère creuser de galeries. Pourtant le mortier entre les pierres des murs d'un hypocauste avait été traversé par un grand nombre de galeries de vers, comme mon fils le remarqua. Les restes de cette villa se trouvent sur un sol descendant en pente sous un angle d'environ 3 degrés et ce sol paraît être en culture depuis longtemps. Une grande quantité de terre fine a donc, sans doute, été enlevée aux parties supérieures du champ par la pluie et a puissamment contribué à l'enfouissement de ces ruines.

Silchester, Hampshire. — Les ruines de cette petite villa romaine ont été mieux conservées que n'importe quelles autres de même sorte, en Angleterre. Les restes d'un mur, haut dans la plupart des endroits de 15 à 18 pieds et s'étendant en cercle sur un mille et demi environ, circonscrivent aujourd'hui un espace d'à peu près 100 acres de terre cultivée, sur laquelle se dressent une ferme et une église [1]. Autrefois, quand le temps était sec, on pouvait poursuivre la ligne des murs ensevelis sous terre, d'après l'aspect offert par la moisson en pied; et récemment des fouilles très étendues ont été entreprises par le duc de Wellington, sous la direction de feu le Révérend J.-G. Joyce, et elles ont

---

[1] Ces détails sont empruntés à l'article « HAMPSHIRE » de l'ouvrage intitulé : *Penny Encyclopædia.*

mis à découvert un grand nombre de constructions de vastes dimensions. M. Joyce a fait des sections bien soignées, qu'il a coloriées, et il a mesuré l'épaisseur de chaque couche de décombres pendant que les fouilles se faisaient ; je dois à son obligeance des copies de plusieurs d'entre elles. Lorsque mes fils Francis et Horace allèrent visiter ces ruines, il les y accompagna et ajouta ses notes aux leurs.

M. Joyce présume que la villa a été habitée par les Romains à peu près trois siècles ; il a dû, sans doute, s'accumuler beaucoup de décombres à l'intérieur de l'enceinte pendant cette longue période. La villa paraît avoir été détruite par un incendie et la plupart des pierres qui avaient servi aux constructions ont été enlevées depuis. Ces circonstances ne facilitent pas la détermination du rôle joué par les vers dans l'enfouissement des ruines ; mais comme on a rarement ou qu'on n'a même jamais fait en Angleterre de sections soigneuses des décombres recouvrant une villa ancienne, je vais donner des copies des parties les plus caractéristiques de quelques-unes de celles faites par M. Joyce. Elles sont trop longues pour pouvoir figurer ici dans toute leur étendue.

Une section de l'est à l'ouest, longue de 30 pieds, fut faite à travers une chambre dans la basilique, appelée maintenant « salle des marchands ». Le sol dur de béton encore couvert çà et là de tesseræ, se trouva à 3 pieds au-dessous de la surface du champ qui ici était horizontal. Sur le sol de béton, il y avait deux grands tas de bois carbonisé dont un seulement est figuré dans la partie de la section ci-contre. Ce tas était couvert d'une mince assise blanche de stuc ou plâtre en décompo-

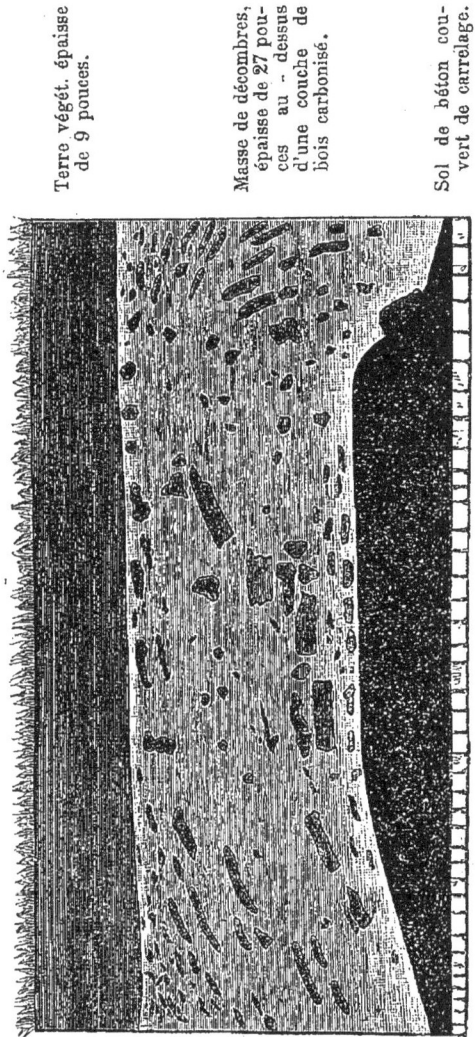

Fig. 9. — Section dans une chambre de la Basilique à Silchester. Echelle 1/18.

sition, au-dessus de laquelle était une masse d'une apparence singulièrement tourmentée et composée de morceaux de carreaux, de mortier, de décombres et de gravier fin, épaisse en tout de 27 pouces. M. Joyce pense qu'on se servit du gravier pour faire le mortier

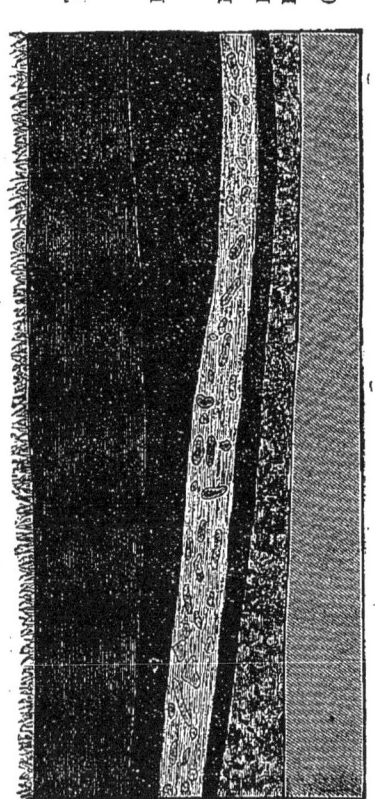

Fig. 10. — Section d'une salle de la Basilique de Silchester. Echelle 1/32.

ou béton qui s'est décomposé depuis, probablement par la dissolution d'une partie de la chaux. L'état tourmenté des décombres peut être dû à ce qu'on y a cherché depuis des pierres de construction. Ce lit était couvert de terre végétale fine, épaisse de 9 pouces. Ces faits nous permettent de conclure que la salle fut détruite par un incendie et que beaucoup de décombres tombèrent sur le sol ; les vers les traversèrent et en apportèrent lentement en haut la terre végétale qui forme maintenant la surface horizontale du champ.

La figure 10 représente une section médiane d'une autre salle de la Basilique, appelée œvarium ; cette salle a 32 pieds 6 pouces de long. Il semble que nous ayons ici les traces de deux incendies séparés par une période pendant laquelle se sont accumulés les 6 pouces de « mortier et de béton avec les fragments de carreaux. » Au-dessous d'une des assises de bois carbonisé, on a trouvé une pièce d'une grande valeur, une aigle en bronze, ce qui prouve que les soldats ont dû déserter la place dans un moment de panique. La mort de M. Joyce m'a empêché de déterminer au-dessous de laquelle des deux assises l'aigle avait été trouvée. Le lit de blocaille superposé au gravier resté intact formait, je pense, le sol primitif, car il est de niveau avec celui d'un corridor en dehors des murs de la salle ; mais le corridor n'est pas marqué sur la section donnée ci-contre. L'épaisseur maximum de la terre végétale était de 16 pouces, et de la surface du champ revêtu de gazon jusqu'au gravier resté inctact, l'épaisseur était de 40 pouces.

La section montrée par la figure 11 repésente une

excavation faite au milieu de la ville et elle est citée ici parce que le lit de « terre végétale riche » atteignait, à ce que rapporte M. Joyce, l'épaisseur assez rare de 20 pouces. Il y avait du gravier à une profondeur de

Terre végétale, épaisse de 20 pouces ;

Blocaille avec des fragments de carreaux, épaisse de 4 pouces.

Bois noir en décomposition, épais de 6 pouces au maximum.

Gravier.

Fig. 11. — Section d'une salle de la Basilique de Silchester. Echelle 1/32.

48 pouces de la surface ; mais on n'a pas déterminé s'il était là dans sa position naturelle, ou s'il avait été rapporté et renfoncé, comme cela se présente en quelques autres endroits.

La section que montre la figure 12 a été prise au centre de la Basilique, mais bien qu'elle ait 5 pieds de profondeur, on n'a pas atteint le sous-sol naturel. Le lit indiqué sous le nom de « béton » a probablement été autrefois le niveau d'un sol d'appartement, tandis que les lits au-dessous paraissent les restes de bâtisses plus anciennes. La terre végétale n'avait ici que 9 pouces d'épaisseur. Dans quelques autres sections qui n'ont pas été copiées ici, nous avons aussi des exemples de bâtiments élevés sur les ruines d'autres plus anciens. Dans un des cas, il y avait une assise d'argile jaune d'épaisseur très inégale entre deux lits de débris dont l'inférieur reposait sur un sol de tesseræ. Les restes des vieux murs paraissent avoir, dans quelques cas, été grossièrement abattus jusqu'à un niveau uniforme, de manière à fournir des fondations pour un bâtiment provisoire; M. Joyce soupçonne que quelques-uns de ces bâtiments étaient des hangars de claies plaqués d'argile, ce qui expliquerait la présence de l'assise d'argile mentionnée plus haut.

Retournons maintenant à ce qui nous intéresse plus immédiatement. On observa des déjections de vers sur le sol de plusieurs des chambres et dans l'une d'elles la mosaïque était d'une rare perfection. Les tesseræ consistaient ici de petits cubes de grès dur, d'environ 1 pouce, et plusieurs d'entre eux étaient détachés et saillaient légèrement au-dessus du niveau général. Sous tous les tesseræ détachés, on trouva une ou quelquefois deux galeries ouvertes de vers. Ainsi donc les vers avaient traversé les vieilles parois de ces ruines. On examina un mur qui venait d'être mis à jour pendant les fouilles alors entreprises; il avait été construit de gros silex et avait 18 pouces d'épaisseur.

Il paraissait encore en bon état, mais quand on enleva le sol au-dessous, on trouva, dans la partie inférieure, le mortier tellement décomposé que les silex s'en détachèrent par leur simple poids. Au milieu

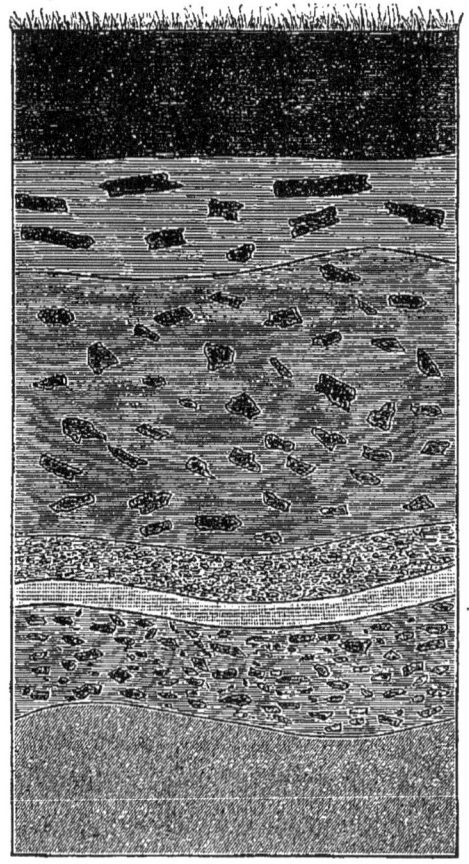

Figure 12. — Section du centre de la Basilique de Silchester.

Terre végétale épaisse de 9 pouces.

Terre de couleur claire avec de gros fragments de carreaux brisés, 7 pouces.

Décombres de couleur foncée, à grain fin, avec de petits morceaux de carreaux, 20 pouces.

Béton, 4 pouces.

Stucco, 2 pouces.

Sol artificiel avec fragments de carreaux, 8 pouces.

Terrain artificiel à grain fin, renfermant les débris de bâtiments plus anciens.

du mur, à 29 pouces de profondeur, au-dessous de l'ancien sol de la chambre et à 49 $^1/_2$ pouces de la surface du champ, on trouva un ver en vie, et le mortier était traversé par plusieurs galeries.

En mettant à découvert, pour la première fois, un autre mur, on vit sur son sommet en ruines l'ouverture d'une galerie. On la poursuivit très bas dans l'intérieur du mur en séparant les silex les uns des autres ; mais, quelques-uns d'entre eux étant fort adhérents, on dérangea le tout en abattant le mur, ce qui empêcha de poursuivre la galerie jusqu'au fond. Dans un troisième cas, les fondations en apparence bien conservées d'un autre mur gisaient à une profondeur de 4 pieds au-dessous de l'un des sols et naturellement à une profondeur bien plus considérable au-dessous du niveau de la terre. On arracha du mur un gros silex à environ un pied de la base, ce qui demanda beaucoup de force, le mortier étant encore bien conservé ; mais derrière le silex, au milieu du mur, le mortier était friable et il y avait là des galeries de vers. M. Joyce et mes fils s'étonnèrent de trouver le mortier si noir dans ce cas-ci et dans plusieurs autres, et aussi d'y rencontrer de la terre végétale à l'intérieur des murs. Il se peut qu'une partie de cette terre ait été mise là au lieu de mortier par les auteurs de ces anciennes bâtisses, mais il ne faut pas oublier non plus que les vers garnissent d'humus noir l'intérieur de leurs galeries. D'autre part, il est presque certain que des espaces libres auront été, à l'occasion, laissés entre les gros silex de forme irrégulière, et nous pouvons être sûrs que les vers auront comblé de leurs déjections ces espaces, dès qu'ils purent percer la paroi. L'eau de pluie suintant le long des galeries aura aussi transporté dans toutes les crevasses de petites parcelles de couleur foncée.

M. Joyce, au commencement, fut très sceptique à l'égard de la somme de travail que j'attribuais aux vers, mais à la fin des notes qui se rapportent aux murs mentionnés en dernier lieu, il ajoute : « Ce dernier cas me causa plus de surprise et contribua davantage à me convaincre qu'aucun autre. J'aurais pu dire, et il m'arriva de le faire, qu'il était tout à fait impossible que des vers eussent traversé un tel mur. »

Dans presque toutes les chambres, le pavé s'est affaissé beaucoup, surtout vers le milieu ; c'est ce que montrent les trois sections ci-après. On prit les mesures en tendant une corde fortement et dans une direction horizontale au-dessus du sol. La section de la fig. 13 fut prise du nord au sud en travers d'une chambre longue de 18 pieds 4 pouces, avec un pavé presque intact, tout près du « Red Wooden Hut ». Dans la moitié située vers le nord, l'affaissement allait jusqu'à 5 ³/₄ pouces au-dessous du niveau du sol, tel qu'il se trouve maintenant tout près des parois ; cet affaissement était plus considérable

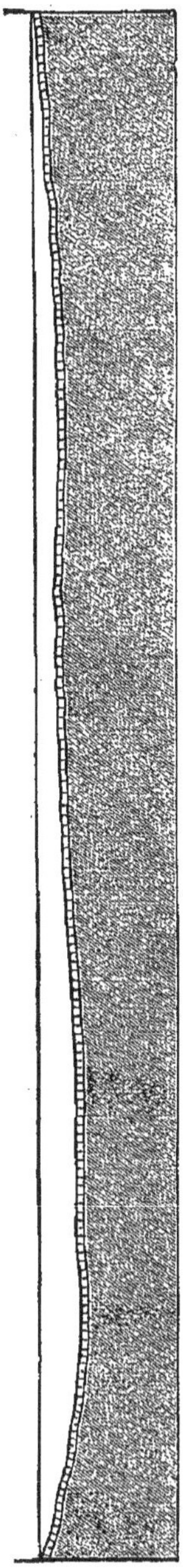

Fig. 13. — Section du sol affaissé dans une chambre pavée de tesserae à Silchester. Echelle 1/40. Nord, ligne horizontale, sud.

dans la moitié vers le nord que dans celle vers le sud ; mais d'après M. Joyce, le pavé en entier s'est évidemment affaissé. En plusieurs endroits, les tesseræ semblaient comme un peu écartés des parois, tandis que dans d'autres ils étaient encore en contact intime avec elles.

Dans la fig. 14, nous voyons une section du sol pavé du corridor méridional ou ambulatoire d'un quadrilatère dans une fouille faite près de « the Spring ». Le pavé a une largeur de 7 pieds 9 pouces, et les murs en ruines font maintenant saillie de ³/₄ de pouce au-dessous de son niveau. Le champ en pâturage était incliné ici de 3° 40 du nord au sud. La nature du sol de chaque côté du corridor est indiquée dans la section. Il consistait en terre remplie de pierres et d'autres débris, couvert d'humus foncé en couche plus épaisse du côté le plus bas, c'est-à-dire méridional, que de celui situé vers le nord. Le pavé était à peu près de niveau, sur des lignes tirées parallèlement aux parois latérales, mais il s'était affaissé au milieu jusqu'à 7 ³/₄ pouces.

Une petite chambre située non loin de celle représentée dans la fig. 13, avait été agrandie du côté méridional par le locataire romain ; il y avait ajouté 5 pieds 4 pouces dans la largeur. Pour cela, on avait abattu le mur méridional de la maison, mais les fondations de l'ancien mur étaient restées enfouies à une petite profondeur au-dessous du pavé de la chambre ainsi agrandie. M. Joyce croit que ce mur enfoui doit avoir été bâti avant le règne de Claudius II, qui mourut en 270 de l'ère chrétienne. Nous voyons dans la section

ENFOUISSEMENT D'ANCIENNES CONSTRUCTIONS 175

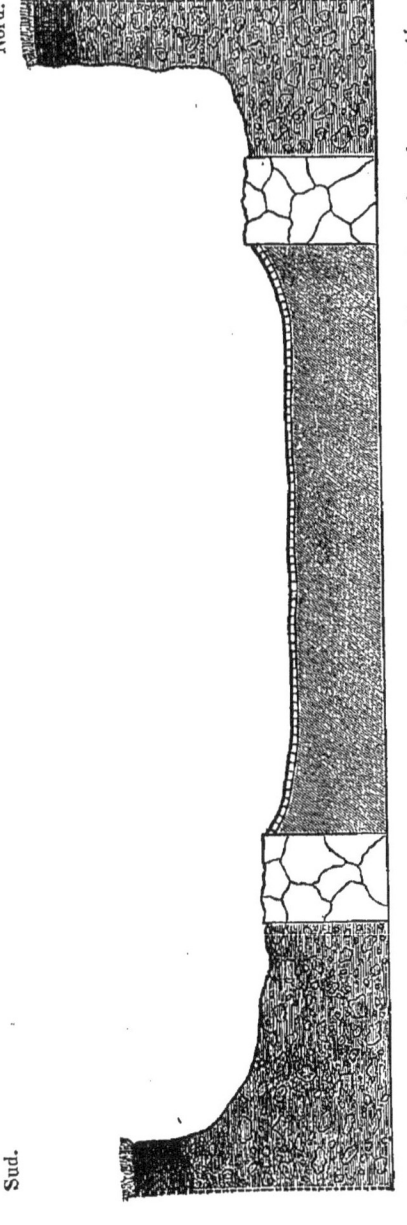

Fig. 14. — Section du nord au sud du sol affaissé d'un corridor pavé de tesseræ. En dehors des ruines des murs extérieurs, on a montré, sur une petite étendue, le sol dans lequel les fouilles étaient faites. La nature du sol au-dessous des tesseræ est inconnue. Silchester. Echelle 1/36.

ci-contre de la figure 15 que le pavé en mosaïque s'est affaissé moins au-dessus du mur enfoui qu'ailleurs ; et ainsi s'étend à travers la chambre, en ligne droite, une légère convexité ou protubérance. C'est ce qui nous amena à y faire creuser un trou, et alors on découvrit le mur enfoui dessous.

Dans ces trois sections et dans plusieurs autres qui ne sont pas données ici, nous voyons que les anciens pavés se sont affaissés considérablement. Autrefois M. Joyce attribuait cet affaissement simplement au lent tassement du sol. Qu'il y ait eu tassement jusqu'à un certain point, cela est fort probable, et on peut voir dans la section 15 qu'au-dessus de la partie de la chambre agrandie vers le sud qui doit avoir été bâtie sur un sol encore lâche, le pavé s'était, sur une largeur de 5 pieds, affaissé un peu plus qu'il ne l'avait fait dans la partie ancienne au nord. Mais cet affaissement peut bien n'avoir pas de rapport avec l'agrandissement de la chambre; car, dans la figure 13, une moitié du pavé s'est affaissée plus que l'autre moitié, sans cause apparente. Dans un passage garni de briques conduisant à la maison même de M. Joyce et construit il y a six ans seulement, il est survenu la même espèce d'affaissement que dans les bâtiments d'ancienne date. Néanmoins il ne semble pas probable que cela puisse expliquer l'affaissement dans sa totalité. Les architectes romains creusaient le sol à une profondeur extraordinaire pour y poser les fondations de leurs murs et ceux-ci étaient épais et bien solides ; il est donc à peine croyable qu'ils n'aient

ENFOUISSEMENT D'ANCIENNES CONSTRUCTIONS 177

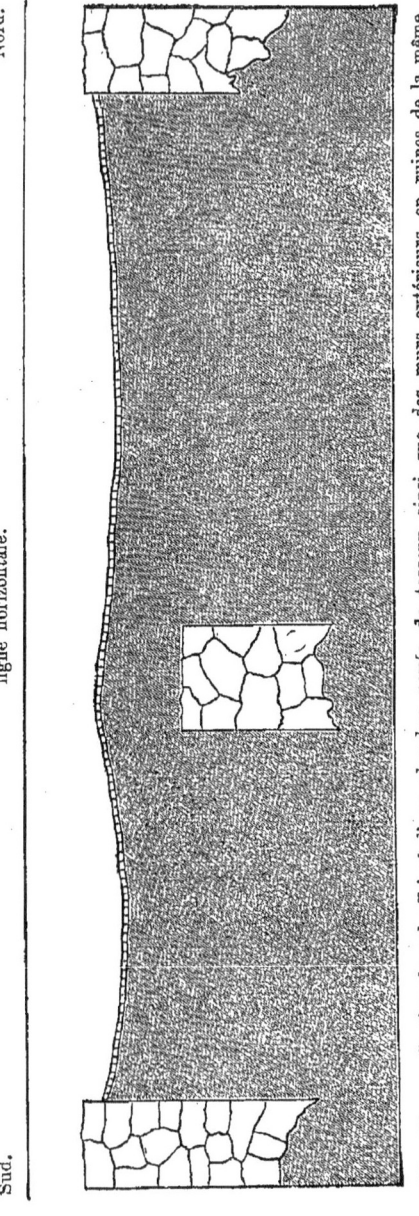

Fig. 15. — Section du sol affaissé d'une chambre pavée de tesseræ ainsi que des murs extérieurs en ruines de la même chambre à Silchester, cette chambre avait été agrandie autrefois et les fondations de l'ancien mur étaient restées enterrées. Échelle 1/40.

pas fait attention si le lit sur lequel reposaient leurs pavés en mosaïque et souvent garnis d'autres ornements était solide ou non. Il faut donc, ce me semble, attribuer l'affaissement en majeure partie à ce que le pavé a été miné par les vers, et nous savons qu'ils y travaillent encore. M. Joyce même a fini par admettre que leur action doit avoir eu des effets considérables. La grande quantité de terre fine recouvrant les pavés peut ainsi s'expliquer, et sans cela on ne saurait en donner de raison. Mes fils ont observé que dans une chambre dans laquelle le pavé ne s'était affaissé que très peu, la quantité de la terre superposée était extraordinairement petite.

Les fondations des murs gisant généralement à une profondeur considérable, ou bien elles ne se sont pas affaissées du tout par l'action des travaux de mines exécutés par les vers, ou bien elles seront affaissées beaucoup moins que le sol même de la chambre. Ce dernier résultat proviendrait de ce que les vers ne travaillent pas souvent beaucoup au-dessous des fondations, mais plus spécialement encore de ce que les murs ne cèdent pas, quand ils sont traversés par les vers, tandis que les galeries successivement formées dans une masse de terre d'une profondeur et d'une épaisseur égale à celle de l'un des murs, auraient coulé bien des fois depuis l'abandon des ruines et se seraient affaissées. Les murs ne pouvant pas s'affaisser beaucoup, ou ne le pouvant pas du tout, le pavé immédiatement adjacent aura été empêché de céder par son adhérence à eux. Ainsi, la courbure actuelle du pavé est bien facile à comprendre.

Ce qui m'a surpris le plus, par rapport à Silchester, c'est que pendant toute la série de siècles qui se sont écoulés depuis l'abandon des anciens bâtiments, la terre végétale ne se soit pas accumulée au-dessus d'eux en couche plus épaisse que celle observée ici. Dans la plupart des endroits, elle n'a que 9 pouces environ d'épaisseur, mais en quelques lieux elle a 12 pouces et même davantage. Dans la fig. 12, elle est indiquée comme épaisse de 20 pouces, mais cette section a été dessinée par M. Joyce, avant que son attention se fût spécialement concentrée sur ce point. Le sol circonscrit par les anciens murs est décrit comme incliné légèrement vers le sud; mais il y a des parties qui, d'après M. Joyce, sont presque horizontales, et il paraît que la terre végétale est en général plus épaisse ici qu'ailleurs. Dans d'autres portions, la surface s'incline de l'ouest à l'est, et M. Joyce décrit le sol d'une chambre comme couvert, à l'extrémité occidentale, de décombres et de terre végétale jusqu'à 28 $1/2$ pouces d'épaisseur, mais à l'extrémité située vers l'est l'épaisseur du revêtement n'est que de 11 $1/2$ pouces. Une pente très faible suffit pour que les déjections de fraîche date s'écoulent vers le bas par les fortes pluies ainsi une grande quantité de terre finira par arriver aux ruisseaux et aux rivières du voisinage, et elle sera emportée au loin. Par là peut s'expliquer, je crois, l'absence de couches puissantes de terre végétale sur ces anciennes ruines. Ici, la plus grande partie du terrain a d'ailleurs été en culture depuis longtemps, et cela aura beaucoup contribué à ce que la pluie enlève de la terre fine.

La nature des assises immédiatement au-dessous de la terre végétale est, dans quelques-unes des sections, un peu embarrassante. Nous voyons, par exemple, dans la section d'une tranchée pratiquée dans une prairie (fig. 14), inclinée du nord au sud sous un angle de 3° 40', que la terre végétale du côté supérieur n'a que 6 pouces d'épaisseur, et qu'elle en a 9 du côté inférieur. Mais cette terre repose sur une masse (d'une épaisseur de 25 $^1/_2$ pouces du côté supérieur) « de terre « végétale d'un brun foncé, comme dit M. Joyce, par- « semée d'un grand nombre de petits cailloux et de « morceaux de carreaux d'apparence corrodée ou « usée » L'état de cette terre de couleur foncée ressemble à celui d'un champ longtemps labouré, car la terre se mélange ainsi à des pierres et des fragments de toutes sortes qui ont été longtemps exposés aux actions atmosphériques. Si, pendant le cours d'une longue série de siècles, cette prairie et les autres champs maintenant en culture ont été labourés de temps à autre, puis laissés à l'état de pâture, il est facile de se rendre compte de la nature du sol dans la section précédente. Les vers auront continuellement apporté à la surface de la terre fine venant d'en bas, et elle aura été remuée par la charrue dès que le champ aura été cultivé. Mais après un certain temps, il se sera accumulé une couche de terre fine plus épaisse que celle que pouvait atteindre la charrue; et il se sera formé au-dessous de la terre végétale superficielle une courbe semblable à la masse de 25 $^1/_2$ pouces, dans la figure 14, et cette dernière aura été apportée à la surface à une époque plus récente et aura été tamisée par les vers.

Wroxeter, Shropshire. — La vieille ville romaine d'Uriconium a été fondée au commencement du deuxième siècle, sinon plus tôt encore, et elle a été détruite, d'après M. Wright, probablement entre le milieu des quatrième et cinquième siècles. Les habitants furent massacrés, et on a trouvé des squelettes de femmes dans les hypocaustes. Avant 1859, le seul reste de la ville au-dessus du sol était une portion d'un mur massif haut d'environ 20 pieds. Le terrain d'alentour est légèrement ondulé et on le cultive depuis longtemps. On a remarqué que les céréales mûrissaient prématurément sur certaines bandes étroites et que la neige restait sans se fondre, en certains endroits, plus longtemps que dans d'autres. Ces observations ont fait entreprendre, comme je l'ai appris, des fouilles sur une grande échelle. On a ainsi mis à découvert les fondations d'un grand nombre de bâtiments et de plusieurs rues. L'espace circonscrit par les murs anciens est irrégulièrement ovale, et sa longueur est d'à peu près 1 $^3/_4$ de mille (mille anglais, c'est-à-dire 1 kilomètre). Un grand nombre des pierres ou des briques employées dans ces constructions ont dû être enlevées; mais les hypocaustes, les bains et autres constructions souterraines se trouvèrent passablement conservés, comblés qu'ils étaient de pierres, de carreaux brisés, de décombres et de terre. Le sol ancien des différentes salles était recouvert de blocaille. Désireux que j'étais de connaître l'épaisseur du manteau de terre et de décombres qui avait si longtemps caché aux regards les ruines en question, je m'adressai à M. le docteur H. Johnson, qui avait dirigé les fouilles; il eut l'extrême bonté de visiter l'endroit à deux reprises différentes pour l'examiner à propos de mes questions, et il fit creuser un grand nombre de tranchées dans quatre champs restés jusque-là intacts. Le tableau qui suit donne le résultat de ses observations. Il m'a aussi envoyé des échantillons de la terre végétale et il a répondu autant qu'il le pouvait, à toutes mes questions.

Mesures prises par M. le Dr Johnson pour fixer l'épaisseur de la terre végétale au-dessus des ruines romaines a Wroxeter.

Tranchées creusées dans un champ appelé « Old Works. »

	Epaisseur de la terre végétale en pouces.
1. A une profondeur de 36 pouces, on rencontra du sable en position......	20
2. A une profondeur de 33 pouces, on rencontra du béton......	21
3. A une profondeur de 9 pouces, on rencontra du béton......	9

Tranchées creusées dans un champ appelé : « Shop Leasows ». C'est le champ le plus élevé dans l'enceinte des anciens murs et il descend en pente de tous les côtés, sous un angle de 2° à partir d'un point situé près du centre.

ENFOUISSEMENT D'ANCIENNES CONSTRUCTIONS 183

	Epaisseur de la terre végétale en pouces.
4. Sommet du champ, tranchée profonde de 45 pouces	40
5. Tout près du sommet du champ, tranchée profonde de 36 pouces...	26
6. Tout près du sommet du champ, tranchée profonde de 28 pouces...	28
7. Près du sommet du champ, tranchée profonde de 36 pouces...	24
8. Près du sommet du champ, tranchée profonde de 39 pouces à l'une des extrémités; la terre passait ici graduellement au sable sous-jacent en position, et son épaisseur est un peu arbitraire. A l'autre extrémité de la tranchée, on rencontra une chaussée à 7 pouces seulement de profondeur, et la terre végétale n'avait ici que 7 pouces d'épaisseur......	24
9. Tranchée tout près de la précédente, profonde de 28 pouces...	15
10. Partie inférieure du même champ, tranchée profonde de 30 pouces...	17
11. Partie inférieure du même champ, tranchée profonde de 31 pouces...	17
12. Partie inférieure du même champ, tranchée profonde de 36 pouces, profondeur à laquelle on rencontra du sable en position...	28
13. Dans une autre partie du même champ, tranchée profonde de 9 1/2 pouces, s'arrêtant au béton...	9 1/2
14. Dans une autre partie du même champ, tranchée profonde de 9 pouces, s'arrêtant au béton...	9
15. Dans une autre partie du même champ, tranchée profonde de 24 pouces; là on rencontra du sable.	16
16. Dans une autre partie du même champ, tranchée profonde de 30 pouces; là, on rencontra des pierres; à une extrémité de la tranchée, la terre végétale était épaisse de 12 pouces, à l'autre extrémité elle en avait 14...	13

Petit champ situé entre « Old Works » et « Shop Leasows », à peu près à la même hauteur, je pense, que la partie supérieure du champ précédent.

	Epaisseur de la terre végétale en pouces.
17. Tranchée profonde de 26 pouces.................	24
18. Tranchée profonde de 10 pouces, et alors venait une chaussée.......................................	10
19. Tranchée profonde de 34 pouces.................	30
20. Tranchée profonde de 31 pouces.................	31

Champ du côté, situé vers l'est de l'espace circonscrit par les anciens murs.

	Epaisseur de la terre végétale en pouces.
21. Tranchée profonde de 28 pouces, et alors on rencontra du sable en position......................	16
22. Tranchée épaisse de 29 pouces, point auquel on rencontra du sable en position....................	15
23. Tranchée profonde de 14 pouces, à ce point on rencontra un bâtiment................................	14

M. le Dr Johnson a distingué, sous le nom de terre végétale, la terre qui différait d'une manière plus ou moins tranchée dans sa couleur foncée et sa structure, du sable ou du gravier situé au-dessous. Dans les échantillons qui m'ont été envoyés, la terre végétale ressemblait à celle qui est immédiatement au-dessous du gazon dans les vieux pâturages, sauf qu'elle contenait souvent de petites pierres, trop grandes d'ailleurs pour avoir passé par le corps des vers. Mais les tranchées décrites plus haut avaient été creusées dans des champs dont aucun n'était à l'état de pâturage; tous, au contraire, étaient depuis longtemps cultivés. En songeant aux observations faites à propos de Silchester sur les effets de la culture longtemps continuée, unis à l'action des vers qui apportent à la surface les parcelles les plus fines, la terre végétale, ainsi désignée par

M. le Dr Johnson, semble assez mériter son nom. Là, où il n'y avait pas de chaussée, de pavé, ni de mur au-dessous, son épaisseur était plus grande que partout ailleurs; en beaucoup d'endroits elle dépassait 2 pieds, et, en un certain lieu, elle s'élevait à plus de 3 pieds. L'épaisseur maximum était près du sommet presque horizontale du champ appelé « Shop Leasows », et même en partie sur ce sommet. Ce maximum se retrouvait dans un petit champ adjacent et, je crois, à peu près de la même hauteur que le « Shop Leasows. » D'un côté, ce dernier est incliné sous un angle d'un peu plus de 2°, et je me serais attendu à ce que la terre végétale étant entraînée par les fortes pluies fût plus épaisse dans la partie inférieure que dans la supérieure; mais dans deux des tranchées sur trois que l'on avait ouvertes ici, il n'en était pas de la sorte.

En beaucoup d'endroits où des rues couraient au-dessous de la surface, ou bien où d'anciennes bâtisses se trouvaient encore, la terre végétale n'avait que 8 pouces d'épaisseur, et M. le Dr Johnson s'étonna de n'avoir jamais entendu dire qu'en labourant le sol, les ruines eussent été rencontrées par la charrue. Lorsque le sol fut mis pour la première fois en culture, les anciens murs auront, pense-t-il, peut-être été renversés exprès et les creux auront été comblés. Cela peut bien avoir été le cas; mais si, après l'abandon de la ville, le sol était resté pendant de longs siècles non cultivé, les vers auraient apporté à la surface assez de terre fine pour recouvrir complètement les ruines, à supposer que celles-ci eussent été minées et se fussent affaissées. Les fondations de quelques-uns des murs, par exemple celles de celui qui se dresse encore à 20 pieds environ au-dessus du sol, et celles de la place du marché reposent à la profondeur extraordinaire de 14 pieds ; mais il est bien peu probable que cette profondeur de fondations ait été le cas général. Le mortier employé dans les constructions doit avoir été excellent, car il est encore extrêmement dur dans certaines parties. Partout où des murs de quelque hauteur ont été mis à jour, ils sont, pense M. le Dr Johnson, encore en position perpendiculaire. Des murs reposant sur des fondations aussi profondes ne peuvent pas avoir été minés par les vers et, par conséquent, ils ne peuvent pas s'être affaissés comme cela paraît avoir eu lieu à Abinger et à Silchester. Par suite, il est très difficile d'expliquer qu'ils soient maintenant parfaitement recouverts de terre ; mais, quant à savoir quelle portion de ce revêtement consiste en humus et quelle portion en blocaille, c'est ce que je ne saurais dire. La place du marché, avec ses fondations profondes, était recouverte de 6 à 24 pouces de terre. Le sommet des murs en ruines d'un caldarium ou salle de bains, profond de 9 pieds, était également recouvert de près de 2 pieds de terre. Le sommet d'une arche qui conduisait à une fosse à cendres profonde de 7 pieds n'était pas recouverte de plus de 8 pouces de terre. Dès qu'un bâtiment qui ne s'est pas affaissé est recouvert de terre, nous devons supposer ou bien que les assises supérieures de pierres ont été, à une époque quelconque, enlevées de main d'homme, ou bien que la terre a, du terrain adjacent, été emportée plus bas par les fortes pluies, ou été enlevée et déposée plus loin pendant les tempêtes; et cela aura pu tout particulièrement arriver là où le sol a été longtemps en culture. Dans les cas précédents, le terrain adjacent était un peu plus élevé que les trois sites spécifiés, autant qu'il m'est possible d'en juger d'après des cartes et des indications fournies par M. le Dr Johnson. Si, cependant, un grand tas de pierres brisées, de mortier, de plâtre, de bois de construction et de cendres, tombait sur les restes d'un bâtiment quelconque, l'ensemble de ces restes finirait, avec le temps, par disparaître sous la terre fine par la désagrégation de ces matières et l'action des vers passant, pour ainsi dire, la terre au crible.

Conclusion. — Les exemples indiqués dans ce chapitre montrent quel rôle considérable ont joué les vers, en Angleterre, pour enfouir et cacher aux yeux plusieurs bâtiments romains et autres d'ancienne date; mais sans doute la terre détachée des terrains plus élevés du voisinage par la pluie et le dépôt de poussière par le vent se seront unis pour contribuer puissamment à recouvrir ces restes. La poussière aura tendu à s'accumuler partout où d'anciens murs en ruines saillaient un peu au-dessus de la surface d'alors et fournissaient ainsi quelque abri. Le sol des anciennes chambres, salles et passages, s'est généralement affaissé, en partie par suite du tassement du sol, mais surtout parce que les vers l'avaient miné par dessous. L'affaissement même a été généralement plus grand au milieu que près des parois. Les parois elles-mêmes, partout où leurs fondations ne reposent pas à une grande profondeur, ont été minées par les vers et se sont, par suite, affaissées. L'inégalité de l'affaissement causé par là explique probablement les grandes crevasses que l'on peut voir dans beaucoup de murs anciens, et aussi leur inclinaison sur la position perpendiculaire.

CHAPITRE V

Rôle joué par les vers dans la dénudation du sol.

Observations sur le degré de dénudation subie par le sol. — Dénudation sous-aérienne. — Dépôt de poussière. — Terre végétale ; sa couleur foncée et sa structure fine sont en grande partie dues à l'action des vers. — Désagrégation des roches par les acides de l'humus. — Acides analogues produits apparemment dans l'intérieur du corps des vers. — L'action de ces acides est facilitée par le mouvement continuel des particules de terre. — Un lit épais de terre végétale arrête la désagrégation du sol, des roches et du sol sous-jacents. — Particules de pierres usées ou triturées dans le gésier des vers. — Les pierres avalées servent comme meulières. — Etat pulvérisé des déjections. — Fragments de briques dans les déjections au-dessus d'anciennes constructions bien arrondies. — Le pouvoir triturant des vers n'est pas tout à fait sans importance au point de vue géologique.

Personne ne doute que notre planète n'ait été, à une certaine époque, formée de roches cristallines ; c'est à la désagrégation de ces roches par l'action de l'air, de l'eau, des changements de température, des rivières, des vagues de la mer, des tremblements de terre et des éruptions volcaniques, que nous devons nos formations sédimentaires. Celles-ci, après s'être consolidées et avoir de nouveau cristallisé, ont souvent été désagrégées encore une fois. Dénudation veut dire : transport de ces matières désagrégées à un niveau inférieur. Parmi tous les résultats surprenants que l'on doit au progrès de la géologie moderne, il n'y en pas qui le soient plus que ceux relatifs à la dénudation. Il y a déjà longtemps qu'on avait vu que la dénudation a dû s'opérer sur une échelle immense ; mais ce n'est que lorsqu'on eut figuré et mesuré soigneusement les formations successives, que l'on put se faire une idée exacte de toute son étendue. L'un des premiers mémoires publiés à ce sujet, et en même temps l'un des plus remarquables, est celui de Ramsay[1] qui montra, en 1846, qu'en Galles, de 9,000 à 11,000 pieds d'épaisseur de roche solide ont été enlevés sur de grandes étendues de pays. L'exemple le plus simple peut-être de grandes dénudations nous est fourni par des failles ou crevasses qui s'étendent sur un grand nombre de milles à travers certaines régions, les assises stratifiées étant d'un côté soulevées jusqu'à 10,000 pieds au-dessus des assises correspondantes du côté opposé ; et cependant l'œil ne découvre pas trace de ce déplacement gigantesque à la surface du sol. Une énorme masse de roche a été aplanie d'un côté, sans qu'il en subsiste un reste.

Jusque dans les 20 à 30 dernières années, la plupart des géologues pensaient que les vagues de la mer étaient les agents principaux dans l'acte de la dénudation, mais nous pouvons être sûrs aujourd'hui que l'air et la pluie, aidés par les fleuves et les rivières, sont des agents beaucoup plus puissants, — pourvu que nous considérions la surface entière du pays. Autrefois, on regardait comme indubitable que les longues lignes escarpées qui s'étendent à travers plu-

---

[1] « De la dénudation de la Galles du sud, etc. » *Memoirs of the Geological Survey of Great Britain*. vol. 1, p. 297, 1846.

sieurs parties de l'Angleterre étaient d'anciens rivages de la mer ; mais aujourd'hui nous savons que si elles se dressent au-dessus de la surface générale, c'est simplement parce qu'elles résistent mieux que les formations adjacentes à l'air, à la pluie et à la gelée. Il est rare qu'un géologue ait eu la bonne fortune de convaincre ses collègues sur un point en discussion par un seul mémoire; mais M. Whitaker du « Geological Survey of England » a eu ce bonheur, quand, en 1867, il publia son travail sur la dénudation sous-aérienne et les falaises et les escarpements de la craie [1] » Avant l'apparition de ce travail, M. A. Tylor avait fourni des preuves manifestes de ces dénudations sous-aériennes, en montrant que le montant de matières entraînées dans les vallées par les rivières devait infailliblement abaisser de beaucoup de pieds le niveau de leur bassin de drainage dans un laps de temps relativement pas trop long. Cet ordre d'arguments a été depuis poursuivi d'une façon fort intéressante par Archibald Geikie, Croll et autres, dans une série de mémoires de grande valeur [2]. Pour ceux qui ne se sont jamais occupés de la question, on peut donner ici un exemple. Je prendrai celui du Mississipi et je le choisis parce que le montant des sédiments charriés par ce grand

---

[1] « *Geological Magazine* », octobre et novembre 1867, vol. IV, pp. 447 et 483. On trouve dans ce mémoire remarquable un grand nombre de données sur la matière en question.

[2] A. Tylor. « Des changements du niveau de la mer, etc. » *Philos. Magazine* (4ᵉ série), vol. V, 1853, p. 258. Archibald Geikie, *Transactions Geolog. Soc. of Glasgow*, vol. III, p. 153 (communiqué en mars 1868). Croll « De la notion du temps en géologie. » *Philo-*

fleuve a été examiné avec un soin tout spécial par ordre du gouvernement des Etats-Unis. Le résultat en est, comme montre M. Croll, que le niveau moyen de son énorme bassin de drainage doit s'abaisser de $1/4566$ de pied par an, ou d'un pied en 4566 ans. Par conséquent, si l'on prend l'évaluation la plus favorable de la hauteur moyenne du continent de l'Amérique du Nord, c'est-à-dire 748 pieds, et qu'on envisage l'avenir, la totalité du grand bassin mississipien aura été emportée par les eaux et « abaissée au niveau de la mer « dans moins de 4,500,000 ans, si le sol ne se soulève « pas. » Quelques fleuves charrient beaucoup plus de sédiments que le Mississipi, relativement à leurs dimensions, et d'autres en charrient beaucoup moins.

Des matières désagrégées sont transportées par le vent aussi bien que par l'eau courante. Pendant les éruptions volcaniques, il y a beaucoup de roches réduites en poussière et dispersées ainsi au loin; dans toutes les contrées arides, le vent joue aussi un rôle important dans le déplacement de ces matières. Du sable chassé par le vent finit aussi par entamer les roches les plus dures. J'ai montré ailleurs [1] que, pen-

---

sophical Magazine, mai, août et novembre 1868. Consulter aussi Croll « *Du climat et du temps* », 1875, chap. xx. Au sujet de données récentes sur le montant de sédiments charriés par la rivière, consulter « Nature », 23 septembre 1880. M. F. Mellard Reade a publié quelques articles intéressants sur la quantité surprenante de matières charriées en dissolution dans l'eau des rivières. Voir Address, *Geolog. Soc.* Liverpool, 1876-77.

[1] « Explication de la chute de la poussière fine sur des vaisseaux au milieu de l'Océan Atlantique », *Proc. Geolog. Soc. of London*, 4 juin 1845.

dant quatre mois de l'année, le vent emporte une grande quantité de poussière des côtes du nord-ouest de l'Afrique, et qu'elle tombe dans l'Atlantique sur un espace de 1600 milles (anglais) en latitude, et à une distance de 500 à 600 milles de la côte. Mais on a observé la chute de cette poussière à 1030 milles des côtes de l'Afrique. Pendant un séjour de trois semaines à Saint-Jago, dans l'archipel du Cap Vert, l'atmosphère était presque toujours brumeuse, et il tombait continuellement une poussière extrêmement fine venant de l'Afrique. Dans de la poussière de cette sorte, tombée en pleine mer à une distance de 330 à 380 milles de la côte africaine, il y avait un grand nombre de particules de pierre, d'environ 1/1000 de pouce carré. Plus près de la côte, la poussière tombée dans l'eau avait tellement terni la surface de l'eau de la mer qu'un vaisseau en marche laissait une trace claire derrière lui. Dans les pays où, comme dans l'archipel du Cap Vert, la pluie est rare et la gelée inconnue, les roches fermes ne s'en désagrègent pas moins ; et on peut, conformément aux vues avancées récemment par un géologue distingué de la Belgique, de Koninck, attribuer cette désagrégation en majeure partie à l'action des acides carbonique et nitrique, ainsi qu'à celle des nitrates et nitrites d'ammoniaque dissous dans la rosée.

Dans tous les pays humides, même à un degré modéré, les vers contribuent à l'opération de la dénudation de plusieurs manières. Toute la terre végétale qui couvre comme un manteau la surface du sol, a passé mainte et mainte fois par leur corps. Cette terre ne diffère, en apparence, du sous-sol que par sa couleur foncée et par l'absence de fragments ou particules de pierre (quand il y en a dans le sous-sol), plus grands que ceux qui peuvent passer par le canal alimentaire d'un ver. Cette sorte de tamisage des matériaux du sol est aussi, comme nous l'avons déjà remarqué, en partie, l'œuvre de différentes sortes d'animaux fouisseurs et principalement des fourmis. Dans des pays où l'été est long et sec, la terre, dans les endroits bien protégés, doit s'augmenter rapidement par la poussière qu'y apporte le vent d'autres places plus exposées. Par exemple, la quantité de poussière disséminée parfois sur les plaines de La Plata, où il n'y a pas de roches fermes, est si grande que pendant le « gran seco », de 1827 à 1830, l'apparence du sol, qui est ici dépourvu de clôtures, changea si complètement que les habitants ne pouvaient plus reconnaître les limites de leurs propriétés, et il en résulta des procès sans fin. De même, d'immenses quantités de poussière sont éparpillées sur la surface de l'Egypte et du Midi de la France. En Chine, des couches ayant l'apparence de sédiments fins, épaisses de plusieurs centaines de pieds et s'étendant sur une surface énorme, doivent, comme le prétend encore Richthofen, leur origine à la poussière apportée des plateaux de l'Asie centrale[1].

[1] « Pour la Plata », consulter mon *Journal des recherches* pendant le voyage du *Beagle*, 1845, p. 133. Élie de Beaumont a donné (*Leçons de géologie pratique*, tome I, 1845, p. 123) une étude excellente sur l'énorme quantité de poussière transportée dans certains pays. Je ne puis m'empêcher de penser que M. Proctor a

Dans les pays humides, comme la Grande-Bretagne, tant que le sol reste dans son état naturel et revêtu de végétation, la terre végétale ne peut guère gagner beaucoup par le dépôt de poussière; mais dans sa condition actuelle, les champs situés près des grandes routes où la circulation est active doivent recevoir une quantité considérable de poussière; quand on herse les champs par un temps sec et un grand vent, on peut voir des nuages de poussière s'en détacher. Mais dans tous ces cas, le sol de la surface est simplement transporté d'un endroit à l'autre. La poussière qui tombe en couches si épaisses dans nos maisons, consiste en grandes parties en matières organiques; si on la répandait sur la terre, avec le temps elle se décomposerait et disparaîtrait presque entièrement. Cependant il semble, d'après des observations récentes faites sur les champs de neige des régions arctiques, qu'il tombe continuellement un peu de poussière météorique d'origine extra-terrestre.

La couleur foncée de la terre végétale ordinaire est évidemment due à la présence de matières organiques en décomposition qui, toutefois, ne s'y trouvent qu'en petite quantité. La perte de poids subie par la terre chauffée au rouge paraît due en grande partie à l'expulsion de l'eau de composition. Dans un échantillon de terre fertile, on s'est assuré que la proportion des ma-

un peu exagéré (*Pleasant Ways in Science*, 1879, p. 379) l'action de la poussière dans un pays humide comme la Grande-Bretagne. James Geikie a donné (*Prehistoric Europe*, 1880, p. 165) un résumé complet des vues de Richthofen, en les combattant néanmoins.

tières organiques n'est que de 1,76 pour cent; dans un sol préparé artificiellement, elle s'élevait à 5,5 pour cent, et dans le fameux sol noir de Russie, elle varie de 5 à 12 pour cent[1]. Dans la terre formée exclusivement par la décomposition des feuilles, cette proportion est beaucoup plus grande, et, dans la tourbe, le carbone seul constitue parfois jusqu'à 64 pour cent de la masse; mais nous n'avons pas affaire ici à ces derniers cas. Le carbone dans le sol tend graduellement à s'oxyder et à disparaître, excepté là où l'eau s'accumule et où le climat est froid[2]; de la sorte, dans le plus vieux champ de pâturage il n'y a pas grand excès de matières organiques, malgré la décomposition continuelle des racines et des tiges souterraines des plantes, et aussi, à l'occasion, l'addition d'engrais. La disparition des matières organiques de la terre végétale est probablement fort favorisée par les vers, qui les amènent sans cesse à la surface dans leurs déjections.

D'autre part, les vers augmentent beaucoup la quantité de matières organiques dans le sol par le nombre étonnant de feuilles à demi décomposées qu'ils traînent dans leurs galeries jusqu'à une profondeur de 2 à 3 pouces. Ils font cette provision de feuilles surtout pour se ménager de la nourriture, mais en partie aussi pour fermer l'ouverture de leurs galeries et pour

---

[1] Ces données sont empruntées à von Hensen dans « *Zeitschrift für wissenschaftliche Zoologie* », vol. XXVIII, 1877, p. 360. Celles relatives à la tourbe sont prises du travail de M. A. A. Julien, dans « *Proc. American Assoc. Science* », 1879, p. 314.

[2] J'ai indiqué quelques faits sur les conditions climatériques nécessaires ou favorables à la formation de la tourbe dans mon *Journal de Recherches*, 1845, p. 287.

tapisser la partie supérieure de celles-ci. Les feuilles qu'ils consomment sont humectées, déchirées en petites bandes, digérées en partie, et intimement mêlées à la terre ; et c'est cette opération qui donne à la terre végétale sa teinte d'un noir uniforme. On sait que la décomposition des matières végétales donne lieu à la formation de différentes sortes d'acides ; et le contenu des intestins des vers et de leurs déjections étant acide, il semble probable que l'acte de la digestion amène un changement chimique analogue dans les feuilles avalées, triturées et à demi décomposées. La grande quantité de carbonate de chaux sécrété par les glandes calcifères sert *en apparence* à neutraliser les acides ainsi produits ; car le suc digestif des vers n'agit pas à moins d'être alcalin. Le contenu de la partie supérieure des intestins étant acide, l'acidité ne peut guère être due ici à la présence d'acide urique. Nous pourrons donc en conclure que les acides dans le tube digestif des vers se forment pendant l'acte de la digestion, et que, probablement, ils sont à peu près de même nature que ceux de l'humus ordinaire. Tout le monde sait que ces derniers ont la faculté de désoxyder ou de dissoudre le peroxyde de fer, comme on peut le voir là où de la tourbe recouvre du sable rouge, ou bien là où une racine en décomposition pénètre dans ce sable. Je tenais quelques vers dans un pot rempli de sable rougeâtre très fin, formé de petites particules de silex, revêtues d'oxyde rouge de fer ; les galeries creusées par les vers dans ce sable étaient garnies ou tapissées de la manière ordinaire de leurs déjections; celles-ci consistaient en sable mêlé de sécrétions intestinales et des restes des feuilles digérées, et le sable avait presque complètement perdu sa couleur rouge. En plaçant sous le microscope des petites portions de ce sable, la plupart des grains parurent transparents et incolores, par suite de la dissolution de l'oxyde, tandis que presque tous les grains pris en d'autres parties du pot étaient revêtus d'oxyde. L'acide acétique n'avait presque pas d'effet sur ce sable, et même les acides chlorhydrique, nitrique et sulfurique, dilués comme dans la pharmacopée, produisaient moins d'effet que ne le faisaient les acides dans les intestins des vers.

M. A. A. Julien a récemment recueilli les nombreuses données que l'on a sur les acides produits dans l'humus et qui, selon certains chimistes, ne s'élèvent pas à moins d'une douzaine d'espèces différentes. Ces acides, de même que leurs sels alcalins (c'est-à-dire en combinaison avec la potasse, la soude et l'ammoniaque) agissent énergiquement sur le carbonate de chaux et sur les oxydes de fer. On sait aussi que quelques-uns de ces acides appelés, il y a longtemps déjà, azo-humiques par Thénard, ont la propriété de dissoudre la silice gélatineuse en proportion de l'azote qu'ils contiennent [1]. Il est probable que les vers con-

[1] A. A. Julien. « *De l'action géologique des acides de l'humus* », Proc. American Assoc. Science, vol. XXVIII, 1879, p. 311. Et aussi « De l'érosion par des agents chimiques sur le sommet des montagnes. » *New-York Academy of Sciences* », 14 octobre 1878, cité dans le « *American Naturalist* ». Voir encore sur ce point, S. W. Johnson, « *Sur la manière dont les céréales se nourrissent* », 1870, p. 138.

tribuent un peu à la formation de ces derniers acides, car M. le Dr Johnson me communique que le *réactif de Nessler* lui a fait trouver 0,018 pour cent d'ammoniaque dans leurs déjections.

Les différents acides de l'humus qui paraissent, comme nous venons de le voir, se développer à l'intérieur du corps des vers pendant l'acte de la digestion, jouent, ainsi que leurs sels alcalins, un rôle fort important dans la désagrégation de diverses espèces de roches ; c'est ce que nous ont appris les récentes observations de M. Julien. On savait depuis longtemps que l'acide carbonique et sans doute aussi les acides nitrique et nitreux qui se trouvent dans l'eau de pluie, agissent de la même manière. Il y a aussi dans tous les sols et surtout dans les sols riches, un grand excès d'acide carbonique, et il est dissous par l'eau qui se trouve dans le sol. Sachs et autres nous ont d'ailleurs montré que les racines vivantes des plantes corrodent des plaques de marbre de dolomite et de phosphate de chaux, et y laissent leurs empreintes. Elles attaquent même le basalte et le grès[1]. Mais nous n'avons pas affaire ici aux influences qui s'exercent tout à fait indépendamment de l'action des vers.

La combinaison d'un acide quelconque avec une base est beaucoup facilitée par l'agitation des matières, par suite du changement continuel des surfaces en contact. C'est ce qui est opéré d'une façon radicale pour les particules de pierre et de terre dans les in-

---

[1] Pour des renseignements à cet égard, consulter S. W. Johnson, « *De la manière dont les céréales se nourrissent* », 1870, p. 326.

testins des vers pendant l'acte de la digestion ; il faut bien penser que la masse entière de la terre végétale sur chaque champ passe par leur canal alimentaire dans le cours d'un petit nombre d'années. En outre, les anciennes galeries s'écroulant lentement et les déjections nouvelles étant sans cesse apportées à la surface, l'assise superficielle de terre végétale est l'objet, dans son ensemble, d'un lent mouvement de circulation ; la friction des particules entre elles détachera les pellicules les plus fines de matières désagrégées, dès qu'elles se forment. De ces différentes manières, des fragments minimes de roches de beaucoup d'espèces et de simples particules dans le sol seront continuellement soumis à une décomposition chimique, et le montant du sol tendra ainsi à s'augmenter.

Les vers garnissent de leurs déjections l'intérieur de leurs galeries, et ces galeries pénétrant jusqu'à une profondeur de 5 à 6 pieds ou même davantage, une petite quantité des acides de l'humus sera transportée très bas et agira là sur des roches et fragments de roches sous-jacents. Ainsi, l'épaisseur du sol tendra d'une façon constante, bien que lente, à augmenter, si rien n'est enlevé à la surface ; mais, après un certain temps, l'accumulation retardera la désagrégation des roches sous-jacentes et des particules gisant plus profondément. Car, les acides de l'humus, qui se forment en majeure partie dans l'assise supérieure de la terre végétale, sont extrêmement instables, et sujets à se décomposer avant d'arriver à une profondeur quelque peu considérable [1]. Un lit épais du sol superposé arrêtera aussi l'extension vers le bas des grandes fluctuations de la température, et, dans les pays froids, il arrêtera l'action puissante de la gelée. Le libre accès de l'air sera également exclu. Par ces causes diverses, la désagrégation s'arrêterait presque, si la terre superposée venait à augmenter beaucoup d'épaisseur, par suite de ce que peu ou pas de terre serait enlevée à la surface [2]. Dans mon voisinage immédiat, nous avons une preuve curieuse de l'influence de quelques pieds d'argile pour arrêter les modifications que subissent les silex, quand ils sont à ciel ouvert ; les silex de grande taille qui ont reposé quelque temps à la surface des champs labourés ne peuvent, en effet, être employés pour construire ; ils ne se fendent pas convenablement, et les ouvriers disent d'eux qu'ils sont pourris [3]. Dès

---

[1] Cette indication est empruntée à M. Julien « *Proc. American Assoc. Science*, vol. XXVIII, 1879, p. 330.

[2] Le pouvoir de préservation d'une assise de terre végétale et de gazon est souvent montré par l'état de conservation parfaite des raies laissées par la glace sur les rocs, comme on l'a vu quand on les a mis à nu pour la première fois. M. J. Geikie soutient, dans l'ouvrage si intéressant qu'il a publié en dernier lieu (*Prehistoric Europe*, 1881) que les raies les mieux conservées sont probablement dues au dernier accès du froid et à l'augmentation de la glace, pendant la longue période glaciale avec ses intermittences.

[3] Bien des géologues ont été très surpris de la disparition complète des silex sur de vastes étendues de terrain presque horizontales, dont la craie avait été enlevée par la dénudation sub-aérienne, mais la surface de chaque silex est revêtue d'une couche opaque modifiée qui se laisse jusque rayer par une pointe d'acier, tandis que la surface nouvellement fracturée translucide n'est pas entamée de la sorte. Sans doute les agents atmosphériques n'enlè-

lors il faut pour construire se procurer des silex provenant du lit d'argile rouge superposée à la craie (résidu de sa dissolution par l'eau de pluie) ou de la craie elle-même.

Non seulement les vers contribuent indirectement à la désagrégation chimique des roches, mais on a des raisons de croire qu'ils agissent également d'une manière directe et mécanique sur les particules les plus petites. Toutes les espèces qui avalent de la terre sont pourvues d'un gésier, et celui-ci est garni d'une membrane chitineuse si épaisse que Perrier en parle comme[1] « d'une véritable armature ». Le gésier est entouré de muscles transverses puissants, à peu près dix fois aussi épais, d'après Claparède, que les muscles longitudinaux; et Perrier les a vus se contracter énergiquement. Des vers appartenant à un genre particulier, les Digaster, ont deux gésiers distincts, mais tout à fait pareils; et, dans un autre genre, chez les Monoligaster, le second gésier consiste de quatre poches consécutives, de sorte qu'on pourrait presque dire qu'ils ont cinq gésiers[2]. De la même manière que les gallinacés et les autruches avalent des pierres pour faciliter la trituration de leur nourriture, de même il semble que les vers de terre emploient aussi leur gésier de la sorte.

vent cette partie modifiée extérieure des silex exposés à l'air libre qu'avec une lenteur excessive, mais jointe à la modification s'opérant vers l'intérieur, la première finira, on peut bien le supposer, par amener leur désagrégation complète, bien qu'ils paraissent si extrêmement durables.

[1] « *Archives de Zoolog. expér.* », tome III, 1874, p. 409.
[2] « *Nouvelles Archives du Muséum* », tome VIII, 1872, pp. 95, 131.

On ouvrit le gésier de 38 de nos vers communs, et dans 25 cas on y trouva de petites pierres ou des grains de sable, en même temps que les concrétions calcaires dures formées à l'intérieur des glandes calcifères antérieures; dans deux autres on ne trouva que des concrétions. Dans le gésier des autres vers, il n'y avait pas de pierres; mais quelques-uns d'entre eux ne formaient pas une exception réelle, les gésiers ayant été ouverts à la fin de l'automne, c'est-à-dire lorsque les vers avaient cessé de se nourrir et que leur gésier était tout à fait vide [1].

Quand les vers creusent leurs galeries à travers de la terre abondant en petites pierres, beaucoup d'elles sont sans doute avalées inévitablement; mais il ne faudrait pas supposer que ce fait explique la présence fréquente de pierres et de sable dans leur gésier. Car des perles de verre et des fragments de brique et de carreaux durs ayant été disséminés à la surface du sol, dans des pots dans lesquels des vers tenus confinés avaient déjà fait leurs galeries, un très grand nombre de ces perles et de ces fragments furent ramassés et avalés par les vers, puisqu'on les retrouva dans leurs déjections, leurs intestins et dans le gésier. Ils avalèrent même la poussière rouge grossière résultant de la trituration des carreaux. On ne peut pas supposer qu'ils aient pris les perles et les fragments de carreaux pour de la nourriture, car nous avons vu qu'ils ont le goût assez

---

[1] Morren, en parlant de la terre qu'on rencontre dans le canal alimentaire des vers, dit : Præsepe cum lapillis commixtam vidi : « *De lumbrici terrestris*, etc. », 1829, p. 16,

fin pour distinguer entre différentes espèces de feuilles. Il est donc manifeste qu'ils avalent les objets durs, tels que des morceaux de pierre, des perles de verre et des fragments angulaires de briques ou de carreaux, dans quelque but spécial; il n'est guère douteux que ce ne soit pour aider leur gésier à écraser et à broyer la terre qu'ils consomment en si grande quantité. Ces objets durs ne sont pas nécessaires pour écraser des feuilles, c'est ce que l'on peut induire du fait que certaines espèces vivant dans la boue et dans l'eau, et se nourrissant de matières végétales mortes ou vivantes, mais n'avalant pas de terre, sont dépourvues de gésier[1], et par suite ne peuvent pas avoir la faculté d'utiliser les pierres.

Pendant l'acte du broiement, les particules de terre doivent être frottées les unes contre les autres et entre les pierres et la dure membrane de revêtement du gésier. Les particules les plus tendres subiront par là une certaine attrition et seront peut-être même écrasées. Ce qui vient à l'appui de cette manière de voir, c'est l'apparence des déjections fraîchement déposées; elles me rappelèrent souvent celle de couleur venant d'être broyée entre deux pierres plates par un ouvrier. Morren remarque que le canal intestinal est « *impleta tenuissimâ terrâ, veluti in pulverem redactâ*[2]. » Perrier aussi parle de « l'état de pâte excessivement fine à laquelle est réduite la terre qu'ils « rejettent, etc.[5] »

[1] Perrier « *Archives de Zoolog. expér.* », tome III, 1874, p. 419.
[2] Morren « *De lumbrici terrestri*, etc. », p. 16.
[3] « *Archives de Zoolog. Expér.* », tome III, 1874, p. 418.

Le degré de trituration subie par les particules de terre dans le gésier des vers présentant, comme nous allons le voir ci-après, en certain intérêt, j'ai essayé de recueillir des données à son égard, en examinant avec soin un grand nombre de fragments qui avaient passé par leur canal alimentaire. Chez des vers vivant à l'état de nature, il est, cela va sans dire, impossible de savoir jusqu'à quel point les fragments ont été altérés avant d'être avalés. Cependant, il est bien certain que les vers ne choisissent pas habituellement des particules déjà arrondies, car on a déjà souvent trouvé des morceaux de silex ou d'autres roches dures à angles vifs dans leur gésier et leurs intestins. Dans trois cas, on trouva ainsi des épines aiguës provenant des tiges de rosiers. Des vers tenus renfermés ont, à plusieurs reprises, avalé des fragments angulaires de carreaux durs, de charbon, de cendres et même jusqu'aux fragments les plus tranchants de verre. Les gallinacés et les oiseaux de la famille des autruches conservent longtemps dans leur gésier les mêmes pierres et elles deviennent par suite bien arrondies ; mais il ne paraît pas en être ainsi des vers, à en juger d'après le grand nombre de fragments de carreaux, de perles de verre, de pierre, etc., que l'on trouve d'ordinaire dans leurs déjections et leurs intestins. Ainsi donc, à moins que les mêmes fragments ne passent à plusieurs reprises par leur gésier, on ne peut guère s'attendre à trouver sur ces fragments des signes marqués d'attrition, excepté peut-être pour le cas de pierres très tendres.

Je passerai maintenant aux exemples d'attrition que

j'ai eu l'occasion de constater. Dans le gésier de quelques vers extraits d'un lit mince de terre végétale au-dessus de la chaux, il y avait un grand nombre de petits fragments de chaux bien arrondis, et deux fragments de coquille d'un mollusque terrestre (comme on s'en est assuré par la structure microscopique), et ces derniers n'étaient pas seulement arrondis, mais un peu polis. Les concrétions calcaires formées dans les glandes calcifères, et souvent trouvées dans le gésier, les intestins et, à l'occasion, dans les déjections, lorsque celles-ci sont de grande taille, ont quelquefois paru avoir été arrondies ; mais chez tous les corps calcaires, l'apparence arrondie peut être due, en partie ou en totalité, à leur corrosion par l'acide carbonique et les acides de l'humus.

Dans le gésier de plusieurs vers recueillis près d'une serre dans mon jardin potager, on a trouvé 8 petits fragments de cendres, et parmi eux six d'apparence plus ou moins arrondie, ainsi que l'étaient aussi deux morceaux de brique ; mais quelques autres morceaux n'étaient pas arrondis du tout. Un chemin d'exploitation, près d'Abinger Hall, avait 7 ans auparavant été recouvert de décombres de brique jusqu'à une profondeur d'environ 6 pouces ; de l'herbe avait poussé sur ces décombres des deux côtés de la route sur une largeur de 18 pouces, et sur cette herbe il y avait une quantité innombrable de déjections. Quelques-unes d'elles étaient d'un rouge uniforme, dû à la présence d'une grande proportion de poussière de brique, et elles contenaient beaucoup de particules de brique et de mortier dur, de 1 à 3 mm. de diamètre, nettement arrondies pour la plupart ; mais toutes ces particules peuvent bien s'être arrondies avant d'avoir été recouvertes par la couche protectrice d'herbe et avant d'avoir été avalées, ainsi que celles fort altérées des parties nues de la route. Un trou dans un champ de pâturage avait été à la même époque, c'est-à-dire 7 ans auparavant, comblé de décombres de brique, et maintenant il était recouvert d'herbe ; ici, les déjections contenaient un très grand nombre de particules de brique, toutes plus ou moins arrondies ; or, ces décombres de brique, après avoir été déchargés dans le trou ne pouvaient pas avoir subi une attrition quelconque. De plus, de vieilles briques, très peu endommagées, jointes à des fragments de mortier, furent employées pour construire des allées, puis on les recouvrait de 4 à 6 pouces de gravier ; sur 6 petits fragments de brique extraits de déjections que l'on recueillit dans ces allées, 3 présentaient une altération évidente. Il y avait aussi un très grand nombre de particules de mortier dur, dont la moitié à peu près étaient bien arrondies ; il n'est pas croyable qu'elles aient subi une corrosion telle par l'action de l'acide carbonique dans le cours de 7 ans seulement.

Des témoignages bien meilleurs d'attrition d'objets durs dans le gésier des vers, nous sont offerts par l'état des petits fragments de carreaux ou de brique, et de ceux de béton dans les déjections déposées là où autrefois se dressaient d'anciennes constructions. Toute la terre végétale recouvrant un champ passant en quelques années par le corps des vers, les mêmes petits fragments seront probablement avalés et apportés à la surface bien des fois dans le cours des siècles. Je dois dire d'avance que dans les différents cas suivants, la matière la plus fine a d'abord été séparée des déjections par lavage et que *toutes* les particules de brique, de carreaux et de béton ont été recueillies sans choix quelconque, et plus tard on les a examinées. Or, dans les déjections déposées entre les tesseræ sur l'un des sols d'appartement enfouis sous terre de la villa romaine d'Abinger, un grand nombre des particules (de 1/2 à 2 mm. de diamètre) de carreaux et de béton, examinées à l'œil nu ou à travers une forte lentille, montraient à n'en pouvoir pas douter que presque toutes avaient subi une attrition considérable. Je parle de la sorte après avoir examiné de petits cailloux altérés par l'eau et provenant de briques romaines; M. Henri de Saussure avait eu la bonté de me les envoyer, il les avait extraits de lits de sable et de gravier déposés sur le bord du lac de Genève à une époque antérieure, alors que l'eau était à environ 2 pieds au-dessus du niveau actuel. Eh bien, les plus petits de ces cailloux de brique altérés par l'eau, que je reçus de Genève, ressemblaient exactement à beaucoup de ceux extraits du gésier des vers, seulement les plus gros étaient un peu plus lisses.

Quatre déjections que l'on trouva sur le sol en mosaïque mis à nu de la grande salle de la villa romaine à Brading, contenaient un grand nombre de particules de carreaux ou de brique, de mortier et de ciment blanc dur, et la majorité de ces particules paraissaient évidemment altérées. Cependant, les particules de mortier semblaient avoir subi plus de corrosion que d'attrition, car il saillait souvent de leur surface des grains de silex. Des déjections provenant de l'intérieur de la nef de Beaulieu Abbey, monument détruit par Henri VIII, furent recueillies sur une pièce de gazon horizontale, recouvrant le pavé en mosaïque enfoui, à travers lequel avaient passé les vers ; ces déjections contenaient une masse innombrable de particules de carreaux et de brique, de béton et de ciment, et la plupart avaient manifestement subi un peu ou beaucoup d'attrition. Il y avait aussi nombre de plaques minces d'un schiste micacé, et leurs pointes étaient arrondies. Si, malgré la probabilité qui s'attache à la supposition précédente, on n'admet pas que, dans tous ces cas, les mêmes petits fragments aient passé plusieurs fois par le gésier des vers, il faudra alors dire que dans tous les cas cités plus haut, cette foule de fragments arrondis trouvés dans les déjections avaient tous, par hasard, subi une attrition considérable avant d'être avalés, et c'est là une chose bien peu probable.

D'un autre côté, on doit constater que des fragments de carreaux d'ornement, un peu plus durs que des carreaux ou briques ordinaires, ayant été avalés une fois seulement par des vers tenus renfermés, ces fragments, peut-être à l'exception d'un ou deux des grains les plus fins, ne furent pas du tout arrondis. Néanmoins, quelques-uns d'entre eux paraissaient un peu altérés, bien que pas arrondis. Malgré cela, si nous considérons les observations rapportées plus haut, il n'y a guère de doute que les fragments qui servent de meulières dans le gésier des vers ne subissent un certain degré d'attrition, quand ils ne sont pas de consistance très dure ; et ainsi les particules les plus fines dans la terre que les vers avalent d'ordinaire en quantité si étonnante, sont écrasées ensemble et par là pulvérisées. S'il en est ainsi, la « terra tenuissima, » — la « pâte excessivement fine, » — dont consistent en grande partie les déjections, est partiellement due à l'action mécanique du gésier[1] et, comme nous le verrons dans le chapitre suivant, c'est cette matière fine principalement qui à chaque pluie forte se détache dans chaque champ des masses de déjections qui s'y trouvent. Si les pierres les plus tendres se laissent quelque peu entamer, les plus dures subissent une légère perte par l'usure de toute sorte.

La trituration des petites particules de pierre dans le gésier des vers a plus d'importance au point de vue géologique qu'il ne paraît tout d'abord. M. Sorbey a montré clairement que les agents ordinaires de la désagrégation, c'est-à-dire l'eau courante et les vagues de la mer, ont d'autant moins de pouvoir sur les frag-

[1] Cette conclusion me fait penser à la grande quantité de boue crayeuse extrêmement fine qui se trouvent dans les lagunes de beaucoup d'atolls où la mer est tranquille et où les vagues ne peuvent pas triturer les blocs de corail. On doit attribuer cette boue, je pense, (« Structure et distribution des récifs de coraux », 2ᵉ édition, 1874, p. 19) aux innombrables Annélides et autres animaux qui creusent des galeries dans le corail mort, et aussi aux poissons, aux Holothuries, etc., qui broutent les coraux vivants.

ments de roc, que ceux-ci sont plus petits. « Ainsi
« donc, même en ne tenant pas compte des particules
« très fines soutenues sur l'eau exceptionnellement
« par un courant d'eau, fait qui dépend de la cohésion
« de surface, les effets de l'usure sur la forme de grains
« doit varier en raison directe de leur diamètre ou à
« peu près. S'il en est ainsi, un grain de $1/10$ de pouce
« de diamètre s'usera dix fois autant qu'un autre de
« $1/100$ de pouce en diamètre, et au moins cent fois au-
« tant qu'un de $1/1000$ de pouce de diamètre. Nous pou-
« vons donc peut-être conclure qu'un grain de $1/10$ de
« pouce en diamètre s'userait autant ou plus par le
« flottage sur un mille d'étendue, qu'un grain de $1/1000$
« de pouce en diamètre qui serait flotté sur une éten-
« due de cent milles. D'après le même principe, un
« caillou d'un pouce de diamètre s'userait relative-
« ment davantage par le flottage sur quelques cen-
« taines de toises seulement [1]. »

Nous ne devons pas non plus oublier en examinant
l'action exercée par les vers pour triturer les particules
de roc, qu'on a des preuves excellentes que sur chaque
acre de terre, suffisamment humide et pas trop sablonneuse, gravelleuse ou rocailleuse pour que les vers
l'habitent, plus de 10 tonneaux de terre passent annuellement par leurs corps et sont apportés à la surface. Le résultat pour un pays de la grandeur des Iles
Britanniques, dans une période pas très longue, dans
le sens géologique, en un million d'années, par exem-

---

[1] Anniversary Address. « *The Quarterly Journal of the Geolog. Soc.*, May 1880, p. 59.

ple, serait assez important ; car les 10 tonneaux de terre doivent d'abord être multipliés par le nombre d'années indiqué plus haut, et puis par le nombre d'acres bien pourvus de vers ; en prenant l'Angleterre et l'Écosse en même temps, on a estimé à plus de 32 millions d'acres la surface de la terre cultivée et convenable à la vie de ces animaux. Le produit sera donc 320 millions de millions de tonneaux de terre.

CHAPITRE VI

Dénudation du sol. (Continuation).

La dénudation du sol est accélérée par les déjections récemment déposées qui coulent le long des surfaces en pente couvertes de gazon. — Quantité de terre coulant en bas chaque année. — Effet des pluies tropicales sur les déjections des vers. — Les particules les plus fines de la terre sont complètement enlevées aux déjections par la pluie. — Désagrégation en boulettes des déjections sèches et leur roulement en bas des surfaces en pente. — Formation de petits rebords sur le flanc des collines, dus en grande partie à l'accumulation des déjections désagrégées. — Déjections poussées sous le vent au-dessus d'un sol horizontal par les mouvements de l'air. — Tentative faite pour déterminer le montant de terre ainsi emportée. — Dégradation de campements anciens et de tumulus. — Préservation des billons et sillons sur un sol anciennement labouré. — Formation de terre végétale au-dessus de la craie et quantité de cette terre.

Nous avons maintenant recueilli les informations préliminaires nécessaires pour considérer le rôle direct joué par les vers dans la dénudation du sol. Autrefois, en réfléchissant à la dénudation sous-aérienne, il me semblait, à moi comme à d'autres, qu'une surface à peu près horizontale ou très faiblement inclinée, recouverte de gazon, ne pouvait pas subir de perte, même pendant un long espace de temps. Cependant, on pourrait alléguer que des pluies torrentielles et des trombes survenues à de longs intervalles pourraient finir par enlever toute la terre sur une pente très faible ; nais en examinant les pentes escarpées et gazonnées de Glen Roy, je fus frappé du fait qu'un tel événement fût arrivé si rarement depuis la période glaciaire, comme cela était évident d'après l'état de parfaite conservation des trois « chemins » ou bords du lac successifs. Mais, grâce à l'action des vers, on n'a plus de difficulté à croire que de la terre en quantité quelque peu appréciable puisse être emportée d'une surface légèrement inclinée, couverte de végétation et entrelacée de racines. Car les nombreuses déjections déposées pendant la pluie ou peu de temps après une forte averse, coulent à une certaine distance le long de la surface inclinée; en outre, une grande quantité de terre pulvérisée, la plus fine, est complètement enlevée aux déjections par la pluie. Par un temps sec, les déjections se désagrègent souvent en petites boulettes arrondies, et celles-ci roulent souvent en bas par leur propre poids. Ceci est tout spécialement sujet à arriver quand elles sont mises en mouvement par le vent, et probablement aussi par le contact d'un animal, quelque petit qu'il soit d'ailleurs. Nous verrons aussi qu'une brise forte pousse sous le vent toutes les déjections pendant qu'elles sont encore molles, même dans un champ horizontal; et il en est de même des boulettes, quand elles sont sèches. Si le vent souffle à peu près dans la direction de l'inclinaison de la surface, cela favorise beaucoup la descente des déjections sur la pente.

Les observations sur lesquelles sont fondées ces diverses données doivent être rapportées avec quelques détails. Les déjections, quand elles viennent d'être déposées, sont visqueuses et molles; pendant la pluie, époque à laquelle les vers les déposent avec une prédilection marquée, elles sont encore plus molles, de sorte que j'ai quelquefois pensé que les vers doivent avaler beaucoup d'eau en ce temps-là. Quoi qu'il en puisse être, la pluie, longtemps continuée, si elle n'est pas trop forte, rend les déjections fraîchement déposées demi-fluides ; et, sur un sol horizontal, elles s'étendent en disques étroits, circulaires, plats, absolument comme le ferait une quantité semblable de miel ou de mortier très mou, en perdant toute trace de leur structure vermiforme. Ce dernier fait a quelquefois été rendu évident, lorsque, par exemple, un ver s'est ultérieurement frayé un passage à travers un de ces disques plats, circulaires, et a amassé au centre une nouvelle masse vermiforme. J'ai vu à plusieurs reprises de ces disques plats et affaissés en beaucoup d'endroits et sur des sols de toute sorte.

Glissement de déjections mouillées et roulement de déjections sèches en voie de désagrégation le long de surfaces en pente. — Quand pendant une forte pluie, ou peu de temps après, les déjections sont déposées sur une surface en pente, elles ne peuvent manquer de glisser un peu vers le bas. C'est ainsi que le 22 octobre 1872, après plusieurs jours de pluie, je trouvai sur quelques pentes escarpées du Knowle Park, couvertes d'herbe grossière, et évidemment dans cet état, de temps immémorial, je trouvai, dis-je, presque toutes les déjections, nombreuses d'ailleurs, allongées considérablement dans le sens de la pente, et elles consistaient alors en masses lisses, seulement légèrement coniques. Partout où l'on a pu trouver l'ouverture des galeries par lesquelles la terre avait été rejetée, il y avait plus de terre en aval qu'en amont. Après quelques jours d'averses (25 janvier 1872), on visita deux champs assez escarpés près de Down; ils avaient autrefois été labourés et se trouvaient maintenant recouverts d'herbe chétive assez menu parsemée, et un grand nombre de déjections s'étendaient sur une longueur de 5 pouces de la pente, ce qui était deux ou trois fois autant que le diamètre ordinaire des déjections déposées sur les parties horizontales des mêmes champs. Sur quelques belles pentes gazonnées du Holwood Park, inclinées sous un angle de 8° à 11° 30', où la surface semblait n'avoir jamais été dérangée par la main de l'homme, il y avait une quantité extraordinaire de déjections : un espace de 16 pouces de longueur en travers de la pente et de 6 pouces dans le sens de celle-ci, était complètement revêtu, entre les brins d'herbe, d'une couche uniforme de déjections confluentes et affaissées. Ici aussi les déjections avaient en beaucoup d'endroits coulé le long de la pente, et elles formaient maintenant des plaques de terre lisses, étroites, de six à 7 $^1/_2$ pouces de longueur. Quelques-unes de ces plaques consistaient en deux déjections, l'une au-dessus de l'autre, et elles étaient si complètement confluentes qu'elles ne pouvaient guère se distinguer. Dans mon pré recouvert d'un gazon très fin, la plupart des déjections sont noires, mais quelques-unes sont jaunâtres, parce que la terre apportée à la surface provient d'une profondeur plus grande que d'ordinaire; or, après une forte pluie, on peut voir nettement un coulement dans ces déjections jaunâtres, là où la pente était de 5° et là où elle était moindre de 1°; on pourrait encore découvrir quelque marque de coulement le long de la pente. Dans une autre occasion, après une pluie qui n'avait pas été forte, mais avait duré 18 heures, toutes les déjections sur ce même pré légèrement incliné, avaient perdu leur structure vermiforme et elles avaient coulé, de sorte que deux bons tiers de la terre rejetée gisaient en aval de l'ouverture des galeries.

Ces observations m'amenèrent à en faire d'autres plus exactes que les premières. Dans mon pré, où les brins d'herbe sont fins et serrés l'un contre l'autre, on prit huit déjections et trois autres dans un champ à herbe grossière. L'inclinaison de la surface, aux onze endroits où avaient été recueillies les déjections, variait entre 4° 30' et 17° 30'; la moyenne des onze inclinaisons étant de 9° 26'. La longueur des déjections dans le sens de la pente fut d'abord mesurée avec autant d'exactitude que le permettaient leurs irrégularités. On a trouvé le moyen de prendre ces mesures à 1/8 de pouce près, mais une des déjections était trop irrégulière pour être mesurée. La longueur moyenne des dix déjections restantes était, dans la direction de la pente, de 2,03 pouces On partagea alors avec un couteau les déjections en deux parties, le long d'une ligne horizontale passant par l'ouverture de la galerie, et on mit celle-ci à nu en coupant l'herbe; puis, on recueillit la terre déposée séparément, d'une part celle en amont du trou, et d'autre part celle en aval. Plus tard on pesa les deux. Dans chacun des cas, il y eut beaucoup plus de terre en aval qu'en amont ; le poids moyen de celle en amont étant de 103 grains, et de celle en aval de 205 ; ce dernier était ainsi, à très peu près, le double du premier. Comme, sur un sol horizontal, les déjections sont d'ordinaire déposées d'une façon presqu'égale tout autour de l'ouverture des galeries, la différence dans le poids indique le montant de terre rejetée qui a coulé le long de la pente. Mais il faudrait un nombre d'observations bien plus considérable pour arriver à quelque résultat général ; car la nature de la végétation et d'autres circonstances accidentelles, telles que la force de la pluie, la direction et la violence du vent, etc., paraissent avoir plus d'influence sur la quantité de terre qui coule le long d'une pente, que n'en a l'angle sous lequel cette pente est inclinée. C'est ainsi que pour quatre déjections dans mon pré (comprises dans les onze précédentes), où la pente est en moyenne de 7° 19', la différence dans le montant de la terre en amont et en aval des galeries était plus grande que pour trois autres du même pré, dans un endroit où la pente moyenne était de 12° 5'.

Nous pouvons néanmoins prendre les onze cas précédents qui sont exacts dans la mesure de leur portée, et calculer le poids de la terre rejetée coulant chaque année le long d'une pente d'une inclinaison moyenne de 9° 26'. C'est ce qu'a fait mon fils Georges. Il a montré que presqu'exactement deux tiers de la terre rejetée se trouvent en aval de l'ouverture de la galerie, et un tiers en amont. Or, si les deux tiers gisant en aval du trou sont divisés en deux parties égales, la moitié supérieure de ces deux tiers contrebalancera exactement le tiers en amont du trou; de sorte que pour ce qui concerne le tiers en amont et la moitié supérieure des deux tiers en aval, il n'y a pas de terre qui ait coulé en bas de la colline. La terre constituant la moitié inférieure des deux tiers est cependant déplacée à des distances qui sont différentes pour chaque partie, mais que l'on peut représenter par la distance entre le trou et le point médian de la moitié inférieure des deux tiers. La distance moyenne de déplacement est ainsi la moitié de la longueur totale de la déjection. La longueur moyenne de dix des déjections par les onze indiquées plus haut, était de 2,03 pouces, dont la moitié peut être regardée comme égale à un pouce. On est donc en droit de conclure qu'un tiers de toute la terre apportée à la surface a été dans ces cas entraînée le long d'une pente sur l'espace d'un pouce.

Nous avons montré au chapitre III que dans la prairie de Leith Hill, une masse de terre sèche, pesant au moins $7^l 453$, a été apportée par les vers à la surface sur une toise carrée dans l'espace d'un an. Si on trace, sur le flanc d'une colline, une toise carrée dont deux des côtés soient horizontaux, il est clair que seulement 1/36 de la terre apportée à la surface de cette toise carrée sera assez près de sa base pour la dépasser, à supposer que le déplacement de la terre soit d'un pouce. Mais il semble que seulement 1/3 de la terre rejetée puisse être considéré comme coulant en bas; par suite 1/3 de 1/36 ou 1/108 de 7,453 dépassera la base de notre toise carrée en un an. Or, 1/108 de $7^l 453$ fait 1,1 once. Conséquemment, tous les ans, 1,1 once de terre sèche dépassera chaque toise linéaire courant horizontalement le long d'une pente ayant l'inclinaison précédente; ou très approximativement 7 livres de terre dépasseront tous les ans une ligne horizontale longue de 100 toises sur le flanc d'une colline de cette inclinaison.

On peut faire un compte plus exact, bien que très grossier encore, de la masse de terre qui, dans son état d'humidité naturelle, coule par an le long de la même pente par-dessus une ligne longue d'une toise, tirée horizontalement à travers elle. D'après les différents exemples donnés dans le chapitre III, on sait que les déjections apportées annuellement à la surface sur une toise carrée formeraient une couche de 0,2 de pouce d'épaisseur, si on les disséminait uniformément : d'un calcul semblable à celui déjà donné, il résulte donc que 1/3 de 2 × 36 ou 2,4 pouces cubiques de terre humide dépasseront chaque année une ligne horizontale longue d'une toise sur le flanc d'une colline ayant l'inclinaison dite plus haut. On a trouvé que la masse des déjections humides pesait 1,85 once. Par conséquent, il y aurait 11,56 livres de terre humide au lieu de 7 livres de terre sèche comme par le calcul précédent, qui passeraient chaque année une ligne longue de 100 toises sur la surface inclinée. Dans ces calculs-ci, on a admis que les déjections coulent à une certaine distance pendant toute l'année, mais cela n'arrive que pour celles rejetées pendant la pluie ou peu de temps après ; les résultats précédents sont par suite exagérés d'autant. D'un autre côté, pendant la pluie, beaucoup de la terre la plus fine est emportée à une distance considérable des déjections, même quand la pente est extrêmement douce, et cette terre est ainsi tout à fait perdue, du moins pour les calculs de tout à l'heure. Les déjections déposées par un temps sec perdent de la même manière, quand elles ont durci, une quantité considérable de terre fine. Les déjections desséchées sont d'ailleurs capables de se désagréger en petites boulettes, qui souvent roulent en bas de toute surface en pente, ou bien elles sont emportées par le vent. Ainsi donc, le résultat cité plus haut, c'est-à-dire que 2,4 pouces cubiques de terre (pesant 1,85 once à l'état humide) dépassent par an une ligne longue d'une toise de la sorte déjà indiquée, n'est probablement pas fort exagéré, si même il l'est de quelque façon.

C'est là une quantité bien faible ; mais il faut songer combien de vallées se ramifient et divisent la plupart des pays, leur longueur totale doit être très grande, et cette terre est continuellement en train de descendre le long des deux flancs gazonnés de chaque vallée. Pour chaque 100 toises de longueur dans une vallée à côtés inclinés comme dans les cas précédents, il y aura chaque année 480 pouces cubiques de terre humide pesant plus de 23 livres qui atteindront le fond de cette vallée. Là, il s'accumulera un épais lit d'alluvium prêt à être emporté par les eaux dans le cours des siècles, à mesure que le fleuve courant au milieu fera son cours sinueux d'un côté à l'autre.

Si l'on pouvait montrer que les vers creusent généralement leurs galeries à angles droits sur une surface inclinée, et ce serait là le chemin le plus court pour eux pour apporter à la surface la terre venant de dessous, alors les vieilles galeries s'écroulant par le poids du sol superposé, l'écroulement amènerait inévitablement l'affaissement ou le glissement lent du lit entier de terre végétale le long de la surface inclinée. Mais on trouva par trop difficile et pénible de déterminer la direction d'un grand nombre de galeries. Un fil de fer droit fut cependant poussé dans 25 galeries dans différents champs en pente, et dans 8 cas les galeries étaient presque à angle droit sur la pente, tandis que dans les autres cas elles étaient indifféremment dirigées à des angles divers, soit en haut, soit en bas, par rapport à la pente.

Dans les pays où les pluies sont très fortes, comme sous les tropiques, les déjections paraissent, comme on aurait pu s'y attendre, être emportées en plus grande partie le long des pentes qu'en Angleterre. M. Scott m'informe que, près de Calcutta, les grandes déjections en colonnes (précédemment décrites) dont le diamètre est d'ordinaire de 1 pouce à 1 $^1/_2$, s'affaissent après une forte pluie sur une surface horizontale, en disques presque circulaires, minces et plats, de 3 à 4 et quelques fois cinq pouces de diamètre. Trois déjections qui avaient été fraîchement déposées dans le jardin botanique « sur un talus artificiel légèrement incliné d'argile, visqueuse et recouvert de gazon », furent mesurées soigneusement et elles avaient une hauteur moyenne de 2,18, et un diamètre moyen de 1,43 pouce ; après une forte pluie, elles formaient des plaques allongées de terre avec une longueur de 5,83 pouces en moyenne dans la direction de la pente. La terre s'étant étendue très peu en haut de la pente, une grande partie, à en juger d'après le diamètre originaire de ces déjections, a dû couler tout d'une pièce en bas, à peu près de 4 pouces. En outre, une part de la terre la plus fine dont elles sont composées doit avoir été complètement enlevée par la pluie à une distance encore plus grande. Dans des endroits secs, près de Calcutta, une espèce de vers dépose ses déjections, non en masses vermiformes, mais en petites pelottes de grandeur variable : elles sont très nombreuses en certains lieux, et M. Scott dit « qu'elles sont emportées par chaque ondée. »

J'ai été amené à penser qu'une quantité considérable de terre fine est complètement enlevée aux déjections pendant la pluie, par suite de ce que la surface des plus vieilles était souvent parsemée de particules grossières. En conséquence, on prit un peu de précipité fin de carbonate de chaux humecté de salive ou d'eau gommée, de manière à le rendre légèrement visqueux et de la même consistance qu'une déjection de fraîche date, et on en mit sur le sommet de plusieurs déjections et le mêla doucement à elles. Ces déjections furent alors arrosées avec une tête d'arrosoir très fine, dont les gouttes étaient plus serrées ensemble que celles de la pluie, mais bien moins grosses que celles d'une pluie d'orage, elles ne frappaient point non plus sur le sol avec autant de force que les gouttes d'une forte pluie. Une déjection traitée de la sorte s'affaissa avec une lenteur surprenante, grâce, je suppose, à sa viscosité. Elle ne coula pas tout d'une pièce le long de la pente gazonnée du pré, qui était ici inclinée sous un angle de 16° 20'; néanmoins on trouva un grand nombre des particules de la craie 3 pouces en aval de la déjection. On répéta cette expérience sur trois autres déjections en des parties différentes du pré, inclinées sous des angles de 2° 30', 3° et 6°, et on put voir des particules de craie entre 4 à 5 pouces en aval de la déjection, et quand la surface fut sèche, on trouva en deux cas des particules à une distance de 5 à 6 pouces. Plusieurs autres déjections avec du précipité de carbonate de chaux à leur sommet furent abandonnées à l'action naturelle de la pluie. Dans l'un des cas, après une pluie pas trop forte, la déjection était sillonnée de raies longitudinales blanches. Dans deux autres cas, la surface du sol fut un peu blanchie sur une distance d'un pouce à partir de la déjection, et du sol recueilli à une distance de 2 $1/2$ pouces, là où la pente était de 7°, faisait légèrement effervescence, quand on en mettait dans de l'acide. Une ou deux semaines après, la chaux avait complètement, ou presque complètement disparu de toutes les déjections sur lesquelles on en avait mis, et celles-ci avaient recouvré leur couleur naturelle.

Nous remarquerons ici, qu'après des pluies très fortes, on peut voir sur des champs horizontaux ou à peu près de niveau des mares peu profondes, là où le sol n'est pas très poreux ; l'eau dans ces mares est souvent un peu bourbeuse ; quand ces petites mares ont séché, les feuilles et les brins d'herbe du fond sont en général recouverts d'une mince couche de boue. Je crois que cette boue provient en grande partie de déjections récemment déposées.

M. le Dr King me fait savoir que la majorité des déjections gigantesques décrites plus haut et trouvées par lui sur un monticule tout à fait à découvert, nu et couvert de gravier dans les Monts Nilgiri aux Indes, avaient été plus ou moins atteintes par la mousson nord-est précédente, et la plupart d'entre elles avaient l'air de s'être affaissées. Ici, les vers ne déposent leurs déjections que pendant la saison des pluies ; à l'époque de la visite de M. le Dr King, la pluie était tombée depuis 110 jours. Il examina avec soin le sol entre l'endroit où gisaient ces déjections énormes et un petit cours d'eau au pied du monticule, mais nulle part il n'y avait d'accumulation quelconque de terre fine, comme la désagrégation des déjections y en aurait certainement laissé, si celles-ci n'avaient pas été enlevées en entier. Il n'hésita donc pas à affirmer que la totalité de ces déjections énormes est chaque année emportée par la pluie dans le petit cours d'eau pendant les deux moussons (et alors il tombe environ 100 pouces de pluie), de ce cours d'eau la terre passe ensuite dans les plaines en aval, à une profondeur de 3,000 à 4,000 pieds.

Des déjections déposées avant la sécheresse ou pendant celle-ci, durcissent quelquefois même d'une façon surprenante, par suite de ce que les particules de terre ont été cimentées ensemble par les sécrétions intestinales. La gelée paraît moins agir qu'on n'aurait pu s'y attendre sur leur désagrégation. Néanmoins, elles tendent à se séparer en petites boulettes, quand elles ont été alternativement humectées par la pluie et séchées de nouveau. Celles qui, pendant la pluie, ont coulé le long d'une pente, se désagrègent de la même manière. Souvent, de ces petites boulettes roulent un peu le long d'une surface inclinée quelconque, leur descente étant quelquefois puissamment favorisée par le vent. Tout le fond d'un large fossé à sec, dans ma propriété, où il y avait fort peu de déjections de fraîche date, était complètement recouvert de ces boulettes ou déjections désagrégées qui avaient roulé en bas de pentes escarpées, inclinées sous un angle de 27°.

Dans les environs de Nice, dans les endroits où abondent les grandes déjections cylindriques décrites plus haut, le sol consiste en argile arénaceo-calcaire très fine; et M. le Dr King me communique que ces déjections sont extrêmement sujettes à s'émietter en petits fragments par le temps sec, et ceux-ci subissent bientôt l'influence de la pluie et s'affaissent jusqu'à ne plus se distinguer du sol environnant. Il m'a envoyé une masse de ces déjections désagrégées recueillies au sommet d'un talus où aucune n'avait pu rouler de plus haut. Elles devaient avoir été déposées dans les 5 à 6 mois précédents, mais alors elles consistaient en fragments de toute grandeur, plus ou moins arrondis, depuis ³/₄ de pouces de diamètre jusqu'à de petits grains et de simple poussière. M. le Dʳ King a suivi les progrès de l'émiettement en desséchant des déjections parfaitement conservées qu'il m'a envoyées ensuite. M. Scott a fait aussi des observations sur l'émiettement des déjections près de Calcutta et dans les montagnes du Sikkim pendant la saison chaude et sèche.

Quand les déjections près de Nice avaient été déposées sur une surface inclinée, les fragments désagrégés roulaient en bas sans perdre leur forme distinctive, et en certains endroits on pouvait les recueillir « par paniers ». M. le Dʳ King a observé un exemple frappant de ce fait sur la route de la Corniche, où une tranchée d'environ 2 ½ pieds de largeur et de 9 pouces de profondeur avait été ouverte pour recueillir les eaux de drainage de la surface de la pente adjacente. Le fond de ce fossé était couvert, sur une distance de plusieurs centaines de toises, d'une assise de déjections en fragments ayant encore leur forme caractéristique, assise épaisse de 1 ½ à 3 pouces. Ces fragments innombrables avaient presque tous roulé d'en haut, car extrêmement peu de déjections avaient été déposées dans le fossé même. Le flanc de la colline était escarpé, mais son inclinaison variait beaucoup ; M. le Dʳ King estime qu'il formait un angle de 30° à 60° avec l'horizon. Il grimpa en haut de la pente et, « çà et là, il trouva de petites digues formées par des « fragments des déjections arrêtées dans leur descente

« par des irrégularités de la surface, telles que des « pierres, des branches, etc. Un petit groupe *d'anemone* « *hortensis* avait agi de même manière, et il s'était « amassé autour de ces plantes tout un petit remblai « de terre. Une grande partie s'était émiettée, mais « une bonne part avait encore la forme de déjections. » M. le Dr King déterra ces plantes et il fut frappé de l'épaisseur du sol qui avait dû s'accumuler dans les derniers temps au-dessus de la cîme du rhizome, comme le montrait la longueur des pétioles étiolés en comparaison de ceux d'autres plantes de la même espèce, où il n'y avait pas eu d'accumulation pareille. La terre ainsi accumulée avait, sans doute (comme je l'ai vu partout), été fixée par les racines les plus petites des plantes. Après avoir décrit cet exemple et d'autres analogues, M. le Dr King dit en concluant : « Je n'ai pas de doute que les vers ne contribuent puissamment au phénomène de la dénudation. »

Bordures de terre sur des pentes escarpées. — De petites bordures horizontales, l'une au-dessus de l'autre, ont été observées dans beaucoup de parties du monde sur des pentes escarpées couvertes de gazon. On a attribué leur formation à des animaux passant à plusieurs reprises dans les mêmes lignes horizontales le long de la pente pendant qu'ils cherchent leur nourriture, et il est bien certain qu'ils se meuvent de la sorte et se servent des bordures ; mais un observateur très exact, M. le professeur Henslow, dit à sir J. Hooker qu'il était convaincu que ce n'était pas là la seule cause de leur formation. Sir J. Hooker a vu de ces bordures dans les chaînes de l'Himalaya et de l'Atlas, où il n'y a pas d'animaux domestiques, et où les animaux sauvages sont rares. Mais ces derniers se servent probablement des bordures la nuit pour aller pâturer, comme nos animaux domestiques. Un de mes amis a fait pour moi des observations sur les bordures des Alpes de la Suisse ; il dit qu'elles courent à 3 ou 4 pieds l'une au-dessus de l'autre, et ont environ 1 pied de largeur ; les pieds des vaches au pâturage y avaient laissé des creux profonds. Ce même ami a observé des bordures analogues sur nos falaises de craie et sur un vieux talus de fragments de craie (provenant d'une carrière) qui s'était revêtu de gazon.

Mon fils Francis a examiné une falaise de craie, près de Lewis ; dans une partie très escarpée, faisant angle de 40° avec l'horizon, il y avait à peu près une trentaine de bordures peu élevées, s'étendant horizontalement sur une longueur de plus de 100 toises et à environ 20 pouces en moyenne de distance l'une au-dessus de l'autre. Elles avaient de 9 à 10 pouces de largeur. Regardées à distance, elles présentaient une apparence frappante par leur parallélisme, mais examinées de plus près, on voyait qu'elles étaient un peu sinueuses et se perdaient souvent l'une dans l'autre, ce qui donnait l'apparence d'une bordure qui se serait bifurquée. Elles sont formées de terre de couleur claire; cette terre avait dans l'un des cas 9 pouces d'épaisseur à l'extérieur, là où se trouvait le maximum ; et, dans un autre cas, elle avait de 6 à 7 pouces d'épaisseur. Au-dessus des bordures, l'épaisseur de la terre recouvrant la craie était, dans le premier cas, de 4 pouces, et dans le second, de 3. L'herbe poussait mieux sur les lignes extérieures des bordures que sur toute autre partie de la pente, et là elle formait une frange touffue. Leur partie moyenne était dénudée; quant à savoir si cela venait du piétinement des brebis, c'est ce que mon fils n'a pu déterminer avec certitude. Il n'a pas pu non plus déterminer quelle proportion de la terre des parties moyennes dénudées provenait de déjections désagrégées qui auraient roulé d'en haut; mais, certainement, il en venait peu de cette manière, et il était évident que les bordures avec leurs lignes frangées d'herbes devaient arrêter tout petit objet roulant de haut en bas.

A l'une des extrémités ou faces du talus portant ces bordures, la surface consistait en plages de craie nue, et là les bordures étaient fort irrégulières. A l'autre extrémité du talus, la pente cessait brusquement d'être escarpée, et là les bordures cessaient aussi un peu brusquement; mais il y avait encore de petites digues d'un pied à deux de longueur. La pente devenait plus escarpée vers le bas de la colline, et alors les bordures reparaissaient régulièrement. Un autre de mes fils a observé, du côté de Beachy Head, situé vers l'intérieur, là où la surface est inclinée sous un angle d'environ 25°, un grand nombre de petites digues de courte étendue semblables à celles que je viens d'indiquer. Elles s'étendaient horizontalement et étaient de quelques pouces jusqu'à 2 à 3 pieds de longueur. Elles supportaient des touffes de gazon d'une végétation vigoureuse. L'épaisseur

moyenne de la terre végétale dont elles étaient formées
était, d'après neuf mesures prises, de 4,5 pouces;
tandis que celle de la terre végétale en amont et en
aval était seulement en moyenne de 3,2 pouces, et de
chaque côté au même niveau de 3,1 pouces. Dans les
parties supérieures de la pente, ces endiguements ne
montraient pas trace de piétinement par les brebis, mais dans les portions inférieures on en voyait
des signes bien manifestes. Là, il n'y avait pas eu de
longues bordures continues déformées.

Si les petits endiguements en amont de la route de
la Corniche, que M. le Dr King vit en voie de formation
par l'accumulation de déjections désagrégées et roulées,
venaient à confluer le long de lignes horizontales, il y
aurait des bordures de formées. Chaque endiguement
tendrait à gagner latéralement par l'extension latérale
des déjections arrêtées dans leur descente; et des animaux pâturant sur une pente escarpée profiteraient
presqu'à coup sûr de chaque saillie à peu près au
même niveau et échancreraient le gazon dans l'intervalle; et à leur tour ces échancrures intermédiaires
arrêteraient de nouveau les déjections. Une bordure
irrégulière une fois formée, tendrait aussi à devenir
plus régulière et horizontale, parce que quelques-unes
des déjections rouleraient latéralement des parties
élevées aux inférieures et relèveraient ainsi ces dernières. Toute partie saillante située en aval d'une bordure ne recevrait point par là suite de matières désagrégées de la partie supérieure et tendrait à disparaître par la pluie et les autres agents atmosphériques.

Il y a une certaine analogie entre la formation de ces bordures, telle que nous la supposons ici, et celle des rides du sable, poussé par le vent, telles que les décrit Lyell [1].

Les flancs escarpés et recouverts d'herbe d'une vallée montagneuse de Westmoreland, appelée Grisedale, étaient marqués en beaucoup d'endroits d'innombrables petites bordures presque horizontales ou plutôt comme de lignes de falaises en miniature. Leur formation n'avait rien à faire avec l'action des vers, car nulle part il n'y avait de déjections visibles (et cette absence est un fait inexplicable). Pourtant le gazon reposait en bien des endroits sur une couche puissante d'argile à galets et de débris de moraine. Autant que j'ai pu en juger, la formation de ces petites falaises n'est pas du tout en rapport avec le piétinement des vaches ou des brebis. Il semble que la terre un peu argileuse de la surface ait, tandis qu'elle était encore tenue partiellement par les racines des herbes, glissé en masse sur une petite étendue le long des flancs de la montagne, et, qu'en glissant ainsi, elle ait cédé et ait été brisée en lignes horizontales transversalement à la pente.

Déjections poussées par le vent dans la direction dans laquelle il souffle. — Nous avons vu que la plupart des déjections humides coulent le long de toute surface inclinée et que des déjections désagrégées y roulent; maintenant nous allons voir que des déjections

---

[1] « *Elements of Geology.* » 1865, p. 20.

récemment déposées sur une surface horizontale, couverte de gazon, sont poussées sous le vent par les ouragans accompagnés de pluie. C'est ce que j'ai bien des fois observé sur un grand nombre de champs pendant plusieurs années de suite. Après ces tempêtes, les déjections présentent dans la direction d'où souffle le vent une surface légèrement inclinée et unie ou quelquefois sillonnée, tandis que dans la direction dans laquelle le vent souffle, elles sont fortement inclinées ou à pic, de sorte qu'elles ressemblent en miniature à de petites collines de roc sur un fond de glacier. Elles sont souvent caverneuses du côté sous le vent, la partie supérieure ayant été recourbée au-dessus de l'inférieure. Pendant un ouragan du sud-ouest d'une rare violence, accompagné de torrents de pluie, beaucoup de déjections furent entièrement emportées sous le vent, de sorte que l'ouverture des galeries resta à nu et exposée du côté du vent. Des déjections fraîches coulent naturellement le long d'une surface inclinée, mais sur un champ couvert d'herbe et d'une pente de 10° à 15° on en trouva plusieurs, après une forte tempête, que le vent avait poussées de bas en haut de la pente. C'est ce qui est aussi arrivé en une autre occasion dans une autre partie de ma prairie, où la pente était un peu moindre. Dans un troisième cas, les déjections qui se trouvaient sur les flancs escarpés et gazonnés d'une vallée, qu'une brise avait balayés de haut en bas, étaient dirigées obliquement par rapport à la pente, au lieu de l'être directement dans son sens ; ce qui évidemment était dû à l'action combinée du vent et de la pesanteur. Dans ma prairie, où l'inclinaison est de 0° 45', 1°, 3° et 3° 30' (moyenne 1° 49') dans la direction du nord-est, après une forte brise du sud-ouest accompagnée de pluie, on partagea quatre déjections par une ligne passant par l'ouverture des galeries et on les pesa de la manière précédemment décrite. Le poids moyen de la terre en aval de l'ouverture des galeries et sous le vent était à celui en amont des ouvertures et du côté du vent dans la proportion de 2 3/4 à 1 ; tandis que nous avons vu que pour plusieurs déjections qui avaient coulé le long de pentes d'une inclinaison moyenne de 9° 26' et pour trois déjections où l'inclinaison était de plus de 12°, la proportion du poids de la terre en aval des galeries à celle en amont n'était que de 2 à 1. Ces différents cas montrent la puissance des coups de vent accompagnés de pluie, pour déplacer des déjections fraîchement déposées. Nous sommes donc en droit de conclure que même un vent modéré produira un léger effet sur elles.

Après leur désagrégation en fragments ou boulettes de petite dimension, les déjections sèches et durcies sont quelquefois, et probablement souvent, poussées sous le vent par une forte brise. C'est ce que j'ai observé en quatre occasions, mais je n'ai pas suffisamment poursuivi la question. Une déjection d'ancienne date sur un talus légèrement en pente fut complètement emportée par un fort vent de sud-ouest. M. le Dr King pense que le vent enlève la plus grande partie des vieilles déjections qui tombent en poussière dans les environs de Nice. On marqua avec des épingles plusieurs déjections dans ma prairie et on les garantit de toute espèce de perturbation. Après un intervalle de dix semaines, pendant lequel le temps avait été alternativement sec et pluvieux, on les examina de nouveau. Quelques-unes qui étaient d'une couleur jaunâtre avaient été emportées presque complètement par la pluie, comme on peut le voir à la couleur du sol environnant. D'autres avaient complètement disparu, et celles-ci, sans doute, avaient été emportées par le vent. Enfin d'autres restaient encore et devaient rester bien longtemps, des brins d'herbe ayant poussé au milieu d'elles. Dans un pâturage maigre qui n'a jamais été passé au rouleau et n'a pas été beaucoup trépigné par les animaux, toute la surface est quelquefois parsemée de petites élevures et l'herbe y pousse à travers et par-dessus ; ces élevures consistent en anciennes déjections de vers.

Dans le grand nombre des cas de déjections molles poussées sous le vent, cela a toujours été effectué par de grands vents accompagnés de pluie. Ces vents-là venant d'ordinaire du sud et du sud-ouest en Angleterre, la terre doit en somme tendre à traverser nos champs dans la direction du nord et du nord-est. Ce fait est intéressant, parce qu'on pourrait penser que sur une surface horizontale couverte d'herbe, il ne peut d'aucune façon y avoir de la terre enlevée. Dans les bois épais et de niveau, protégés contre le vent, jamais les déjections ne seront changées de place, tant que le bois restera debout, et la terre végétale tendra à s'y accumuler jusqu'à la profondeur à laquelle les vers peuvent travailler. J'ai essayé de me procurer des renseignements sur la quantité de terre végétale emportée à l'état de déjections par nos vents humides du sud vers le nord-est par-dessus un sol découvert et plat, en regardant le niveau de la surface aux côtés opposés des vieux arbres et des haies ; mais l'inégalité de développement des racines des arbres et la transformation en terrain de culture de la plupart des pâturages m'a empêché d'arriver à un résultat satisfaisant.

Dans une plaine à découvert près de Stonehenge, il y a des tranchées circulaires peu profondes, avec un endiguement extérieur de peu d'élévation, elles entourent des surfaces horizontales de 50 toises de diamètre. Ces cirques paraissent très anciens et on les croit contemporains des pierres druidiques. Des déjections déposées à l'intérieur de ces espaces circulaires fourniraient, si elles avaient été poussées vers le nord-est par des vents du sud-ouest, une couche de terre végétale à l'intérieur de la tranchée, et cette couche serait plus épaisse du côté nord-est que de tout autre côté. Mais l'endroit n'était pas favorable à l'action des vers, car la terre végétale recouvrant la formation de craie à silex environnante n'avait que 3, 37 pouces d'épaisseur, d'après la moyenne de six observations faites à 10 toises de distance en dehors de l'endiguement. On mesura l'épaisseur de la terre végétale à l'intérieur de deux des tranchées circulaires, de 5 toises en 5 toises, du côté intérieur près du fond. Mon fils Horace reporta sur le papier les mesures prises ; et bien que la ligne courbe représentant l'épaisseur de la terre végétale fût extrêmement irrégulière, on pouvait pourtant voir qu'elle était plus grande du côté nord-est que partout ailleurs. Quand on eût pris la moyenne de toutes les mesures dans les deux tranchées et qu'on eut égalisé la ligne, il devint évident que la terre végétale avait son maximum d'épaisseur dans le quart de cercle compris entre le nord-ouest et le nord-est, et son minimum dans le quart de cercle situé entre le sud-est et le sud-ouest, mais spécialement en ce dernier point. Outre les mesures précédentes, on en prit encore six autres, l'une près de l'autre, dans l'une des tranchées circulaires, mais du côté nord-est; et là, la terre végétale avait en moyenne une épaisseur de 2,29 pouces, tandis que la moyenne de six autres mesures prises du côté sud-ouest, n'était que de 1,46 pouce. Ces observations indiquent que les déjections avaient été portées par les vents de sud-ouest de l'espace enclos circulaire dans la tranchée du côté nord-est. Mais il faudrait un nombre bien plus grand de mesures prises dans des cas analogues pour arriver à un résultat digne de confiance.

Sans doute le montant de terre fine apportée à la surface sous forme de déjections et transportée ensuite par les vents accompagnés de pluie, ou de celle qui coule ou roule le long d'une surface en pente, est peu considérable dans le cours de quelques vingtaines d'années, sinon toutes les inégalités de nos champs de pâture s'égaliseraient en un espace de temps beaucoup plus court que cela ne semble être. Mais la quantité qui est ainsi transportée dans le cours de milliers d'années ne peut manquer d'être considérable et elle mérite notre attention. Elie de Beaumont considérait la terre végétale qui recouvre partout le sol comme une ligne fixe ou zéro, pouvant servir de repère pour mesurer l'importance de la dénudation [1]. Il ignorait qu'il y a formation continue de terre végétale nouvelle par la désagrégation des roches et fragments de roche sous-jacentes, et il est curieux de trouver des vues beaucoup plus philosophiques soutenues il y a longtemps par Playfair, qui dès 1802 écrivait : « La per- « manence d'un revêtement de terre végétale à la « surface du globe nous donne la démonstration de la « destruction continue des roches [2]. »

Anciens campements et tumulus. — Elie de Beaumont cite l'état actuel d'un grand nombre d'anciens campements, de tumulus et de vieux champs cultivés, comme preuve que la surface du sol ne subit guère de dégradations. Mais il ne semble pas qu'il ait jamais examiné l'épaisseur de la terre végétale au-dessus des différentes parties de ces restes anciens. Il s'en rapporte principalement aux témoignages indirects, mais en apparence dignes de foi que la pente des levées anciennes est la même aujourd'hui qu'elle l'était à l'origine ; mais, il est évident que cela ne lui apprenait rien de leur hauteur primitive. Dans le Knowle Park, on avait

[1] *Leçons de Géologie pratique*, 1845 ; cinquième leçon. Tous les arguments d'Elie de Beaumont sont admirablement réfutés par le prof. A. Geikie dans son essai dans « *Transact. Geolog. Soc. of Glasgow* », vol. III, p. 153, 1868.
[2] *Illustrations of the Huttonian Theory of the Earth*, p. 107.

élevé une jetée derrière les cibles et elle semblait avoir été formée de terre supportée à l'origine par des blocs carrés de gazon. Les côtés étaient inclinés sous un angle de 45° à 50°, autant que j'ai pu en juger, et ils étaient couverts, principalement du côté du nord, de longues herbes grossières au-dessous de laquelle on trouva de nombreuses déjections de vers. Elles avaient coulé tout d'une pièce et d'autres avaient roulé sous forme de boulettes jusqu'en bas. Il est donc certain que, tant qu'une jetée de la sorte est habitée par des vers, sa hauteur diminue continuellement. La terre fine qui coule ou roule le long des flancs d'une levée de ce genre s'accumule à sa base sous forme de talus. Un lit même très mince de terre fine est éminemment favorable aux vers; un plus grand nombre de déjections seront, en conséquence, déposées sur un talus ainsi formé que partout ailleurs et une partie d'elles sera enlevée à chaque forte averse et disséminée sur le sol horizontal adjacent. Le résultat final sera l'abaissement de toute la jetée, tandis qu'il n'y aura pas diminution considérable dans l'inclinaison de ses côtés. Assurément, la même chose arriverait pour des endiguements anciens et des tumulus; sauf là où ils avaient été formés de gravier ou de sable presque pur, une telle matière étant peu favorable aux vers. On attribue à un grand nombre de ces anciens ouvrages de fortification et de ces tumulus au moins 2,000 ans de date; et nous devrions réfléchir qu'en bien des endroits, il y a 1 pouce environ de terre végétale apportée à la surface en 5 ans et 2 pouces en 10 ans. Dans une période de 2,000 ans, il aura donc été apporté à la surface une grande masse de terre à plusieurs reprises sur la plupart des anciens endiguements et des tumulus, et spécialement sur le talus tout autour de leur base, terre qui aura été en grande partie emportée complètement par la pluie. Nous pouvons donc conclure que toutes les levées de terre anciennes, quand elles ne sont pas formées de matériaux défavorables aux vers, ont un peu perdu de leur hauteur dans le cours des siècles, bien que leur inclinaison n'ait pas beaucoup changé.

Champs autrefois labourés. — Depuis une période très reculée et en beaucoup de pays, on a labouré le sol, de sorte que l'on a fait des lits convexes appelés billons, d'environ 8 pieds de largeur ordinairement et séparés l'un de l'autre par des sillons. Les sillons sont dirigés de manière à emporter l'eau de la surface. Lorsque j'essayai de déterminer combien de temps durent ces billons et sillons, quand de la terre de labour a été convertie en pâturage, je rencontrai des obstacles de beaucoup de sortes. Il est rare qu'on sache quand un champ a été labouré pour la dernière fois et certains champs dont on croyait qu'ils avaient été des pâturages de temps immémorial se trouvèrent, comme on le découvrit plus tard, avoir été labourés seulement 50 ou 60 ans auparavant. Pendant la première partie du siècle actuel, alors que le prix du blé était très élevé, il semble qu'on ait labouré en Grande-Bretagne toute espèce de sol. Néanmoins on n'est pas en droit de douter que dans nombre de cas les anciens billons et sillons n'aient été conservés depuis une époque très reculée [1]. Qu'ils aient été conservés pendant des durées très inégales, c'est ce qui résulterait naturellement de ce que les billons, lorsqu'ils furent formés pour la première fois, variaient beaucoup de hauteur dans les différents districts, comme cela arrive encore maintenant pour un sol qui vient d'être labouré.

Dans les anciens champs de pâture, là où l'on prit des mesures, on trouva que la terre végétale était de $1/2$ à 2 pouces plus épaisse dans les sillons que sur les billons; mais c'est là ce qui résulterait naturellement de ce que la terre la plus fine ait été emportée des billons dans les sillons par la pluie, avant que le sol ne fût bien recouvert de gazon, et il est impossible de dire quel rôle les vers peuvent avoir joué dans cette œuvre. Néanmoins, d'après ce que nous avons vu, les déjections tendent certainement à couler et à descendre des billons dans les sillons pendant une forte pluie. Mais dès que d'une façon quelconque, il s'est

[1] M. J. Tyler remarque dans son allocution présidentielle (*Journal of the Anthropological Institute.* Mai 1880, p. 451) « D'après plusieurs notes lues à la Société de Berlin, sur les champs des hauteurs (Hochæcker) et les champs des païens (Heidenæcker), il semble qu'ils correspondent assez par leur situation sur des collines et des espaces incultes aux sillons de sylphes (Elf-furrows) d'Écosse que la mythologie populaire explique par une interdiction des champs par un pape, ce qui aurait fait que les gens se seraient mis à cultiver les collines. Il semble qu'on ait lieu de croire que, comme les portions cultivées des forêts de la Suède attribuées par la tradition aux anciens piocheurs, les champs des païens de Germanie représentent la culture par une population ancienne et barbare.

accumulé dans les sillons un lit de terre fine, celui-ci sera plus favorable aux vers que les autres parties, et il y aura un plus grand nombre de déjections déposées là que partout ailleurs ; les sillons sur un sol en pente étant d'ordinaire dirigés de manière à emmener l'eau de la surface, une partie de la terre la plus fine sera enlevée par la pluie aux déjections déposées là, et elle sera complètement emportée. Le résultat sera que les sillons se combleront très lentement, tandis que les billons s'abaisseront peut-être encore plus lentement par le coulement et le roulement des déjections le long de leur pente douce jusque dans les sillons.

Néanmoins, on pourrait s'attendre à ce que, surtout sur une surface en pente, les anciens sillons se comblassent et disparussent dans le cours du temps. Mais, quelques observateurs minutieux qui ont examiné pour moi des champs en Glocestershire et Staffordshire, n'ont pas pu découvrir de différence dans l'état des sillons des parties supérieure et inférieure de champs en pente supposés avoir été longtemps des pâturages ; et ils en sont venus à conclure que les billons et les sillons durent une série presque indéfinie de siècles. D'un autre côté, l'œuvre d'oblitération semble avoir commencé en quelques endroits. C'est ainsi que dans un pré de la Galles du Nord, dont on sait qu'il a été labouré il y a environ 65 ans, et qui est incliné sous un angle de 15° vers le nord-est, on trouva, par une mesure minutieuse, que la profondeur des sillons (séparés seulement de 7 pieds l'un de l'autre) était d'environ 4 $^1/_2$ pouces dans la partie supérieure de la pente et seulement de 1 pouce près de la base, et là on eut de la difficulté à les poursuivre. Dans un autre champ incliné à peu près sous le même angle, au sud-ouest, les sillons étaient à peine perceptibles dans la partie inférieure, et pourtant ces mêmes sillons avaient de 2 1/2 à 3 1/2 pouces d'épaisseur quand on les suivait sur un terrain horizontal adjacent. Un troisième cas se présenta qui était fort semblable. Dans un quatrième cas, la terre végétale était épaisse de 2 1/2 pouces dans un sillon à la partie supérieure d'un champ en pente, et à la partie inférieure, l'épaisseur allait jusqu'à 4 1/2 pouces.

Sur les falaises de craie à une distance d'environ un mille de Stonehenge, mon fils William examina une surface couverte de gazon, sillonnée et inclinée de 8° à 10°, qui, au dire d'un vieux berger, n'avait jamais été labourée de mémoire d'homme. On mesura la profondeur d'un sillon en 16 points sur une longueur de 68 pas et on trouva qu'elle était plus considérable là où la pente était la plus grande, et où naturellement moins de terre tendait à s'accumuler; à la base, elle disparaissait presque complètement. L'épaisseur de la terre végétale était de 2 1/2 pouces dans la partie supérieure, et elle augmentait jusqu'à 5 pouces un peu au-dessus de la partie la plus escarpée de la pente ; à la base, au milieu de l'étroite vallée, en un point où le sillon aurait touché, si on l'avait continué, elle s'élevait à 7 pouces. De l'autre côté de la vallée, il y avait des traces de sillons très faibles, presque effacées. Un autre cas analogue, mais pas si prononcé, fut observé à quelques milles de distance de Stonehenge. En somme, il paraît que les billons et les sillons tendent, là où la surface est inclinée, à disparaître lentement sur un sol autrefois labouré, mais maintenant recouvert de gazon; ce qui est probablement dû en grande partie à l'action des vers; mais quand la surface est à peu près de niveau, les billons et les sillons durent très longtemps.

Formation de terre végétale au-dessus de la formation de craie, sa puissance. — Souvent des déjections de vers sont déposées en nombre extraordinaire sur des pentes escarpées, couvertes d'herbe et où la craie vient jusque près de la surface; c'est ce que mon fils William a observé aux environs de Winchester et ailleurs. Si ces déjections sont emportées en grande partie par les fortes pluies, on a peine à comprendre tout d'abord comment il reste encore de la terre végétale sur nos falaises, puisqu'il ne semble pas y avoir de moyen de réparer cette perte. Il y a d'ailleurs encore une cause de perte, c'est la filtration des particules de terre les plus fines dans les fissures que présente la craie, et dans la craie elle-même. Ces considérations me firent douter pendant un certain temps si je n'avais pas exagéré le montant de terre fine qui coule ou roule en bas de pentes gazonnées sous forme de déjections, et je cherchai à me procurer à cet égard des renseignements plus étendus. En certains endroits, les déjections que l'on trouve sur les falaises de craie consistent, en grande partie, en matière calcaire, et là, la provision de rechange est naturellement illimitée.

Mais dans d'autres endroits, par exemple dans une portion de la falaise de Fey, près de Winchester, les déjections étaient toutes noires et ne faisaient pas effervescence avec les acides. La terre végétale au-dessus de la craie n'avait ici que de 3 à 4 pouces d'épaisseur. De même aussi dans la plaine près de Stonehenge, la terre végétale dépourvue en apparence de matière calcaire avait une épaisseur moyenne un peu moindre de 3 $1/2$ pouces. Quant à savoir pourquoi les vers percent la craie et l'apportent à la surface en certains endroits et pas en d'autres, c'est ce que je ne saurais dire.

Dans beaucoup de districts où le sol est à peu près horizontal, un lit de plusieurs pieds d'épaisseur d'argile rouge pleine de silex intacts recouvre la craie supérieure. Ce revêtement, dont la surface s'est couverte en terre végétale, est constitué par le résidu non dissous laissé par la craie. Il sera bon de rappeler ici le cas des fragments de craie enfouis sous des déjections de vers dans un de mes champs, et dont les angles s'étaient si complètement arrondis dans le cours de 29 ans, que les fragments ressemblent maintenant à des cailloux usés par l'eau. Cela peut avoir été l'effet de l'acide carbonique contenu dans la pluie et dans le sol, des acides de l'humus et du pouvoir de corrosion des racines vivantes. Comment se fait-il qu'il ne soit pas resté sur la craie une masse épaisse de résidu, partout où le sol est à peu près horizontal? Peut-être peut-on l'expliquer par la filtration des particules fines dans les fissures qui se trouvent fréquemment dans la craie et sont ouvertes ou comblées de craie impure, ou bien par leur filtration dans la craie elle-même encore solide. Qu'il y ait une telle filtration, c'est ce qu'on ne peut même mettre en doute. Mon fils a recueilli de la craie en poussière et en fragments au-dessous du gazon près de Winchester; le colonel Parsons, du corps des ingénieurs de l'armée, a trouvé que la première renfermait dix pour cent de matière terreuse, et que les fragments en contenaient huit pour cent. Sur les flancs de l'escarpement près de Abinger, en Surrey, la craie immédiatement au-dessous d'une assise de silex avait 2 pouces d'épaisseur et était recouverte de 8 pouces de terre végétale ; cette craie fournit un résidu de 2,7 pour cent de matière terreuse. D'un autre côté, la craie supérieure proprement dite contient, à ce que m'a dit feu David Forbes, qui en avait fait un grand nombre d'analyses, seulement de 1 à 2 pour cent de matière terreuse; deux échantillons pris dans des fosses près de ma maison, en contenaient 1,3 et 0,6 pour cent. Je mentionne ces derniers cas parce que l'épaisseur du lit superposé d'argile rouge à silex m'avait fait m'assurer que la craie sous-jacente pourrait bien être ici moins pure qu'ailleurs. Si nos résidus s'accumulent davantage en certains endroits qu'en d'autres, on peut l'attribuer à ce qu'il est resté sur la craie, à une période reculée, une assise de matière argileuse, et que celle-ci empêche la filtration ultérieure de matière terreuse dans la craie.

Des faits que nous venons d'indiquer, il est permis de conclure que les déjections déposées sur nos falaises de craie subissent une certaine perte par la filtration de leurs parties les plus fines dans la craie. Mais cette craie impure de la surface doit, quand elle se dissout, laisser plus de matières terreuses, qui s'ajouteront à la terre végétale que dans le cas de craie pure. Outre la perte causée par la filtration, certainement de la terre fine est emportée par la pluie le long des pentes gazonnées de nos falaises. Cependant cette perte par la pluie s'arrêtera avec le temps; car bien que je ne sache pas quelle épaisseur de terre végétale suffit pour entretenir l'existence des vers, il faut bien qu'à la fin une limite soit atteinte; et alors leurs déjections cesseront ou du moins elles deviendront rares. Les cas suivants montrent qu'une quantité considérable de terre fine est emportée par la pluie. On mesura l'épaisseur de la terre végétale, de 12 en 12 toises, à travers une petite vallée creusée dans la craie, aux environs de Winchester. D'abord les flancs étaient légèrement inclinés, puis leur inclinaison atteignit à peu près 20°; puis elle diminua jusque près du fond qui était presque horizontal en travers et large d'à peu près 50 toises. Au fond de la vallée, l'épaisseur moyenne de la terre végétale, d'après 5 mesures prises, était de 8,3 pouces, tandis que sur les flancs de la vallée, où l'inclinaison variait entre 14° et 20°, son épaisseur moyenne était un peu moindre de 3,5 pouces. Le fond gazonné de la vallée étant incliné sous un angle de seulement 2° à 3°, il est probable que la majeure partie de l'assise de 8,3 pouces de terre végétale avait été enlevée par la pluie aux flancs de la vallée et non pas à sa partie supérieure. Mais un berger dit qu'il avait vu de l'eau couler dans cette vallée après la fonte soudaine de la neige, et il est possible qu'un peu de terre ait été entraînée de la partie supérieure; ou bien, d'autre part, qu'un peu ait été emportée plus bas dans la vallée. On obtint des résultats fort analogues, dans une vallée voisine, à l'égard de l'épaisseur de la terre végétale.

La colline de Ste-Catherine, près de Winchester, a 327 pieds de haut et consiste en un cône escarpé de craie d'environ un quart de mille de diamètre. La partie supérieure fut convertie par les Romains, ou, comme quelques personnes le pensent, par les anciens Bretons, en un campement, par l'établissement d'un fossé profond et large tout à l'entour. La plus grande partie de la craie déplacée pendant les travaux fut jetée au-delà, ce qui forma une levée saillante; et cela empêche réellement les déjections de vers (elles sont nombreuses en certains points), des pierres et d'autres objets d'être emportés par la pluie dans le fossé ou d'y rouler. On trouva que la terre végétale n'avait sur la partie supérieure et fortifiée de la colline que de 2 $^1/_2$ à 3 $^1/_2$ pouces d'épaisseur; tandis qu'au pied du parapet au-dessus du fossé, elle s'était accumulée jusqu'à une épaisseur de 8 à 9 $^1/_2$ pouces. Sur le talus lui-même, la terre végétale n'était épaisse que de 1 à 1 $^1/_2$ pouce, et à l'intérieur du fossé, au fond, l'épaisseur variait de 2 $^1/_2$ à 3 $^1/_2$, mais à un endroit elle allait jusqu'à 6 pouces. Au côté nord-ouest de la colline, ou bien on n'avait pas fait de talus au-dessus du fossé, ou bien ce talus avait été enlevé par la suite; il n'y avait par suite là rien qui empêchât les déjections de vers, la terre et les pierres d'être entraînées par la pluie dans le fossé, au fond duquel la terre végétale formait une assise de 11 à 22 pouces d'épaisseur. Il faut cependant noter que là et dans d'autres parties de la pente, le lit de terre végétale contenait souvent des fragments de craie et de silex qui évidemment avaient roulé d'en haut à des époques différentes. Les interstices dans la craie en fragments sous-jacents étaient aussi comblés par de la terre végétale.

Mon fils examina la surface de cette colline jusqu'à sa base dans la direction du sud-ouest. En aval du grand fossé, où la pente était d'environ 24°, la terre végétale formait une couche très mince, de 1 $^1/_2$ à 2 $^1/_2$ pouces; tandis que, près de la base, où la pente n'était que de 3° à 4°, cette couche augmentait jusqu'à une épaisseur de 8 à 9 pouces. Nous pouvons donc conclure que, sur cette colline, dont les rapports ont été modifiés de main d'homme, aussi bien que dans les vallées naturelles des falaises de craie avoisinantes, un peu de terre fine, provenant sans doute en grande partie des déjections de vers, est emportée en bas par la pluie et s'accumule dans les portions inférieures, malgré la filtration d'une quantité inconnue de la même terre dans la craie sous-jacente; et la dissolution de la craie par les agents atmosphériques et autres, fournit un contingent de matière terreuse fraîche.

CHAPITRE VII

Conclusion.

Abrégé du rôle joué par les vers dans l'histoire du globe. — Ils contribuent à la désagrégation des roches ; à la dénudation du sol ; à la préservation de restes d'anciens bâtiments ; à la préparation du sol pour la croissance des plantes. — Facultés mentales des vers. — Conclusion.

Les vers ont joué, dans l'histoire du globe, un rôle plus important que ne le supposeraient au premier abord la plupart des personnes. Dans presque toutes les contrées humides, ils sont extraordinairement nombreux, et possèdent une grande puissance musculaire pour leur taille. Dans beaucoup de parties de l'Angleterre, plus de 10 tonnes (10,516 kilogrammes) de terre sèche passent chaque année par leur corps et sont apportées à la surface, sur chaque acre de superficie ; ainsi tout le lit superficiel de terre végétale doit, dans le cours de quelques années, traverser une fois par leur corps. L'écroulement des anciennes galeries maintient la terre végétale en mouvement constant bien que lent, et les parties qui la composent sont ainsi frottées l'une contre l'autre. Par suite, des surfaces nouvelles sont continuellement exposées à l'action de l'acide carbonique dans le sol et à celle des acides de l'humus qui paraissent avoir encore plus d'effet sur la décomposition des roches. La production des acides de l'humus est probablement accélérée pendant la digestion des masses de feuilles à demi décomposées que consomment les vers. C'est ainsi que les particules de terre formant la couche superficielle sont soumises à des conditions éminemment favorables à leur décomposition et à leur désagrégation. D'autre part, les particules des roches plus tendres subissent un certain degré de trituration mécanique dans le gésier musculaire des vers, dans lequel de petites pierres servent de meulières.

Les déjections finement pulvérisées coulent par un temps de pluie le long de toute pente modérée, quand elles ont été apportées à la surface dans un état humide, et les particules les plus petites sont emportées au loin même sur une surface faiblement inclinée. Quand elles sont sèches, les déjections s'émiettent souvent en petites boulettes et celles-ci peuvent rouler en bas de toute surface en pente. Là où le sol est tout à fait horizontal et couvert d'herbe, et où le climat est assez humide pour empêcher que le vent n'emporte beaucoup de poussière, il paraît au premier abord impossible qu'il y ait une dénudation sous-aérienne d'une étendue appréciable; mais c'est un fait que les déjections de vers sont emportées dans une direction uniforme par les vents dominants accompagnés de pluie, surtout pendant qu'elles sont encore humides et visqueuses. Ces différents moyens empêchent la terre végétale superficielle de s'accumuler à une grande épaisseur, et un lit épais de terre végétale arrête de bien des façons la désagrégation des roches et fragments de roches sous-jacentes.

Le déplacement de déjections de vers par les moyens indiqués plus haut a des résultats qui sont loin d'être sans importance. On a déjà montré qu'une assise de terre épaisse de 0,2 de pouce est, en maints endroits, apportée chaque année à la surface par acre ; si une petite partie de cette assise coule ou roule, est entraînée même à peu de distance par la pluie le long de chaque surface en pente, ou est emportée à plusieurs reprises par le vent dans une direction, il en résultera un effet considérable dans le cours des siècles. Au moyen de mesures prises et de calculs, on a trouvé que sur une surface d'une inclinaison moyenne de 9° 26', 2,4 pouces cubiques de terre rejetée par les vers avaient dépassé dans le cours d'un an une ligne horizontale longue d'une toise ; de sorte que 240 pouces cubiques dépasseraient une ligne longue de 100 toises. Cette dernière quantité pèserait à l'état humide 11 $^1/_2$ livres. C'est ainsi qu'un poids considérable de terre descend continuellement sur toutes les pentes des coteaux, et arrive, avec le temps, à atteindre le fond des vallées. Cette terre finira par être transportée dans l'Océan par les fleuves arrosant les vallées, et ce grand réceptacle réunira toutes les matières de dénudation provenant du continent. On sait, d'après le montant des sédiments annuellement portés à la mer par le Mississipi, que son énorme bassin de drainage doit s'abaisser en moyenne de 0,00263 de pouce par an ; ce qui suffirait en quatre millions et demi d'années pour abaisser la totalité du bassin au niveau de la côte de la mer. Si de la sorte, une petite fraction de l'assise de terre fine, épaisse de 0,2 de pouce annuellement apportée à la surface par les vers, est emportée au loin, il ne manquera pas d'y avoir un grand résultat de produit dans une période de temps que pas un géologue ne considère comme extrêmement long.

Les archéologues devraient être reconnaissants envers les vers; car ils protègent et conservent pendant une période indéfinie toute espèce d'objets non sujets à se décomposer qui sont abandonnés à la surface du sol, en les enfouissant sous leurs déjections. C'est aussi de la sorte que nous ont été conservés nombre de pavés élégants, de mosaïques curieuses et d'autres restes de l'antiquité, bien que, sans doute, les vers aient dans ces cas été puissamment aidés par la terre enlevée par la pluie ou par le vent au sol adjacent, surtout quand il était cultivé. Les anciens pavés en mosaïque ont cependant souvent souffert, en ce sens qu'ils se sont affaissés d'une façon inégale, parce qu'ils avaient été minés inégalement par les vers. Même de vieux murs massifs peuvent être minés et s'affaisser; aucun bâtiment n'est garanti contre ce danger, à moins que les fondations ne soient à 6 ou 7 pieds au-dessous de la surface, épaisseur à laquelle les vers ne peuvent pas creuser. Il est probable que bien des monolites et de vieux murs sont tombés pour avoir été minés par les vers.

Les vers préparent le sol d'une façon excellente pour

la nourriture des plantes à racines fibreuses, et pour celles de semences de toute sorte. Ils exposent périodiquement à l'air la terre végétale et la tamisent de manière à n'y pas laisser de pierres plus grosses que les particules qu'ils peuvent avaler. Ils mêlent le tout ensemble d'une façon intime, comme un jardinier qui prépare un sol choisi pour ses meilleures plantes. Dans cet état, ce sol est capable de conserver l'humidité, d'absorber toutes les substances solubles et aussi de donner lieu à la formation de salpêtre. Les os d'animaux morts, les parties les plus dures des insectes, les coquilles de mollusques terrestres, des feuilles, des rameaux, etc., sont en peu de temps enterrés sous les déjections accumulées par les vers et mis ainsi dans un état plus ou moins avancé de décomposition, à portée des racines des plantes. Les vers entraînent de même dans leurs galeries un nombre infini de plantes mortes et d'autres parties de plantes, soit pour en boucher l'ouverture, soit pour s'en servir comme de nourriture.

Après avoir été traînées dans les galeries, les feuilles qui servent de nourriture sont déchirées en tout petits lambeaux, digérées en partie et saturées des sécrétions intestinales et urinaires pour être ensuite mêlées à une grande quantité de terre. Cette terre forme l'humus riche, de couleur foncée, qui recouvre presque partout d'une assise bien définie la surface du sol. Von Hensen[1] plaça dans un vase large de 18 pouces en diamètre deux vers : le vase était rempli de sable sur

[1] *Zeitschrift für wissenschaftl. Zoolog.* Vol. XXVIII, 1877, p. 360.

lequel on avait éparpillé des feuilles tombées; celles-ci furent bientôt entraînées dans les galeries jusqu'à une profondeur de 3 pouces. Au bout d'environ six semaines, une assise presque uniforme de sable, épaisse d'un centimètre (0,4 de pouce) fut convertie en humus pour avoir passé par le canal alimentaire de ces deux vers. Certaines personnes croient que les galeries de vers qui souvent pénètrent dans le sol presque perpendiculairement jusqu'à une profondeur de 5 à 6 pieds, contribuent efficacement à son drainage, bien que les déjections visqueuses empilées au-dessus de l'ouverture des galeries rendent impossible ou du moins difficile l'entrée directe de l'eau de pluie. Ces galeries permettent à l'air de pénétrer profondément dans le sol. Elles facilitent aussi beaucoup la descente des racines de taille modérée et celles-ci se nourrissent sans doute de l'humus dont sont revêtues les galeries. Beaucoup de graines doivent leur germination à ce qu'elles ont été recouvertes par des déjections; et d'autres, enfouies à une profondeur considérable au-dessous de masses de déjections accumulées, attendent dans un état de léthargie que quelque accident à venir les mette à découvert pour germer enfin.

Les vers sont pauvrement doués, au point de vue des organes des sens; car on ne peut pas dire d'eux qu'ils voient, bien qu'ils puissent tout juste distinguer la lumière de l'obscurité; ils sont complètement sourds, leur odorat est faible et le sens du toucher est seul bien développé. Ils ne peuvent donc pas apprendre grand'-chose au sujet du monde extérieur, et il est surprenant qu'ils montrent quelque habileté à garnir de leurs déjections et de feuilles l'intérieur de leurs galeries, et, pour quelques espèces d'entre eux, à empiler leurs déjections de manière à en former des masses turriformes. Mais il est encore bien plus surprenant qu'ils montrent en apparence un certain degré d'intelligence, au lieu d'une impulsion purement instinctive et aveugle, dans la manière dont ils bouchent l'ouverture de leurs galeries. Ils agissent à peu près comme le ferait un homme qui aurait à fermer un tube cylindrique avec différentes espèces de feuilles, de pétioles, de triangles de papier, etc.; car, généralement, ils saisissent ces objets par leur extrémité en pointe. Mais pour les objets minces, un certain nombre sont introduits par l'extrémité la plus large. Ils n'agissent pas de la même manière, invariable dans tous les cas, comme le font la plupart des animaux inférieurs; par exemple, ils n'introduisent pas les feuilles par leur pétiole, à moins que la partie basilaire du limbe ne soit aussi étroite que le sommet, ou plus étroite que lui.

Quand nous voyons une vaste étendue de gazon, nous devrions nous rappeler que, si elle est unie (et sa beauté dépend avant tout de cela), c'est surtout grâce à ce que les inégalités ont été lentement nivelées par les vers. Il est merveilleux de songer que la terre végétale de toute surface a passé par le corps des vers et y repassera encore chaque fois au bout du même petit nombre d'années. La charrue est une des inventions les plus anciennes et les plus précieuses de l'homme, mais longtemps avant qu'elle existât, le sol était de fait labouré régulièrement par les vers de terre, et il ne cessera jamais de l'être encore. Il est permis de douter qu'il y ait beaucoup d'autres animaux qui aient joué dans l'histoire du globe un rôle aussi important que ces créatures d'une organisation si inférieure. D'autres animaux d'une organisation encore plus imparfaite, je veux parler des coraux, ont construit d'innombrables récifs et des îles dans les grands océans ; mais ces ouvrages qui frappent davantage la vue, sont presque exclusivement confinés dans les régions tropicales.

INDEX ALPHABÉTIQUE

Abinger (villa romaine à), 146.
— (déjections arrondies dans la villa), 208.
Acides de l'humus, son action sur les roches, 197, 199.
Affaissement du pavage à Silchester, 173.
— d'un pavé moderne miné par les vers, 157.
Afrique (poussière d'), 193.
Air (courants d') dont les vers sont sensibles, 23.
Amidon mangé par les vers, 30.
— digestion de ses granules dans les cellules des feuilles, 31.
Anatomie des vers, 14.
ARCHIAC (d'). Critique de ma théorie. 3.
Armoise (feuilles d'), non mangées par les vers, 27.

Beaulieu-Abbaye (Affaissement de l'ancien pavé à), 158.
— déjections arrondies, 209.
BEAUMONT (Elie de). Sur la terre végétale, 2.
— Matériaux et détritus des grandes villes, 145.
— Poussière transportée, 194.
— Permanence de la terre végétale, 238.
— Sur la permanence des anciens tumuli, 238.
Bengale (vers du), 100.
Bordures de terre sur des pentes escarpées, 228.
— sur des collines recouvertes d'herbe, 232.
Brading (villa romaine à), 163.

Brading (déjections avec parties arrondies à), 208.
BRIDGMAN (M.). Vers mangeant les feuilles d'un Phlox, 27.
Brochet, sa stupidité, 77.
BUCKMAN. Sur le cylindrage du gazon, 9.

Campements anciens, 238.
Cannibales (vers), 30.
CARNAGIE (M.). Profondeur des galeries, 93.
Cellules libres avec matières calcaires dans les glandes, 39.
Cellulose (Digestion de la), 31.
Chaleur (Perception de la), 21.
Champs anciennement labourés, 240.
Chaux (Concrétions de carbonate de), 37.
Chedworth (villa romaine à), 161.
CLAPARÈDE. Anatomie des intestins des vers, 16.
— Glandes salivaires des vers, 35.
— Sur les glandes calcifères, 36.
— Le pharynx adapté à la succion, 46.
— La terre sert-elle d'aliment aux vers? 83-86.
— Sur le gésier des vers, 202.
Clématites (pétioles de), leur usage dans les galeries, 47, 63.
Clôture des galeries, 47; — son usage, 51.
Conclusion, 250.

Concrétions de carbonate de chaux dans les glandes antérieures, 37.
— calcaires, leur utilité, 43.
Contact, les vers sont très sensibles au contact, 23.
Corail (boue sur les bancs de), 210.
Corniche (déjections sur la route de la), 227.
— (endiguements en amont de la route de la), 231.
Courants d'air auxquels les vers sont sensibles, 23.
Craie (fragments de) promptement enterrés et corrodés, 114.
— (fragments de), déposés superficiellement, 114.
— (formation de terre végétale au-dessus de la), 244.
CROLL (M.). Sur la dénudation du sol, 191.

DANCER (M.). Sur l'action et le nombre des vers, 120, 131.
Décomposition des feuilles n'est pas activée par la sécrétion des vers, 31.
Déjections acides, 43.
— à Beaulieu-Abbaye. 82.
— (action de la), 95.
— turriformes près de Nice, 87.
— turriformes près de Calcutta, 101.
— (grandes) sur les monts Nilgiris, 103.
— leur poids par unité et ensemble, 132.
— épaisseur de l'assise de terre végétale formée par les déjections pendant une année, 138.
— dans d'anciennes constructions, 208.
— (glissement de) sur des plans inclinés, 215.
— emportées par l'eau, 223.
— endurcies et désagrégées, 226.
— enlevées par le vent, 232.
Dénudation du sol, 189.
Désagrégation des roches par le moyen des vers, 197.
Digaster, 202.
Digestion des vers, 30.
— extra-stomacale, 35.

Distribution des vers, 98.
— géographique des vers, 98.
Down (Quantité de terre rapportée annuellement à la surface à), 114.

Ecoulement de déjections séchées, 226.
Ecroulement d'anciennes galeries, 96.
Egalisation des anciens sillons dans les champs labourés, 240.
EISEN. Nombre des espèces de vers, 8.
— profondeur des galeries, 89.
Enfouissement de monuments anciens par les vers, 144.
Epaisseur de terre végétale formée par les déjections dans le cours d'un an, 138.
— — sur les ruines de Chedworth, 161.
— — sur les ruines de Silchester, 179.
— — sur les restes romains à Wroxeter, 182.
ERNST (D^r). Sur les vers à Caracas, 99.
Excavation des galeries, 80.

FABRE (M.). Sur l'instinct du Sphex, 76.
Facultés mentales des vers, 28.
FARRER (M. T.-H.). Sur la villa romaine à Abinger, 146-154.
Feuilles dont le goût est distingué par les vers, 26.
— consumées par les vers, 29.
— non fanées par la sécrétion alcaline des vers, 31.
— fanées produisent acides, 42.
— trouvées dans les galeries, 53.
— employées dans les galeries, 91.
FISH (M.). Critique de mes opinions, 5.
Fluide digestif des vers, 30.
Fondements profonds des constructions romaines à Wroxeter, 186.
Formations de craie dénudées, 113.
— de craie à Kent, 113.

INDEX ALPHABÉTIQUE

Foster (Michel). Sur le ferment pancréatique, 30.
— Sur l'acidité du contenu des intestins, 43.
Fourmis (intelligence des), 76.
Frédéricq (L.). Sur le fluide digestif des vers, 30.
Frène (pétioles du), 64.

Galeries (vers sans mouvement près des), 13.
— ouvertures bouchées par les vers, 47.
— leur excavation, 80.
— leur profondeur, 89.
— revêtues de terre fine, 90.
— revêtues de feuilles, 91.
— terminées par une petite chambre, 93.
— anciennes écroulées, 96.
— leur glissement sur une surface inclinée, 222.
Galton (M.). Sur le nombre des vers morts, 12.
Geikie (Archibald). Sur la dénudation du sol, 191.
— réfute les arguments d'E. de Beaumont sur la dénudation, 238.
— (James) combattant les idées de Richthofen, 195.
— — Sur roches striées par la glace, 201.
Gésier des vers, 202.
Glandes calcifères, 15, 36,
— — leur fonction, 40.
Glen Roy. Evidence de la rareté des déluges, 214.
Glissement de déjections, 215.
Goût (sens du), 26.
Graines conservées dans les galeries des vers, 94.
Graisse mangée par les vers, 30.

Haast (von). Instruments des aborigènes trouvés enfouis en Nouvelle-Zélande, 121.
Hensen. Sur le nombre de vers dans les jardins.
— Sur vers ne se nourrissant pas de terre, 88.
— Profondeur des galeries, 89.
— Nombre de vers dans un espace mesuré, 180.

Hensen. Sur la composition de l'Humus, 196.
— Sur la quantité de terre végétale formée par deux vers, 254.
Henslow. (prof.). Bordures sur les pentes escarpées, 228.
Hêtres (forêts de), pierres à fleur et non enterrées, 119.
Hoffmeister. Nombre et espèces de vers, 8.
— Perception de la lumière par les vers, 17, 19.
— Vers hivernant en société, 28.
— Sur les ennemis des vers, 51.
— Profondeur des galeries, 89.
— Hivernisation des vers, 93.
Hooker (Sir J.). Sur bordures de terre sur l'Himalaya, 229.

Iles, habitées par des vers, 98.
Infiltration de terre dans la craie, 244.
Instincts des vers, 28.
Intelligence des vers, 29, 52.
Intestins des vers et leur contenu acide, 43.

Johnson (Dr H.). Sur les restes romains à Wroxeter, 181-187.
— Sur l'ammoniaque dans les déjections, 199.
— Sur la manière dont les céréales se nourrissent, 198.
Joyce, (rév. S. G.). Sur les restes romains à Silchester, 164.
Julien (M. A. A.). Sur la composition de la tourbe, 196.
— Sur les acides de l'humus, 198, 199.

Key (Rév. H.). Sur l'enfouissement de cendres de charbon par les vers, 120.
King (Dr). Sur la formation de l'humus dans les forêts en France, 4.
— Déjections près de Nice, 86, 95.
— Fortes déjections sur les monts Nilgiris, 103.
King (Dr). — Poids des déjections près de Nice, 133.

INDEX ALPHABÉTIQUE

King (D^r). — Sur lavage des déjections sur les monts Nilgiris, 225.
— Sur les déjections désagrégées près de Nice, 226.
— Déjections désagrégées sur la route de la Corniche, 227, 231.
Knole Park (vers absents dans les forêts de hêtres à), 10.
Koninck (de). Désagrégation des roches, 193.

Laburnum (feuilles du), 55.
Landes, peu habitées par les vers, excepté dans les sentiers, 9.
La Plata (poussière dans les plaines de), 194.
Lavage des déjections par l'eau, 223.
Layard (M.). Habitudes de la Cobra, 77.
Lumière, sa perception par les vers, 17.

Maer Hall (Quantité de terre rapportée sur la surface à), 106.
Mallet (M.). Abaissement du sol au-dessous des fondations de monuments massifs, 130.
Menthe (feuilles de), seulement rongées, 27.
Mississipi (bassin du), 191.
Möbius. Habitudes d'un brochet, 77.
Monoligaster, 202.
Montagnes (Absence des vers dans les), 10.
Monuments anciens enfouis par les vers, 144.
Morren. Vers supportant une immersion prolongée, 11.
— Vers sans mouvement près de leurs galeries, 13.
— Sur des vers mangeant du sucre, 29.
— Sur la disparition des glandes calcifères pendant l'hiver, 40.
— Sur les pierres dans le gésier des vers, 203-204.
Muller (Fritz). Sur les vers dans le sud du Brésil, 99.

Murs anciens à Abinger traversés par les vers, 154.
— anciens perforés par les vers à Silchester, 170.

Nice (Déjections près de), 86.
— (déjections désagrégées près de), 227.
Nilgiris (déjections sur les monts), 103.
Nourriture et digestion des vers, 29.
— des vers. Terre, 80.
Nuit (les vers quittant leur galerie pendant la), 12.

Objets répandus sur le sol enfouis par les déjections, 107.
Odorat [degré du sens de l') chez les vers, 24.
Os concassés enterrés par les déjections, 120.
Ouïe (sens de l'), 22.

Papier coupé en triangles, 67.
Pavé d'un sentier couvert par les déjections, 119.
— ancien (affaissement d'un) à Silchester, 173.
Penchant social des vers, 28.
Perichaeta naturalisée près de Nice, 86.
Perrier (Edm.). Vers supportant une immersion prolongée, 11.
— Sur les glandes calcifères, 36.
— Sur l'action du Pharynx, 46.
— Sur la force de perforation des vers, 80.
— Sur des vers naturalisés, 87.
— Vers tués par l'acide acétique, 131.
— Sur le gésier des vers, 202, 204.
Pétioles de la clématis montana, 63.
— du frêne, 64.
Pharynx, son action, 46.
Pierres (tas de petites) sur l'entrée des galeries, 49.
— de grande taille minées par les vers à Leith Hill et à Stonehenge, 122.
Pierres (petites) dans le gésier des vers, 203.

INDEX ALPHABÉTIQUE

Pierres (petites) arrondies dans le gésier des vers, 205.
Pin (feuilles du), entraînées dans les galeries, 48.
— — employées pour boucher les galeries, 57.
— — employées dans les galeries, 91.
Plaine près de Winchester, avec vallons, 247.
PLAYFAIR. Sur la dénudation du sol, 238.
Poids de la terre rejetée d'une seule galerie, 131.
Poussière, distance à laquelle elle peut être transportée, 194.
Préhension des vers, 46.
Profondeur des galeries, 89.

Quantité de terre apportée à la surface par les vers, 106.
RAY-LANKESTER. Sur l'anatomie des vers, 15.
— Sur les vers dans l'île de la Désolation, 98.
RAMSAY (M.). Affaissement d'un pavage miné par les vers, 157.
— Sur la dénudation du sol, 190.
Rhododendron (feuilles de), 56.
RICHTHOFEN. Sur les dépôts de poussière en Chine, 195.
Rigoles dans les champs labourés anciennement, 240.
Robinia (Pétioles de), 66.
Roches triturées dans le gésier des vers, 205.
— leur désagrégation par le moyen des vers, 197.
ROMANES (M.). Sur l'intelligence des animaux. 78.
Ruines romaines à Silchester, 164.

SACHS. Sur des racines pénétrant les roches, 199.
St. Catherin's Hill, près Winchester, 248.
Salive, n'est pas sécrétée par les vers, 85.
Sauge, ses feuilles ne sont pas mangées par les vers, 27.
SAUSSURE (H. de). Sur petits cailloux altérés par l'eau provenant de briques romaines, 208.
SCHMULEWITSCH. Digestion de la cellulose, 31.
SCOTT (M. J.). Sur vers près de Calcutta, 100.
Sécrétion pancréatique, 30.
— pancréatique n'est pas acide, 43.
SEMPER. Sur divers animaux qui avalent du sable, 83.
Sens des vers, 16.
Sentiers habités par les vers, 9.
Serpent à lunettes, son intelligence, 77.
Silchester, ancienne villa romaine, 164.
Silex debout dans l'argile au-dessus de la craie, 114.
— travaillés extérieurement et intérieurement par l'influence de l'atmosphère, 201.
Silice gélatineuse dissoute par l'acide de l'humus, 198.
Sillons des champs autrefois labourés, 240.
Sommaire du livre, 250
SORBY (M.). Sur la trituration des petites particules de pierre dans le gésier des vers, 210.
Stations habitées par les vers, 8.
Stonehenge (Affaissement de grandes pierres à) par des vers, 127.
— (tranchées circulaires près de), 236.
Succion (force de), 46.
Sucre mangé par les vers, 29.
Surdité des vers, 22.

Terre engloutie comme nourriture, 80.
— (quantité de) apportée à la surface par les vers, 106.
— poids de la déjection d'une galerie simple, 132.
— végétale (épaisseur de), rejetée par les vers dans le cours d'un an, 138.
— — (épaisseur de) rejetée sur les restes romains à Chedworth, 161.
Terre végétale, sa nature et son épaisseur sur les restes romains à Silchester, 179.

Terre végétale, son épaisseur à Wroxeter, 182.
— — sa formation et son épaisseur au-dessus de la craie, 244.
— (poids de la), coulant le long de surfaces en pente, 215.
Thym (feuilles de), ne sont pas mangées par les vers, 27.
Tourbe, sa formation, 196.
Tranchées circulaires près de Stonehenge, 236.
Triangles de papier, 67.
Trituration de particules de roche dans le gésier des vers, 205.
Tumuli (anciens), 238.
Typhlosolis, 16.
Tylor (M. A.). Dénudation du sol, 191.
— (M. E.). Sur les champs labourés anciennement, 241.

Utricalaria (vésicules de l'), 89.

Vent, son action sur les déjections, 232.
Vers (habitudes nocturnes des), 11.
— périssent quelquefois en grand nombre, 12.
— morts dévorés par d'autres vers, 30.
— (contenu acide des intestins chez les), 43.
Vers, leurs excréments acides, 43.

Vers, force de succion, 46.
— bouchant l'ouverture de leurs galeries, 47.
— leur intelligence, 52.
— Construction de leurs galeries, 80.
— leur nombre dans un espace donné, 130.
— traversent d'anciens murs, 154, 170.
— leurs gésiers et la trituration des pierres qu'ils contiennent, 202.
— préfèrent de vivre dans de la bonne terre, 239.
Viande crue mangée par les vers, 30.
Vibration (vers sensible à la), 22.
Vue (sens de la) chez les vers, 17.

Wedgwood (M.). Sur la formation de la terre végétale, 3.
Whitaker (M.). Sur la dénudation du sol, 191.
White. Sur les vers quittant leur galerie pendant la nuit, 12.
Winchester (formation de craie près de). 247.
Wright (M.) Sur l'âge de Wroxeter, 181.
Wroxeter, ancienne villa romaine, 181.

DOLE. — TYPOGRAPHIE CH. BLIND.

www.ingramcontent.com/pod-product-compliance
Lightning Source LLC
Chambersburg PA
CBHW070742170426
43200CB00007B/611